浙江省普通高校"十三五"第二批新形态教材

汽车单片机与局域网技术

主 编：钱新恩 朱 萍
副主编：李 波 张少海 金宏桧

北京理工大学出版社
BEIJING INSTITUTE OF TECHNOLOGY PRESS

内容简介

单片机技术与局域网技术是紧密联系的,本书综合了汽车单片机基础知识、汽车CAN总线认知和汽车车载总线系统故障诊断与检修技术。本书通过总线实验环节搭建起基本原理和应用检修之间的桥梁,全书条理清晰、通俗易懂、图文并茂,既有一定的理论深度,又贴近生产实际,学生可了解并掌握总线标准和基本原理,并掌握汽车总线系统故障诊断与检修技术。

本书共5个项目,分别为汽车单片机技术基础、汽车CAN总线技术基本原理、大众车系车载网络系统及故障诊断与检修、帝豪EV300电动汽车CAN总线系统的故障诊断与排除、汽车车载总线系统(LIN、MOST)检修。

本书既可作为职业院校汽车相关专业的教材,也可供相关工程人员参考使用。

版权专有　侵权必究

图书在版编目（CIP）数据

汽车单片机与局域网技术 / 钱新恩,朱萍主编 . —北京:北京理工大学出版社,2019.10（2019.12重印）
ISBN 978-7-5682-8004-4

Ⅰ . ①汽⋯ Ⅱ . ①钱⋯ ②朱⋯ Ⅲ . ①汽车－单片微型计算机－职业教育－教材 ②汽车－局域网－职业教育－教材 Ⅳ . ① U463.6

中国版本图书馆 CIP 数据核字 (2019) 第 279471 号

出版发行 / 北京理工大学出版社有限公司	
社　　址 / 北京市海淀区中关村南大街 5 号	
邮　　编 / 100081	
电　　话 / （010）68914775（总编室）	
（010）82562903（教材售后服务热线）	
（010）68948351（其他图书服务热线）	
网　　址 / http://www.bitpress.com.cn	
经　　销 / 全国各地新华书店	
印　　刷 / 三河市天利华印刷装订有限公司	
开　　本 / 787 毫米 ×1092 毫米　1/16	
印　　张 / 15	责任编辑 / 高雪梅
字　　数 / 360 千字	文案编辑 / 邢　琛
版　　次 / 2019 年 10 月第 1 版　2019 年 12 月第 2 次印刷	责任校对 / 周瑞红
定　　价 / 39.00 元	责任印制 / 李志强

图书出现印装质量问题,请拨打售后服务热线,本社负责调换

前 言
PREFACE

  现代汽车电控系统的核心是电子控制单元（electronic control unit, ECU），而 ECU 的核心是单片机。

  数据总线技术的引入是汽车电子技术发展的一个里程碑。汽车总线为汽车内部各种复杂的电子设备、控制器、测量仪器等提供了统一数据交换渠道。基于数据通信的车载网络为提高汽车性能和减少线束数量提供了有效的解决途径。

  初学者对于总线标准会觉得抽象、寡淡无味或望而生畏。而掌握总线技术的有效方法是边学习边实践、先易后难、循序渐进。讲授者应理论联系实际，合理安排实验，初学者应从理论学习中获得知识与概念，从实践中获得兴趣和理解。

  本书力图将总线协议和标准的介绍与实际系统和应用相联系，用总线实验系统搭建起基本原理和应用检修之间的桥梁。通过实验系统上的总线训练，学生可加深对总线基本原理的理解，最终实现灵活运用总线知识检修总线系统故障的目的。通过"总线协议学习—实验系统训练—目标车型检修"的学习过程，学生应达到了解总线标准、理解基本原理、检修实际系统的目标。

  本书由浙江汽车职业技术学院的钱新恩、朱萍担任主编，李波、张少海、金宏桧担任副主编。钱新恩编写了项目 1、项目 2，朱萍编写了项目 3，李波编写了项目 4，张少海和金宏桧编写了项目 5，全书由钱新恩负责统稿。编者在编写本书的过程中参考了许多优秀的中外教材及网络资料，在此对所引用文献的作者表示衷心的感谢！

  由于编者水平有限，加之编写时间仓促，书中不妥之处在所难免，敬请各位专家和广大读者批评指正。

编者

2019 年 5 月

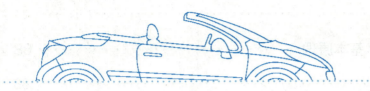

目 录
CONTENTS

项目1 汽车单片机技术基础 ······ 1

1.1 概述 ······ 1
1.1.1 汽车电工电子技术的发展 ······ 1
1.1.2 单片机的基础知识 ······ 2
1.1.3 数制与编码 ······ 3
思考与练习 ······ 7

1.2 MCS-51 单片机的内部结构和原理 ······ 7
1.2.1 MCS-51 单片机的内部结构 ······ 7
1.2.2 MCS-51 单片机的引脚分布及功能 ······ 9
1.2.3 MCS-51 单片机的内部存储器 ······ 11
思考与练习 ······ 17

1.3 MCS-51 单片机指令系统与程序设计 ······ 18
1.3.1 MCS-51 单片机汇编语言的指令系统 ······ 18
1.3.2 MCS-51 单片机的寻址方式 ······ 22
1.3.3 MCS-51 单片机汇编语言的指令功能 ······ 23
1.3.4 MCS-51 单片机 C51 语言 ······ 29
1.3.5 程序设计 ······ 35
思考与练习 ······ 39

1.4 MCS-51 单片机的内部资源及应用 ······ 40
1.4.1 MCS-51 内部的并行 I/O 接口 ······ 41
1.4.2 MCS-51 单片机的中断系统 ······ 45
1.4.3 MCS-51 单片机的定时器/计数器 ······ 53
1.4.4 MCS-51 单片机的串行通信 ······ 59
思考与练习 ······ 71

1.5 MCS-51 单片机系统的扩展技术 ······ 72
1.5.1 MCS-51 系列单片机的外部扩展原理 ······ 72

1.5.2 存储器的扩展 ·· 74
1.5.3 并行 I/O 接口的扩展 ···································· 79
思考与练习 ··· 84

项目 2 汽车 CAN 总线技术基本原理 ································ 88

2.1 CAN 总线概述 ··· 88
2.1.1 CAN 的产生和发展 ···································· 88
2.1.2 CAN 网络体系结构 ···································· 90
思考与练习 ··· 93

2.2 CAN 数据链路层的基本原理 ································· 93
2.2.1 CAN 传输数据的方式 ·································· 93
2.2.2 CAN 发送数据冲突的解决 ······························· 98
2.2.3 CAN 位填充及位填充编码 ······························ 101
2.2.4 CAN 的错误处理 ···································· 102
思考与练习 ·· 103

2.3 CAN 总线的总线管理 ····································· 103
2.3.1 CAN 总线实现各节点之间的同步 ························· 103
2.3.2 CAN 总线的管理与故障界定 ···························· 107
2.3.3 CAN 总线节点和总线的连接 ···························· 109
思考与练习 ·· 113

2.4 SJA1000CAN 控制器及其应用 ······························ 113
2.4.1 SJA1000 硬件结构 ··································· 113
2.4.2 CAN 节点的基本工作过程 ······························ 114
2.4.3 SJA1000CAN 节点的结构与工作原理 ····················· 115
2.4.4 SJA1000 初始化 ···································· 116
2.4.5 典型寄存器的功能说明与设置（PeliCAN 模式） ············· 120
2.4.6 SJA1000 运行模块编程 ······························· 129
思考与练习 ·· 132

项目 3 大众车系车载网络系统及故障诊断与检修 ······················ 133

3.1 大众车系 CAN 总线网络的基本组成类型 ······················ 133
3.1.1 动力 CAN 总线系统 ·································· 134
3.1.2 舒适 / 信息系统总线 ·································· 135
3.1.3 诊断系统总线 ······································ 137

3.2 大众车系 CAN 总线的链路及其特点 ·························· 138

3.3 CAN 总线系统的故障诊断与检修 · 141
  3.3.1 CAN 总线的常见故障 · 141
  3.3.2 CAN 总线的电压波形分析与故障诊断 · 142
  3.3.3 CAN 总线导线的维修方法 · 147
  3.3.4 检测工具与接线 · 149
  3.3.5 大众车系车载网络的检测及故障诊断案例 · 152
思考与练习 · 157

项目 4　帝豪 EV300 电动汽车 CAN 总线系统的故障诊断与排除 · · · · · · · · · · 158

4.1 帝豪 EV300 电动汽车简介 · 158
  4.1.1 概述 · 158
  4.1.2 大三电及小三电系统 · 160
4.2 高压作业安全规定 · 162
4.3 帝豪 EV300 CAN 总线故障诊断案例分析 · 169
  4.3.1 帝豪 EV300 CAN 总线的电路图 · 169
  4.3.2 汽车故障的诊断方法 · 170
  4.3.3 整车控制器 CAN 总线常见故障诊断案例 · 173
  4.3.4 电动机控制器 CAN 总线常见故障诊断案例 · 180
  4.3.5 电池管理系统 CAN 总线故障诊断案例 · 182
  4.3.6 充电机 CAN 总线故障诊断案例 · 185
思考与练习 · 187

项目 5　汽车车载总线系统检修 · 188

5.1 LIN 车载总线检修 · 188
  5.1.1 LIN 总线的主要特征及术语 · 189
  5.1.2 LIN 总线的结构与协议 · 189
  5.1.3 LIN 的控制单元 · 192
  5.1.4 LIN 总线在汽车上的应用 · 195
  5.1.5 LIN 的防盗功能和自诊断功能 · 197
5.2 MOST 车载总线检修 · 198
  5.2.1 MOST 总线的主要特征及术语 · 198
  5.2.2 MOST 总线的基本结构与原理 · 200
  5.2.3 MOST 总线在汽车上的应用 · 203
  5.2.4 MOST 总线的诊断 · 203
  5.2.5 光缆检修 · 204

5.3 蓝牙技术 ……………………………………………………………… 207
　　思考与练习 …………………………………………………………… 207

附录 A　SJA1000CAN 节点互发程序 …………………………………… 208

附录 B　MCS-51 单片机指令 …………………………………………… 226

参考文献 …………………………………………………………………… 232

项目 1
汽车单片机技术基础

1.1 概 述

随着电子技术的发展和应用，基于改善安全、舒适、节能和环保等性能的电控系统在汽车电子系统中占有非常重要的地位，这些电控系统的核心是ECU，而ECU的核心是单片机。ECU的功能是根据其内存的程序和数据对空气流量计及各种传感器输入的信息进行运算、处理、判断，然后输出指令，向喷油器提供一定宽度的电脉冲信号控制喷油量。ECU由微型计算机、输入、输出及控制电路等组成。

ECU又称"行车电脑""车载电脑"等，从用途上讲它是汽车专用微机控制器，也叫汽车专用单片机。它和普通的单片机一样，由微处理器、存储器(ROM、RAM)、输入/输出(input/output, I/O)接口、模数（analog-to-digital, A/D）转换器及放大、整形和驱动等大规模集成电路组成，因此本书着重介绍普通单片机的原理及接口技术。

Intel公司的MCS-51系列单片机在我国广泛应用，其参考资料丰富、实验设备种类众多、应用实例非常广泛，有利于单片机的学习。本书以MCS-51系列单片机为主要内容，对单片机的内部结构、指令系统、中断定时系统、外围接口技术等分别予以介绍，使读者掌握单片机的基础知识，并学会基本的应用技能。

1.1.1 汽车电工电子技术的发展

随着晶体管的问世，硅二极管整流式交流发电机取代了直流发电机，晶体管电路开始在汽车上应用，并逐步集成化。

汽车电控技术在20世纪70年代开始形成，点火装置、电子燃油喷射装置等技术逐渐成熟，并大规模使用。之后以微处理器为核心的微机控制系统在汽车上大规模使用，并且各部分微处理器采用网络技术实现了相互通信，汽车进入了电子化、智能化和网络化的时代。

汽车电工电子技术已涉及汽车的各个方面，如动力控制系统、安全与底盘电子系统、车身电子系统和信息与通信系统。随着汽车电工电子技术的飞速发展，汽车电子设备的技术含量、可靠性、安全性和经济性等直接决定着汽车的档次、竞争力及其市场前景等。电子设备的成本占汽车总成本的比例也会越来越大。

汽车电工电子技术的发展及在汽车上的广泛应用使汽车的各项性能指标获得较大改善，可以在各种工况下始终处于较佳工作状态。电工电子技术使汽车、道路、环境和乘员之间形成完整的系统，这一结合是机械方法无法实现的。

汽车电子控制设备成本低、控制精确、使用寿命长，对汽车的性能至关重要，其通用性较好，便于维修和更换。电子技术的发展使电子电路高度集成化、体积小、使用方便等优点使电子设备成本越来越低，品种越来越多。对于未来的汽车，机械方面的发展空间越来越小，而汽车电子设备会得到较快较大的发展。

1.1.2　单片机的基础知识

微处理器（芯片）本身不是计算机,但它是小型计算机或微型计算机的控制和处理部分。微机包括微处理器、存储器（RAM、ROM）、I/O 设备等，是具有完整运算及控制功能的计算机。

单片机是指将微处理器、一定容量的 RAM（random access memory，随机存储器）和 ROM（read only memory，只读存储器）、I/O 接口、定时器、计数器等电路集成在一块芯片上构成的单片微型计算机。由于单片机的体积、结构和功能特点，在实际应用中可以完全融入应用系统之中，因此也称为嵌入式微控制器。

基本单片机系统是由单片机芯片和软件程序共同组成的，单片机内部的中央处理(central processing unit, CPU）处于核心地位，CPU 执行嵌入的软件程序进而调动硬件电路工作完成控制功能。

单片机种类繁多，常用的单片机类型有 MCS-51 系列单片机、PIC 系列单片机、MSP430 单片机等，其各具特色。本书重点讨论 MCS-51 系列普通单片机的工作原理及接口技术。MCS-51 系列及其兼容产品是目前常用的一种单片机类型，其产品较多、成本低、应用广泛，已被单片机开发设计者普遍接受。

MCS-51 系列单片机及其兼容产品的生产厂家很多，已经应用于各种领域。常用 MCS-51 系列单片机如表 1.1 所示。

表 1.1　常用 MCS-51 系列单片机

公司	产品名称	特点
Intel	8031	MCS-51 CMOS 单片机 8 位微处理器，32 条 I/O 引线，2 个定时器/计数器，5 个中断源，2 个优先级，128B 片内 RAM
Philips	80C562	基于 8051 CMOS 控制器，8 位 A/D，48 条 I/O 引线，3 个定时器/计数器，14 个中断源，4 个优先级，无片内 ROM，256B 片内 RAM

续表

公司	产品名称	特点
Atmel	89C51	基于 8051 全兼容 CMOS 控制器，3 级程序存储器加密，32 条 I/O 引线，2 个定时器/计数器，6 个中断源，4KB Flash 存储器，256B 片内 RAM
	89C2051	基于 8051 全兼容 CMOS 控制器，2 级程序存储器加密，15 条 I/O 引线，2 个定时器/计数器，6 个中断源，2KB Flash 存储器，128B 片内 RAM
	89S51	基于 8051 全兼容 CMOS 控制器，3 级程序存储器加密，32 条 I/O 引线，2 个定时器/计数器，6 个中断源，4KB Flash 存储器，256B 片内 RAM，编程把关定时器，电源关断标志，SPI 串行接口，ISP

单片机从 8 位机、16 位机到 32 位机，功能各具特色，目前正朝着高性能和多样化方向发展，体积小、功耗低、容量大、性能高、价格低等成为发展新产品的要求，最重要的是实现应用系统与控制对象的最佳结合，即将单片机的基本组成单元与模拟、数字外设集成在一个芯片上而组成片上系统（SoC），显示单片机的智能化控制能力。

电子技术的迅速发展使单片机在汽车上广泛使用。点火系统 ECU、废气再循环控制系统 ECU、自动变速器 ECU、悬架控制 ECU、自动空调系统 ECU、制动防抱死系统 ECU、安全气囊 ECU、雷达防撞 ECU 等系统 ECU 中都有单片机的身影。在以后的汽车发展中，单片机会出现在汽车更多的地方，使汽车的性能得到真正的提高。

1.1.3 数制与编码

1. 数制

单片机是处理数字信息的，因此各种数据和信息进入单片机处理前必须转换成二进制数或二进制编码。

数制也称进位制，是按进位方式实现计数的一种规则。单片机中常用的有 3 种数制，即二进制、十进制和十六进制。数制有两个基本要素：一是基数，表示某种数制具有的数字符号的个数及进位的规则；二是位权，表示一个进位计数制的数中不同数位上数字的单位数值，第 i 位的位权即为基数的 i 次幂。

（1）十进制（decimal system，用 D 表示）

十进制数的基数为 10，有 0～9 共 10 个字符，逢十进一。小数点左边第一位的位权为 10^0，第二位的位权为 10^1，往左依次为 $10^2\cdots$；小数点右边第一位的位权为 10^{-1}，往右依次为 $10^{-2}\cdots$。任何一个十进制数 N 可以表示为

$$N = K_i \times 10^n + K_{i-1} \times 10^{n-1} + \cdots K_1 \times 10^1 + K_0 \times 10^0 + K_{-1} \times 10^{-1} \cdots + K_{-i} \times 10^{-m}$$

其中，m 表示小数位的位数，n 表示整数位的位数，K_i 为 0～9。

（2）二进制（binary system，用 B 表示）

基数为 2 的数制为二进制，有 0、1 两个数字符，逢二进一。任何一个二进制数 N 可以

表示为

$$N = K_i \times 2^n + K_{i-1} \times 2^{n-1} + \cdots K_1 \times 2^1 + K_0 \times 2^0 + K_{-1} \times 2^{-1} \cdots + K_{-i} \times 2^{-m}$$

其中，m 表示小数位的位数，n 表示整数位的位数，K_i 为 0～1。

(3) 十六进制（hexadecimal system，用 H 表示）

基数为 16 的数制为十六进制，有 0～9、A、B、C、D、E、F 共 16 个字符，其中 A～F 分别表示 10～15，逢十六进一。任何一个十六进制数 N 可以表示为

$$N = K_i \times 16^n + K_{i-1} \times 16^{n-1} + \cdots K_1 \times 16^1 + K_0 \times 16^0 + K_{-1} \times 16^{-1} \cdots + K_{-i} \times 16^{-m}$$

其中，m 表示小数位的位数，n 表示整数位的位数，K_i 为 0～F。

(4) 数制之间的转换

1) 十进制数与二进制数之间的相互转换。

十进制数转换为二进制数，只要把十进制数依次除以 2 并记下每次所得的余数，每次相除得到的余数即为二进制的各位数码即除 2 取余法。第一次得到的余数为最低位，最后一次得到的条数为最高位。

【例 1.1】把十进制数 25 转换成二进制数。

解：

```
2 | 25      余数      低位
2 | 12 …… 1           ↑
2 |  6 …… 0
2 |  3 …… 0
2 |  1 …… 1
     0    1           高位
```

所以，25D=11001B。

对于十进制纯小数，用乘 2 取整法将其转换为二进制数，即先用 2 乘十进制纯小数，在得到的积中取出整数部分；再用 2 去乘余下的纯小数部分，在得到的积中取出整数部分；继续这个过程，直到满足所要求的精度或纯小数部分等于零为止。最后把每次乘积的整数部分由上而下依次排列起来，即得所求的对应的二进制小数。

把二进制数按位权展开，利用十进制数运算法则求和，即可得到相应的十进制数。

【例 1.2】把二进制数 11101110.01 转换为十进制数。

$$(11101110.01)_2$$
$$= 1 \times 2^7 + 1 \times 2^6 + 1 \times 2^5 + 1 \times 2^3 + 1 \times 2^2 + 1 \times 2^1 + 1 \times 2^{-2}$$
$$= (238.25)_{10}$$

所以，$(11101110.01)_2 = (238.25)_{10}$。

2) 十进制数与十六进制数之间的相互转换。

十进制数转换为十六进制数的方法和十进制数转换为二进制数的方法类似，只要将基数 2 换成 16 即可。

把十六进制数按位权展开，利用十进制数运算规则求和，即可得到相应的十进制数。

【例 1.3】将十六进制数 FA 转换成十进制数。

$$(FA)_{16}=F\times16^1+A\times16^0=(250)_{10}$$

3）二进制数与十六进制数之间的相互转换。

二进制数和十六进制数之间分别存在着一种特殊关系，即 24=16。

于是 1 位十六进制数可以用 4 位二进制数（两头位数不够时可以补 0）表示，它们之间存在着直接且唯一的对应关系。

无论是十六进制的整数还是小数，只要把每 1 位十六进制数用相应的 4 位二进制数（两头位数不够时可以补 0）代替，就可以转换为二进制数。

二进制的整数部分由小数点向左，每 4 位为一组，最后不足 4 位的在前面补 0。小数部分由小数点向右，每 4 位为一组，最后不足 4 位的在后面补 0，然后把每 4 位二进制数用相应的十六进制数代替，即可转换为十六进制数。

【例 1.4】将十六进制数 8E 转换为二进制数。

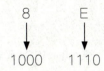

所以，$(8E)_{16}=(10001110)_2$。

【例 1.5】将二进制数 10110101 转换为十六进制数。

所以，$(10110101)_2=(B5)_{16}$。

为区别不同数制，通常在数字后面加上一个后缀，B 表示二进制，H 表示十六进制。

2. 编码

单片机中，数、字母和符号用二进制编码来表示。编码，是指按一定规则组合成的若干位二进制代码。

（1）BCD 码

1 位十进制数用 4 位二进制编码来表示的方法很多，最常用的是 8421BCD（binary coded decimal，二进制编码的十进制）码，简称 BCD 码。

4 位二进制数从左至右各位的位权分别为 8、4、2、1，4 位权之和即为所表示的 1 位十进制数。8421BCD 码如表 1.2 所示。

表 1.2 8421BCD 码表

十进制数	8421BCD 码	二进制数	十进制数	8421BCD 码	二进制数
0	0000	0000	8	1000	1000
1	0001	0001	9	1001	1001

续表

十进制数	8421BCD 码	二进制数	十进制数	8421BCD 码	二进制数
2	0010	0010	10	0001 0000	1010
3	0011	0011	11	0001 0001	1011
4	0100	0100	12	0001 0010	1100
5	0101	0101	13	0001 0011	1101
6	0110	0110	14	0001 0100	1110
7	0111	0111	15	0001 0101	1111

(2) ASCⅡ码

ASCⅡ码（American Standard Code for Information Interchange 美国信息交换标准码）是一种字符编码，它由 7 位二进制数码构成，共有 128 种字符，如表 1.3 所示。

1 字节由 8 个二进制位构成，用 1 字节存放一个 ASCII 码，只占用低 7 位，而最高位空闲，一般用 0 补充。

表 1.3 ASCII 码表

$d_3d_2d_1d_0$ \ $d_6d_5d_4$	000	001	010	011	100	101	110	111
0000	NUL	DLE	SP	0	@	P	、	p
0001	SOH	DC1	!	1	A	Q	a	q
0010	STX	DC2	"	2	B	R	b	r
0011	ETX	DC3	#	3	C	S	c	s
0100	EOT	DC4	$	4	D	T	d	t
0101	ENQ	NAK	%	5	E	U	e	u
0110	ACK	SYN	&	6	F	V	f	v
0111	BEL	ETB	'	7	G	W	g	w
1000	BS	CAN	(	8	H	X	h	x
1001	HT	EM	)	9	I	Y	i	y
1010	LF	SUB	*	:	J	Z	j	z
1011	VT	ESC	+	;	K	[	k	{
1100	FF	FS	'	<	L	\	l	|
1101	CR	GS	-	=	M	]	m	}
1110	SO	RS	.	>	N	^	n	~
1111	SI	US	/	?	O	_	o	DEL

几个术语

(1) 位 (b)

位是单片机所能表示的最小数据单位,即 1 位二进制数。

(2) 字节 (B)

8 位二进制数称为 1 个字节。

(3) 字 (Word)

16 位二进制数称为 1 个字,一个字有 2 字节。

存储器可容纳的二进制信息量称为存储容量。常用的存储容量单位有 B(字节)、KB(千字节)、MB(兆字节)、GB(吉字节)。它们之间的关系如下。

$$1B = 8\ b$$
$$1KB = 2^{10}\ B = 1024\ B$$
$$1MB = 2^{10}\ KB = 1024\ KB$$
$$1GB = 2^{10}\ MB = 1024\ MB$$

思考与练习

1. 将十进制数 5536 转换为二进制数和十六进制数。
2. 将十六进制数 3CB0H 转换为十进制数。
3. ASCⅡ码的特点是什么?字母 A 的大小写字符的 ASCⅡ码是多少?

1.2 MCS-51 单片机的内部结构和原理

MCS-51 单片机是高性能 8 位单片机,其代表是 8051。该系列其他单片机是以 8051 为核心,在增加一定的功能部件后构成的。

在单片机中除了有 CPU、存储器和 I/O 接口外,还有定时器 / 计数器、串行 I/O 接口和中断系统等逻辑部件。本节主要介绍 MCS-51 单片机的基本结构和功能、存储器、I/O 接口及单片机的引脚功能等。

1.2.1 MCS-51 单片机的内部结构

MCS-51 单片机是由 8 位 CPU、程序存储器(EPROM/ROM)、数据存储器(RAM)、并行 I/O 接口、串行 I/O 接口、定时器 / 计数器、中断系统、振荡器和时钟电路等部分组成的,各部

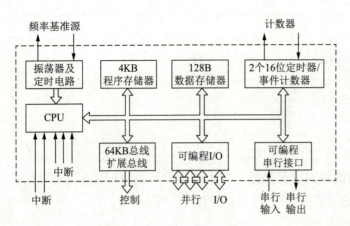

图 1-1　MCS-51 单片机系统结构

分通过内部总线相连。MCS-51 单片机系统结构如图 1-1 所示。

（1）CPU

CPU 是 MCS-51 单片机的核心，主要完成运算和控制操作。故 CPU 由运算器和控制器两大部分组成。

1）运算器。其用来完成算术运算、逻辑运算和位操作。它由算术逻辑单元（arithmetic logic unit, ALU）、累加器 A、寄存器 B、暂存寄存器、程序状态字寄存器（program status word, PSW）等组成。

ALU 由加法器和相应的控制器逻辑电路组成，既可实现 8 位数据的加减乘除算术运算及与、或等逻辑运算，又具有位处理功能。

累加器 A 是一个常用的寄存器。运算时将一个操作数经暂存寄存器送至 ALU，与另一个来自暂存寄存器的操作数在 ALU 中运算，结果又送入累加器 A 中。

寄存器 B 在乘、除运算时用来存放一个操作数，也用来存放结果的一部分。

暂存寄存器用来暂时存放数据总线和其他寄存器送来的操作数。

PSW 是状态标志寄存器，用来保存 ALU 运算结果的特征和处理状态。

2）控制器。其用来统一控制和协调单片机进行工作的部件。由程序计数器（program counter, PC）、指令寄存器（instruction register, IR）、指令译码器（instruction decoder, ID）、定时与控制逻辑电路等部分组成。

PC 是 16 位计数器，总是存放下一条要读取指令所在存储单元的 16 位地址。每取完 1 字节后 PC 自动加 1。单片机复位时 PC 自动清 0，即装入地址 0000H。

IR 用来保存当前正在执行的一条指令。

ID 用来翻译操作码，确定所要执行的操作。

定时与控制逻辑是 CPU 的核心部件，它控制读取指令、执行指令、存取操作数或运算结果等操作，向其他部件发出各种操作控制信号，协调各部件工作。

（2）存储器

MCS-51 单片机的存储器物理上设计成程序存储器和数据存储器两个独立空间。

MCS-51 单片机片内数据存储器共有 256B RAM 单元，其中后 128B 单元被特殊功能寄存器占用（80H～FFH），供用户使用的是前 128B 单元（00H～7FH），用于存放运算结果、暂存数据和数据缓存。因此前 128B 单元简称内部 RAM。

片内程序存储器为 4KB ROM，用于存放程序和原始数据，简称片内 ROM，地址范围为 0000H～07FFH。

(3) 定时器/计数器

MCS-51 单片机有 2 个 16 位定时器/计数器，实现定时和计数功能。

(4) 并行 I/O 接口

MCS-51 单片机有 4 个 8 位 I/O 接口，即 P0、P1、P2 和 P3，实现数据并行输入、输出。

(5) 串行 I/O 接口

MCS-51 单片机有一个全双工串行口，利用 P3.0（RXD）和 P3.1（TXD）实现单片机与外设的数据传送。

(6) 中断控制系统

MCS-51 单片机有 5 个中断源，包括 2 个外部中断、2 个定时/计数中断、1 个串行中断。其有高级和低级两个优先级。

(7) 时钟电路

时钟电路主要为单片机产生时钟脉冲序列，石英晶体和微调电容需要外接，典型晶振频率为 11.0592MHz、12MHz 和 24MHz，微调电容容量为 20～30pF。

(8) 总线

为了减少单片机的连线和引脚，提高集成度和可靠性，系统的地址信号、数据信号和控制信号都是通过总线传送的，因此有 3 种总线，即地址总线、数据总线和控制总线。

1.2.2　MCS-51 单片机的引脚分布及功能

图 1-2 是 89C51 的引脚结构图，有双列直插封装（dual in-line package, DIP）方式和方形封装方式，各引脚的功能如下：

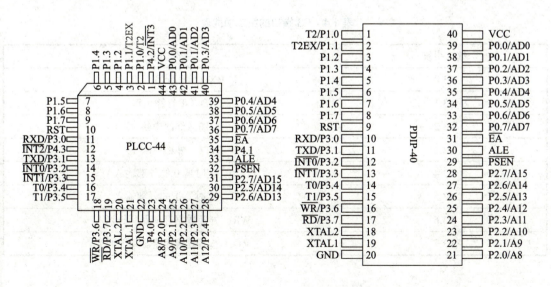

图 1-2　89C51 的引脚结构

(1) 电源引脚 VCC 和 GND

VCC（40 脚）：电源端，接 +5V 电源。

GND（20 脚）：接地端。

(2) 时钟信号引脚 XTAL1 和 XTAL2

XTAL1（19 脚）：接外部晶振和微调电容的一端，也是外部时钟源的输入端。

XTAL2（18 脚）：接外部晶振和微调电容的另一端，采用外部时钟源时该脚悬空。判断单片机的振荡电路是否正常工作，可用示波器查看 XTAL2 端是否有脉冲信号输出。

(3) 控制信号引脚 RST、ALE、

RST（9 脚）：复位信号输入端，高电平有效。

ALE（30 脚）：地址锁存允许信号端。CPU 访问片外存储器时该引脚输出信号作为锁存低 8 位地址的控制信号。单片机正常工作时该引脚不断向外输出正脉冲信号，频率为振荡频率的 1/6。

$\overline{PSEN}$（29 脚）：片外程序存储允许输出信号端。单片模式时该引脚不接。

$\overline{EA}$（31 脚）：外部程序存储器地址允许输入端。当引脚接高电平时，CPU 从片内 ROM 访问并从内部程序存储器中的指令执行；当引脚接低电平时，CPU 只访问片外 ROM 并执行片外程序存储器中的指令。

(4) I/O 接口 P0、P1、P2 和 P3

P0 端口（32～39 脚）：8 位漏极开路型双向并行 I/O 接口。

P1 端口（1～8 脚）：8 位具有内部上拉电阻的准双向 I/O 接口。

P2 端口（21～28 脚）：8 位具有内部上拉电阻的准双向 I/O 接口。

P3 端口（10～17 脚）：8 位具有内部上拉电阻的准双向 I/O 接口，每一位又具有特殊功能（第二功能），如表 1.4 所示。

表 1.4　P3 端口的第二功能表

端口引脚	特殊功能
P3.0	RXD（串行输入口）
P3.1	TXD（串行输出口）
P3.2	INT0（外部中断 0）
P3.3	INT1（外部中断 1）
P3.4	T0（定时器 0 的外部输入）
P3.5	T1（定时器 1 的外部输入）
P3.6	WR（外部数据存储器写选通）
P3.7	RD（外部数据存储器读选通）

1.2.3　MCS-51 单片机的内部存储器

CPU 访问存储器时，一个地址对应唯一的存储器单元，可以是 ROM，也可以是 RAM，并用同类访问指令，此种存储器结构称为普林斯顿结构。MCS-51 单片机的存储器在物理上是分开的，共有 4 个存储空间：片内程序存储器、片外程序存储器、片内数据存储器和片外数据存储器，这种程序存储器和数据存储器分开的结构形式称为哈佛结构。

MCS-51 单片机的存储器从逻辑上划分为 3 个存储地址空间：片内外统一编址的 64KB 程序存储器地址空间（0000H～FFFFH），64KB 片外数据存储器地址空间（0000H～FFFFH），256B 片内数据存储器地址空间。CPU 访问片内、片外 ROM 指令用 MOVC，访问片外 RAM 指令用 MOVX，访问片内 RAM 指令用 MOV。图 1-3 为 MCS-51 单片机的存储器配置。

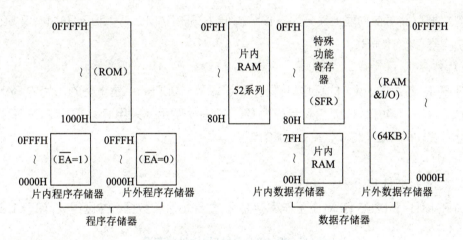

图 1-3　MCS-51 单片机的存储器配置

（1）程序存储器

程序存储器用来存放调试好的应用程序和表格常数。内部有 ROM 的单片机，在正常运行时应把引脚接高电平，使程序从内部 ROM 开始执行，当 PC 值超过内部 ROM 地址空间时，自动转向外部 ROM 去执行程序。对内部无 ROM 的单片机，应始终接低电平，迫使 CPU 从外部 ROM 取指令。

64KB 程序存储器中的 7 个入口地址具有特殊功能。

0000H 单元：程序的起始地址，系统复位后 PC 的值为 0000H，0000H～0002H 单元用于初始化，一般在起始地址单元中设置一条绝对转移指令使之转向主程序处执行。

其他 6 个特殊功能的入口地址分别对应 6 种中断源的中断服务程序入口地址，如表 1.5 所示。通常在中断入口地址处写一条跳转指令，跳转到中断服务程序处执行。

表 1.5　中断入口地址表

中断源	入口地址
外部中断 0	0003H
定时计数器 T0 溢出	000BH
外部中断 1	0013H
定时计数器 T1 溢出	001BH
串行口中断	0023H
定时计数器 T2 溢出或 T2EX 输入负跳变	002BH

（2）数据存储器

数据存储器 RAM 用于存放运算的中间结果、数据暂存和缓冲等。数据存储器地址空间由内部和外部数据存储器空间组成，当访问片内 RAM 时，用 MOV 类指令；当访问片外 RAM 时，则用 MOVX 类指令。

片内数据存储器在物理上又分为 3 部分：低 128B RAM、高 128B RAM（仅 52 系列）和特殊功能寄存器（SFR）。

1）片外 RAM。

片外 RAM 与片内 RAM 的低地址部分（0000H～00FFH）是重叠的。片内 RAM 使用 MOV 指令，片外 64KB RAM 空间专门为 MOVX 指令所用，采用 R0、R1 或 DPTR 寄存器间接寻址方式访问，如 MOVX A，@DPTR。

2）片内 RAM。

①低 128B RAM（00H～7FH）。

片内 RAM 的低 128B RAM 由工作寄存器区、位寻址区和数据缓冲区组成，如表 1.6 所示。

表 1.6　低 128B RAM 区地址分布表

字节地址	7F 30	通用 RAM（堆栈、数据缓冲）							位地址
可位寻址区	2F	7F	7E	7D	7C	7B	7A	79	78	
	2E	77	76	75	74	73	72	71	70	
	2D	6F	6E	6D	6C	6B	6A	69	68	
	2C	67	66	65	64	63	62	61	60	
	2B	5F	5E	5D	5C	5B	5A	59	58	
	2A	57	56	55	54	53	52	51	50	
	29	4F	4E	4D	4C	4B	4A	49	48	
	28	47	46	45	44	43	42	41	40	
	27	3F	3E	3D	3C	3B	3A	39	38	

续表

字节地址	7F	通用 RAM（堆栈、数据缓冲）								
	30									
可位寻址区	26	37	36	35	34	33	32	31	30	位地址
	25	2F	2E	2D	2C	2B	2A	29	28	
	24	27	26	25	24	23	22	21	20	
	23	1F	1E	1D	1C	1B	1A	19	18	
	22	17	16	15	14	13	12	11	10	
	21	0F	0E	0D	0C	0B	0A	09	08	
	20	07	06	05	04	03	02	01	00	
通用工作寄存器区	1F	R7	3 组							
	18	R0								
	17	R7	2 组							
	10	R0								
	0F	R7	1 组							
	08	R0								
	07	R7	默认寄存器组（0 组）							
	00	R0								

00H～1FH 地址安排为 4 组工作寄存器区，每组有 8 个工作寄存器（R0～R7），共占 32 个单元，如表 1.7 所示。通过对 PSW 中 RS1、RS0 的设置，每组寄存器均可选作 CPU 的当前工作寄存器组。

表 1.7　工作寄存器地址表

RS1	RS0	寄存器组	R0	R1	R2	R3	R4	R5	R6	R7
0	0	工作寄存器组 0	00H	01H	02H	03H	04H	05H	06H	07H
0	1	工作寄存器组 1	08H	09H	0AH	0BH	0CH	0DH	0EH	0FH
1	0	工作寄存器组 2	10H	11H	12H	13H	14H	15H	16H	17H
1	1	工作寄存器组 3	18H	19H	1AH	1BH	1CH	1DH	1EH	1FH

内部 RAM 中的 20H～2FH 是 16 个单元的位寻址区，这 16 个单元共有 128 位，其位地址为 00H～7FH。所谓位寻址是指 CPU 能直接对这些位进行置"1"、清"0"、求反、传送等逻辑操作。数据缓冲区是片内 RAM 中 30H～7FH 的 80 个单元，只能以存储单元的形式使用，一般常把堆栈开辟于此区中。

②高 128B RAM（80H～0FFH）。该存储区仅 52 子系列有，只可用间接寻址方式访问。

③特殊功能寄存器（SFR）（80H～0FFH）。该区存放相应功能部件的控制命令的状态

或数据，MCS-51 系列单片机的特殊功能寄存器共有 22 个，可直接寻址的有 21 个，其地址如表 1.8 所示。

表 1.8　特殊功能寄存器地址表

序号	特殊功能寄存器	功能名称	物理地址	可否位寻址
1	B	寄存器 B	F0H	可以
2	A（ACC）	累加器	E0H	可以
3	PSW	程序状态字（标志寄存器）	D0H	可以
4	IP	中断优先级控制寄存器	B8H	可以
5	P3	P3 口数据寄存器	B0H	可以
6	IE	中断允许控制寄存器	A8H	可以
7	P2	P2 口数据寄存器	A0H	可以
8	SBUF	串行口发送 / 接收数据缓冲寄存器	99H	不可以
8	SCON	串行口控制寄存器	98H	可以
10	P1	P1 口数据寄存器	90H	可以
11	TH1	T1 计数器高 8 位寄存器	8DH	不可以
12	TH0	T0 计数器高 8 位寄存器	8CH	不可以
13	TL1	T1 计数器低 8 位寄存器	8BH	不可以
14	TL0	T0 计数器低 8 位寄存器	8AH	不可以
15	TMOD	定时器 / 计数器控制方式寄存器	89H	不可以
16	TCON	定时器控制寄存器	88H	可以
17	PCON	电源控制寄存器	87H	不可以
18	DPH	数据指针寄存器高 8 位	83H	不可以
19	DPL	数据指针寄存器低 8 位	82H	不可以
20	SP	堆栈指针寄存器	81H	不可以
21	P0	P0 口数据寄存器	80H	可以

　　a. PC。PC 是 16 位计数器，内容为将要执行的指令地址，有自动加 1 功能，以实现程序顺序执行。PC 没有地址，不可以寻址，但在执行转移、调用、返回等指令时自动改变其内容实现程序执行顺序的改变。

　　b. 累加器 A。累加器 A 为 8 位寄存器，用于寄放操作数，是 ALU 运算结果的暂存单元，也是数据的中转站，在变址寻址方式中把累加器作为变址寄存器使用。因此累加器 A 的使用非常频繁。

　　c. 寄存器 B。寄存器 B 是 8 位寄存器，主要用于乘、除运算。

　　d. PSW 是 8 位寄存器，寄存指令执行的状态信息。PSW 的各位定义如表 1.9 所示。

表 1.9　PSW 的各位定义

位序	PSW.7	PSW.6	PSW.5	PSW.4	PSW.3	PSW.2	PSW.1	PSW.0
位标志	CY	AC	F0	RS1	RS0	OV	—	P

PSW 各位的功能如下。

CY（PSW.7）进位标志。加减法运算时如果结果的最高位（D7 位）向上有进位或借位，CY 置 1，否则清 0。在位操作时 CY 又作为位累加器使用。

AC（PSW.6）半进位标志。加减运算时如果运算结果低半字节（D3 位）向高半字节有进位或借位，AC 置 1，否则清 0。

F0（PSW.5）用户标志位。

RS1、RS0（PSW.4、PSW.3）工作寄存器组选择控制位。用软件对 RS1、RS0 作不同组合，以确定工作寄存器的组号。

OV（PSW.2）溢出标志。带符号数补码运算时，如果有溢出，即当运算结果超出 −128 ～ ＋127 的范围时，OV 置 1；无溢出时，OV 清 0。

——（PSW.1）为保留位。

P（PSW.0）奇/偶标志。每个指令周期均由硬件来置位或清 0，以指出累加器 A 中 1 的个数的奇偶性。若 1 的个数为奇数，则 P 置位，否则清 0。

e. 堆栈指针（stack pointer，SP）。堆栈是一个特殊的存储区，暂存数据和地址，它是按"先进后出"的原则存放数据的。第一个进栈的数据所在的存储单元称为栈底，最后进栈数据的存储单元叫做栈顶，SP 是 8 位特殊功能寄存器，始终指向栈顶在片内 RAM 中的位置，每存或取 1 字节数据 SP 就自动加或减 1，系统复位后 SP 的初始值为 07H，即堆栈实际从 08H 单元开始工作。

f. 数据指针（DPTR）。DPTR 是 16 位的特殊功能寄存器，由高 8 位字节 DPH 和低 8 位字节 DPL 组成。其用于存放 16 位地址，作为间址寄存器和基址寄存器使用，以便访问片外 RAM 和 ROM。DPTR 可以作为 2 个独立的 8 位寄存器 DPH 和 DPL 使用。

g. 并行 I/O 接口 P0、P1、P2 和 P3，均为 8 位，可以实现数据的输入或输出。

其余的特殊功能寄存器在以后章节介绍。

(3) MCS-51 单片机时钟电路

时钟电路用于产生单片机工作所需的时钟信号。单片机是一个复杂的同步时序电路，因此必须受控于唯一的时钟信号，而时序所研究的则是指令执行时各信号之间的相互时间关系。

1）单片机时钟电路。

单片机芯片内部有一个高增益反相放大器，用于构成振荡器，XTAL1 为反相放大器的输入端，XTAL2 为输出端，两端跨接石英晶体和两个电容就构成稳定的自激振荡器。电容器 C_1 和 C_2 通常取 30pF 左右，可稳定频率并对振荡频率有微调作用。振荡脉冲频率 f_{osc} 的范围为 0 ～ 24MHz。

单片机的时钟电路有两种方式：内部时钟方式和外部时钟方式，如图 1-4 所示。

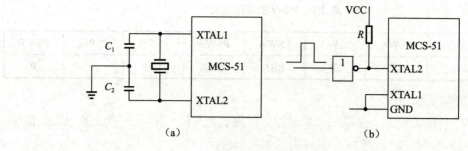

图 1-4 单片机的时钟电路

(a) 内部时钟方式; (b) 外部时钟方式

2) CPU 时序的几个概念。

① 时钟周期(节拍)与状态周期。

时钟周期也称为振荡周期或节拍(用 P 表示),由单片机振荡电路 OSC 产生,是时钟周期中的最小单位。

时钟振荡脉冲经过两分频后就是单片机工作系统的状态(用 S 表示),即一个状态包含两个节拍,前半个周期对应的拍节定义为 P1,后半个周期对应的拍节定义为 P2。

② 机器周期和指令周期。

一个机器周期是指 CPU 访问存储器一次所需要的时间,一个机器周期包括 12 个振荡周期,分为 6 个状态,即 S1~S6。

指令周期是完成一条指令所需要的时间。MCS-51 单片机系统中有单周期指令、双周期指令和四周期指令。四周期指令只有乘、除两条指令。

振荡周期 $=1/f_{osc}$;状态周期 $=2/f_{osc}$

机器周期 $=12/f_{osc}$;指令周期 $=(1\sim4)$ 机器周期

(4) MCS-51 单片机的工作方式

1) 复位操作。

复位是单片机的初始化操作,使单片机系统处于初始状态,并从这个状态开始工作,即把 PC 初始化为 0000H,使单片机从 0000H 单元开始执行程序。

RST 引脚是复位信号的输入端,复位信号高电平有效,有效时间应持续 24 个振荡周期(即两个机器周期)以上。

复位操作有上电自动复位和按键手动复位两种方式,如图 1-5 所示。

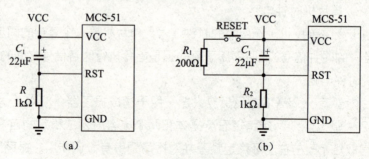

图 1-5 各种复位电路

(a) 上电复位; (b) 按键电平复位

上电自动复位是在加电瞬间电容通过充电来实现的。通电瞬间,电容C_1通过电阻R充电,RST端出现正脉冲,用以复位。

手动复位是指通过接通一按键开关,使单片机进入复位状态。该复位方式可以在不断电源电的前提下实现复位,需要复位时按下按键开关,电阻R_1和R_2分压,在RST端分得的电压接近VCC,使系统复位。复位后各特殊功能寄存器的状态如表1.10所示。

表 1.10 复位后各特殊功能寄存器的状态

寄存器	内容	寄存器	内容
PC	0000H	TMOD	00H
A	00H	TCON	00H
B	00H	TH0	00H
PSW	00H	TL0	00H
SP	07H	TH1	00H
DPTR	0000H	TL1	00H
P0～P3	0FFH	SCON	00H
IP	(XXX00000)B	SBUF	不变
IE	(0XX00000)B	PCON	(0XXXXXXX)B

2)待机运行模式。

进入待机模式的条件是通过软件将PCON寄存器的D0位IDL置1。待机运行模式下内部时钟不向CPU提供,只供给中断、串行接口、定时器部分。CPU的内部状态维持,即包括SP、PC、PSW、累加器A所有的内容保持不变,端口状态也保持不变。该模式适用于采用CMOS工艺的MCS-51系列单片机。

进入空闲方式后,有两种方法可以使系统退出空闲方式。一种是任何中断请求被响应都可以由硬件将PCON.0(IDL)清0而中止,另一种退出空闲方式的方法是硬件复位。

3)掉电工作方式。

进入掉电工作方式的条件是通过软件将PCON寄存器的D1位PD置1,掉电运行状态下片内时钟停振,仅保留片内RAM单元中的内容。必须采用硬件复位的方法结束掉电工作方式。

待机运行模式和掉电工作方式是单片机的两种低功耗工作方式。

❄ 思考与练习

1. CPU由_____和_____组成。
2. 若不使用MCS-51片内程序存储器,则引脚_____必须接地。
3. 在MCS-51单片机中,若采用6MHz晶振,则一个机器周期为_____。

4. 8051 内部 RAM 位寻址区的单元地址范围为_____，其位地址范围为_____。
5. 8051 芯片的引脚分为 3 类：_____、_____和_____。
6. 若累加器 A 中的内容为 63H，P 标志位的值为_____。
7. 8051 单片机内部有（　　）的 ROM。
   A. 4KB　　　　　B. 6KB　　　　　C. 256B　　　　　D. 8KB
8. MCS-51 上电复位后，SP 的内容是（　　）。
   A. 00H　　　　　B. 07H　　　　　C. 60H　　　　　D. 70H
9. PC 用来存放（　　）。
   A. 指令　　　　　　　　　　　　B. 上一条指令地址
   C. 下一条指令地址　　　　　　　D. 正在执行的指令地址
10. PSW=18H,则当前工作寄存器是（　　）。
    A. 0 组　　　　　B. 1 组　　　　　C. 2 组　　　　　D. 3 组
11. MCS-51 系列单片机片内集成了哪些主要逻辑功能部件？其主要功能是什么？
12. MCS-51 系列单片机的引脚中有多少根 I/O 线？它们与地址总线和数据总线之间有什么关系？其地址总线和数据总线各有多少位？对外可寻址的地址空间有多大？
13. 8051 单片机的控制总线信号有哪些？各有什么作用？
14. 8051 单片机有多少个特殊功能寄存器？它们能够完成什么功能？
15. DPTR 是什么寄存器？它的作用是什么？
16. 8051 片内数据存储器有多少字节？存储空间地址范围是多少？
17. 8051 片内 RAM 低 128 单元划分为哪 3 个主要部分？各部分主要功能是什么？
18. MCS-51 单片机的时钟周期、机器周期、指令周期是如何定义的？当主频为 12MHz 时，一个机器周期是多长时间？执行一条最长的指令需要多长时间？

1.3　MCS-51 单片机指令系统与程序设计

本节介绍 MCS-51 单片机的寻址方式、指令系统、基本程序结构、汇编语言与 C51 语言程序的开发与调试，使学生掌握单片机的各种寻址方式及应用、单片机指令系统、单片机的汇编语言与 C51 语言程序设计方法。本节重点在于寻址方式、各种指令的应用、程序设计规范、程序设计思想及典型程序的理解和掌握，难点在于控制转移、位操作指令的理解、各种指令的灵活应用、程序设计方法、针对具体的硬件设计出最合理的软件。

1.3.1　MCS-51 单片机汇编语言的指令系统

指令是单片机的软件资源，供编程者编写程序时使用。所有指令的集合组成单片机的指令系统。

1. MCS-51 单片机汇编语言及其特点

汇编语言是以助记符或操作码表示的指令，用汇编语言编写的程序称为汇编语言程序。单片机不能直接执行汇编语言程序，必须翻译成机器语言程序才能执行，这个翻译过程被称为汇编。汇编语言有以下特点。

1) 指令系统丰富，易于理解和记忆，程序可读性强。
2) 汇编语言指令与机器语言指令一一对应，运行速度快，占用存储空间小。
3) 汇编语言可直接访问寄存器、存储单元、I/O 接口等，可满足实时控制要求。
4) 编程时必须对单片机的外围硬件电路非常熟悉。
5) 通用性太差，不同单片机的汇编语言之间很难通用。

2. 指令格式

指令格式是指令的表示方法，通常由操作码和操作数两部分组成。

MCS-51 单片机汇编语言指令格式为

标号：操作码　操作数1，操作数2　；注释

标号表示该条指令在 ROM 中的存放首地址，字母开头，最多可跟 8 个字母或数字，但不能和操作码重复，否则程序在编译时会出错。

操作码即指令的助记符，规定了指令执行的操作功能。

操作数表示指令操作的对象，可以是一个具体数据，也可以是数据存放地址或符号。

注释是对该条指令所实现功能的解释或是别的说明，之前必须是分号，在指令中可以不出现。

通常在 MCS-51 指令系统中有 1 字节、2 字节和 3 字节指令。

例如：指令 SWAP A，操作码和操作数信息在一个字节中；指令 MOV A，#30H，操作码占第一个字节，#30H 称为 8 位立即数，占第二个字节；指令 DJNZ R2, DELAY，操作码占第一个字节，操作数占后两个字节，操作数可以是地址，也可以是数据。

在 MCS-51 指令系统中常用的符号有以下几个。

1) A：累加器 A。
2) B：寄存器 B。
3) C：进位、借位标志位。
4) Rn：当前寄存器组里的 8 个工作寄存器 R0 ～ R7。
5) Ri：间接寻址工作寄存器 R0、R1。
6) @：间接寄存器或基址寄存器的前缀标志。
7) #data8：8 位立即数。
8) #data16：16 位立即数。
9) addr11：11 位目的地址。
10) addr16：16 位目的地址。

11) direct：片内 RAM 单元地址和 SFR 地址（直接地址）。

12) DPTR：16 位外部数据指针寄存器，其中 DPH 为高 8 位寄存器，DPL 为低 8 位寄存器。

13) rel：8 位带符号数，为相对转移指令中的偏移量。

14) bit：片内 RAM 中可以直接位寻址的位。

15) $：当前指令的存放地址。

3. 伪指令

汇编语言除了定义汇编语言指令外，还定义了一些伪指令。伪指令是程序员发给汇编程序的控制命令，用来设置符号值、保留和初始化存储空间、控制用户程序代码的位置，所以也称为汇编程序的控制命令。伪指令只出现在汇编前的源程序中，仅提供汇编用的某些控制信息，汇编时不产生可执行的目标代码，是 CPU 不能执行的指令。MCS-51 常用的伪指令如下。

(1) 定位伪指令（ORG）

格式：ORG n

其中，n 为绝对地址，可以是十六进制数、标号或表达式。

功能：放在程序或数据块前面，说明紧跟其后的程序段或数据块的起始地址。

例如：

```
  ORG  0100H
MAIN:MOV A,#78H
     ……
```

(2) 结束汇编伪指令（END）

格式：[标号：] END [表达式]

功能：放在汇编语言源程序的末尾，表明源程序到此结束。

(3) 赋值伪指令（EQU）

格式：字符名称 x EQU 赋值项 n

功能：给字符名称 x 赋予一个特定的值 n，赋值后，其值在整个程序中有效。赋值项 n 可以是常数、地址、标号或表达式。赋值后的字符名称 x 既可以作为数据地址、代码地址或位地址使用，也可作为立即数使用；可以是 8 位的，也可以是 16 位的，使用时需要先赋值后使用。

例如：

```
LE EQU 09CDH      ；LE 定义了一个 16 位地址
LG EQU 10H        ；LG 与 10H 等值
MOV A, LG         ；将地址为 10H 的单元中的数据送入 A
```

(4) 定义字节指伪令（DB）

格式：[标号：] DB   x1,x2,x3,……,xn

功能：通知汇编程序从当前程序存储器地址开始，将 DB 后面的数据存入程序存储单元中，即把 x1，x2，x3，……，xn 存入从标号开始的连续单元中。

给字符名称 x 赋予一个特定的值 n，赋值后，其值在整个程序中有效。赋值项 n 可以是常数、地址、标号或表达式。赋值后的字符名称 x 既可作为数据地址、代码地址或位地址使用，也可作为立即数使用；可以是 8 位的，也可以是 16 位的。使用时需要先赋值后使用。

例如：

ORG 0100H
DB 20H,21H,'03'

说明：此时表示（0100H）=20H，（0101H）=21H，（0102H）=30H，（0103H）=33H。

(5) 定义双字节伪指令（DW）

格式：[标号：] DW x1,x2,x3,……,xn

功能：从标号指定地址开始，将 DW 后面的 16 位数据存入程序存储单元中。

例如：

ORG 2100H
DW 1234H,0562H

说明：此时表示（2100H）=12H，（2101H）=34H，（2102H）=05H，（2103H）=62H。

(6) 预留存储空间伪指令（DS）

格式：[标号：] DS n

功能：从标号指定地址开始，预留 n 个单元的存储单元。

例如：

ORG 2100H
STOR:DS 06H
DB 21H,22H

说明：此时表示从 2100H 单元开始，连续预留 6 个单元，从 2106H 开始按 DB 伪指令处理，即（2106H）=21H，（2107H）=22H。

(7) 定义位地址伪指令（BIT）

格式：**字符名称 x BIT 位地址 n**

功能：给字符名称 x 赋以位地址。其中，位地址 x 可是绝对地址，也可是符号地址。

例如：

LP1 BIT P1.1
LP2 BIT 02H

(8) 数据地址赋值伪指令（DATA）

格式：**字符名称 x DATA 表达式 n**

功能：把表达式 n 的值赋给字符名称 x。DATA 与 EQU 的区别是，EQU 定义的字符名称需要先定义后使用，而 DATA 定义的字符名称则没有这种限制。

1.3.2　MCS-51 单片机的寻址方式

获得指令操作对象，即获得操作数的方式称为寻址方式。一般来讲，寻址方式越多，编程的灵活性就越大。MCS-51 系列单片机的指令系统共有 7 种寻址方式：立即寻址、直接寻址、寄存器寻址、寄存器间接寻址、变址寻址、相对寻址和位寻址。

(1) 立即寻址

指令中直接给出操作数，该操作数又称为立即数，其前必须加前缀"#"。

例如：

```
MOV  A,#30H              ;A ← 30H
```

该条指令的功能是把立即数 30H 送到累加器 A 中。

(2) 直接寻址

直接寻址是在指令中直接给出存放数据的地址，该寻址方式只能访问片内 RAM 和特殊功能寄存器（SFR）。

例如：

```
MOV  30H,31H             ;30H ← (31H)
```

该条指令的功能是把片内 RAM 内 31H 单元的数据送到片内 RAM 内的 30H 单元。

(3) 寄存器寻址

寄存器寻址是由指令指出某一寄存器的内容作为操作数。该寻址方式中，寄存器用寄存器名来表示。能实现该寻址的寄存器有累加器 A、寄存器 B、进位 C、DPTR 和寄存器 R0～R7。

例如：

```
MOV  A,R7                ;A ← (R7)
```

该条指令的功能是把寄存器 R7 中的数据送到累加器 A 中。

(4) 寄存器间接寻址

指令操作数对应的寄存器中存放的不是操作数，而是操作数所在的地址，该地址内存放的数据才是操作数。能实现该寻址的寄存器有 R0、R1 和 DPTR。

例如：

```
MOV  30H,#0AH    ;把立即数 0AH 送到 30H 单元中
MOV  R0,#30H     ;把立即数 30H 送到寄存器 R0 中
MOV  A,@R0       ;把 30H 中的内容送到累加器 A 中,A ← ((R0))=0AH
```

(5) 变址寻址

变址寻址方式常用于访问程序存储器中的数据表，即查表指令。其只能访问，不能修改，助记符为 MOVC。

该寻址方式以 PC 或 DPTR 作为基址寄存器，以累加器 A 作为变址寄存器，累加器 A 中的数据即为被寻址操作数相对于基地址的偏移量。

被寻址操作数地址 = 基址寄存器 PC 或 DPTR+ 累加器 A

例如：设（DPTR）=2000H、（A）=30H，执行如下指令

```
MOVC  A,@A+DPTR     ;取 ROM 中 2030H 单元的数据送入累加器 A
```

变址寻址方式的指令只有两条，另一条为 MOVC A，@A+PC。

（6）相对寻址

相对寻址方式要寻找下一条要执行指令的地址。下一条要执行的指令的目标地址为目的地址 = 转移指令所在地址 + 偏移量（rel）+ 转移指令字节数

注意：偏移量为一字节二进制补码数，它的范围为 –128 ～ +127。

例如：

```
LJMP  START         ;跳转到标号为 START 的程序段开始执行
```

（7）位寻址

位寻址是对片内 RAM 的位寻址区和某些可位寻址的特殊功能寄存器的各位进行位操作的寻址方式。

片内 RAM 的位寻址区为 20H ～ 2FH 的 128 个位；SFR 中字节地址能被 8 整除的寄存器各位都可位寻址。

例如：

```
SETB  P1.7          ;该条指令的功能是将 P1 口的第 8 位置 1
```

1.3.3 MCS–51 单片机汇编语言的指令功能

一般来说，单片机的寻址方式越多，指令集合越丰富。寻址方式和指令系统是衡量单片机的重要指标。MCS–51 系列单片机指令系统分为单字节指令（49 条）、双字节指令（46 条）和三字节指令（16 条）；还可按执行时间分为单机器周期指令（64 条）、双机器周期指令（45 条）和四机器周期指令（2 条）。

MCS–51 系列单片机指令系统的指令按其功能可分为 5 类：数据传送类指令、算术运算类指令、逻辑运算类指令、控制转移类指令、位操作类指令。

下面分别介绍各指令的功能。

1．数据传送类指令（29 条）

数据传送类指令是单片机指令系统中最基本、最常用的指令，其主要功能是完成寄存器、累加器、片内 RAM 等的数据传送。一般指令格式为

```
MOV  <目的操作数>,<源操作数>
```

按指令的目的操作数不同，数据传送类指令分以下几种情况介绍。

1) 以累加器 A 为目的操作数（4 条）。

```
MOV   A,#data
MOV   A,Rn
MOV   A,@Ri
MOV   A,direct
```

2) 以寄存器 Rn 为目的操作数（3 条）。

```
MOV   Rn,A
MOV   Rn,direct
MOV   Rn,#data
```

3) 以直接地址为目的操作数（5 条）。

```
MOV   direct,#data
MOV   direct,A
MOV   direct,Rn
MOV   direct,@Ri
MOV   direct1,direct2
```

4) 以间接地址为目的操作数（3 条）。

```
MOV   @Ri,A
MOV   @Ri,direct
MOV   @Ri,#data
```

5) 以 DPTR 为目的操作数（1 条）。

```
MOV   DPTR,#data16
```

6) 片外 RAM 数据传送指令（4 条）。

```
MOVX  A,@Ri
MOVX  A,@DPTR
MOVX  @Ri,A
MOVX  @DPTR,A
```

7) 查表指令（2 条）。

```
MOVC  A,@A+DPTR
MOVC  A,@A+PC
```

8) 字节交换指令（5 条）。

```
XCH   A,direct
XCH   A,Rn
XCH   A,@Ri
```

```
XCHD   A,@Ri
SWAP   A
```

9)堆栈操作指令(2条)。

堆栈操作遵守"后进先出"或"先进后出"的原则,在片内 RAM 中开辟的用于暂存数据的空间区域称为堆栈,地址指针为 SP,始终指向栈顶的位置。

```
PUSH   direct
```

该条指令的功能是先将 SP 的内容加 1,指向栈顶的空单元,将直接地址中的数据压入 SP 指向的单元,SP 的内容就变为新的栈顶。

```
POP    direct
```

该条指令的功能是先将栈顶 SP 指向的单元内容弹出给直接地址单元,SP 的内容自动减 1,SP 又指向新的栈顶。

注意:系统复位后 SP 的值为 07H,一般在编程时把 SP 的值设定在片内 RAM 的 30H~7FH 区域。

2. 算术运算类指令(24条)

算术运算类指令包括 8 位无符号数的加法、减法、乘法和除法四则运算,增 1、减 1 等指令。读者必须注意这些指令在应用时会对 PSW 的某些标志位产生的影响。

1)加法指令(8条)。

```
ADD    A,#data
ADD    A,direct
ADD    A,@Ri
ADD    A,Rn
ADDC   A,#data
ADDC   A,direct
ADDC   A,@Ri
ADDC   A,Rn
```

2)加 1 指令(5条)。

```
INC    A
INC    direct
INC    Rn
INC    @Ri
INC    DPTR
```

3)带借位的减法指令(4条)。

```
SUBB   A,#data
SUBB   A,direct
SUBB   A,@Ri
SUBB   A,Rn
```

4）减 1 指令（4 条）。

```
DEC   A
DEC   direct
DEC   Rn
DEC   @Ri
```

注意：没有对 DPTR 的减 1 操作指令。

5）乘法指令（1 条）。

```
MUL   AB
```

说明：累加器 A 中的 8 位无符号二进制数与寄存器 B 中的 8 位无符号二进制数相乘，积的高字节存于 B 中，低字节存于 A 中。

6）除法指令（1 条）

```
DIV   AB
```

说明：累加器 A 中的 8 位无符号二进制数除以寄存器 B 中的 8 位无符号二进制数，商存于 A 中，余数存于 B 中。

7）十进制调整指令（1 条）。

```
DA    A
```

如果用户用 ADD 和 ADDC 对两个 BCD 码数进行相加，则需要用 DA A 指令对结果进行调整，否则会出错。

调整原理：如果（A0～A3）>9 或（AC）=1，则低 4 位（A0～A3）+6 调整；如果（A4～A7）>9 或（CY）=1，则高 4 位（A4～A7）+6 调整。

注意：DA A 指令只对累加器 A 起作用，不能单独使用，必须使用在 ADD 和 ADDC 后，不适用于减法指令。

3. 逻辑运算类指令（24 条）

此类指令包括逻辑与、或、非、异或、求反、清 0、循环移位等。

1）逻辑或运算（6 条）。

```
ORL   direct,A
ORL   direct,#data
ORL   A,#data
ORL   A,direct
ORL   A,@Ri
ORL   A,Rn
```

逻辑或指令的功能是两个操作数按位相或，也可对某位置 1（其余位不变）。

2) 逻辑与运算（6 条）。

```
ANL  direct,A
ANL  direct,#data
ANL  A,#data
ANL  A,direct
ANL  A,@Ri
ANL  A,Rn
```

逻辑与指令的功能是两个操作数按位相与，也可对某位置 0（其余位不变）。

3) 逻辑异或运算（6 条）。

```
XRL  direct,A
XRL  direct,#data
XRL  A,#data
XRL  A,direct
XRL  A,@Ri
XRL  A,Rn
```

逻辑异或指令的功能是两个操作数按位相异或，也可对某位取反（其余位不变）。

4) 循环移位指令（4 条）。

循环移位指令有以下 4 条。

```
RR   A
RRC  A
RL   A
RRC  A
```

其运算情况如图 1-6 所示。

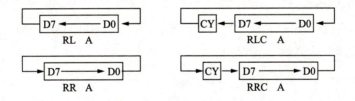

图 1-6　循环移位指令的运算示意图

5) 求反指令（1 条）。

```
CPL  A
```

6) 清 0 指令（1 条）。

```
CLR  A
```

4. 控制转移类指令（17 条）

控制转移类指令的作用是改变程序执行的方向，或调用子程序，或从子程序返回。

1)无条件转移指令(4条)。

```
LJMP    addr16
AJMP    addr11
JMP     @A+DPTR
SJMP    rel
```

2)条件转移指令(8条)。

```
JZ      rel
JNZ     rel
```

以上两条指令为累加器 A 判 0 转移指令。

```
JC      rel
JNC     rel
```

以上两条指令通过判断 PSW 中进位标志位 CY 的值来判断是否转移。

```
CJNE    A,#data,rel
CJNE    A,direct,rel
CJNE    @Ri,#data,rel
CJNE    Rn,#data,rel
```

以上指令的功能是比较两个数是否相等,同时影响 PSW 的 CY 位。若第一个操作数大于第二个操作数,则 CY=0;若第一个操作数小于第二个操作数,则 CY=1;若两个数相等,则 CY=0,顺序执行。

```
DJNZ    Rn,rel
DJNZ    direct,rel
```

以上指令为循环转移指令,也称为减 1 不为 0 转移指令。其功能是把源操作数减 1,再判断其值是否为 0,若不为 0 就跳到目的地址去执行,若为 0 则顺序执行。

3)子程序调用与返回指令(4条)。

LCALL addr16:长调用指令,addr16 为入口地址,先将该指令的下一条指令的地址压入堆栈,将子程序入口地址装入 PC,CPU 再转去执行子程序。本指令可调用 64KB 范围内的子程序。

ACALL addr11:短调用指令或称为绝对调用指令,本指令和长调用指令的功能相同,只是 addr11 为 11 位入口地址,被调用的子程序入口地址必须和调用指令下一条指令的第一个字节在同一 2KB 存储区内。

RET:子程序返回指令,将堆栈内的断点地址弹出,并送入 PC,CPU 返回到原断点处继续执行原程序。

RETI:中断返回指令,具有 RET 指令的功能,还能将中断状态寄存器内容清除。

4）空操作指令 NOP（1 条）。

NOP：空操作，仅将 PC 的内容加 1。

5. 位操作类指令（15 条）

```
MOV   C,bit
MOV   bit,C
```

以上两条指令为位传送指令。

```
CLR   C
CLR   bit
CPL   C
CPL   bit
SETB  C
SETB  bit
```

以上 6 条指令为位修改指令。

```
ANL   C,bit
ANL   C,/bit
ORL   C,bit
ORL   C,/bit
```

以上 4 条指令为位逻辑运算指令。

```
JB    bit, rel
JNB   bit, rel
JBC   bit, rel
```

以上 3 条指令和累加器判 0 指令都属于位控制转移指令，常用于比较两数大小、用户设定的标志位判断控制、I/O 接口位状态测试等。

1.3.4　MCS-51 单片机 C51 语言

用 C 语言实现的 MCS-51 单片机程序设计，简称 C51 语言程序设计。C51 语言已成为专业化的实用高级编程语言。

1. C51 语言

C51 语言与 C 语言在语法规定、程序结构及程序设计方法等方面基本相同。不同的是，C51 必须根据单片机存储结构及内部资源定义相应的 C 语言中的数据类型、变量存储方式、I/O 处理、函数等。C51 语言与标准 C 语言的主要区别如下：

（1）头文件的差异

C51 的头文件集中体现了各系列芯片的不同资源及功能，必须将 MCS-51 单片机内部的硬件资源对应的特殊功能寄存器写入头文件中。使用时需要加载。

(2) 库函数的差异

C51 语言在标准 C 语言基础上扩展了库函数。C51 语言的有些库函数必须针对 MCS-51 单片机的硬件特点进行开发。例如，库函数 printf 和 scanf，在标准 C 语言中的功能为屏幕打印和接收字符，C51 中主要用于串行端口数据的收发。

(3) 数据类型的不同

C51 扩展了 4 种数据类型（sfr、sfr16、sbit、bit），主要针对特殊功能寄存器、位操作。

(4) 数据存储类型的不同

C 语言程序为数据提供统一的内存空间；C51 语言根据 MCS-51 单片机特点分为片内 / 片外数据存储区、扩展片内 / 片外程序存储区。

(5) 中断处理的不同

标准 C 语言没有处理单片机中断的定义，C51 语言中设有专用的中断函数。

(6) 程序结构的差异

MCS-51 单片机的内部资源有限，编译系统不允许太多的程序嵌套。

2. C51 语言的程序结构、数据与存储类型

(1) C51 语言的程序结构

C51 语言的程序结构与 C 语言的结构相同，由一个主函数 main( ) 和若干个其他函数构成，程序中由主函数调用其他函数，其他函数可相互调用。源程序文件需要包含其他源程序文件的内容时，要在程序文件头部用包含命令 #include 进行文件包含处理。C51 程序的结构一般如下。

```
#include< 文件名 >          //用于包含头文件等
全局变量说明                //全局变量可被本程序的所有函数引用
功能函数说明                //说明自定义函数，以便调用
主函数 main( )
{   局部变量说明；          //局部变量只能在所定义函数内部引用
    执行语句；
    函数调用；
}
功能函数定义                //其他函数定义
```

(2) C51 语言的数据类型

C51 语言的数据类型可分为基本数据类型和组合数据类型，有专门针对 MCS-51 单片机的特殊功能寄存器型和位类型，主要包括字符型 char、整型 int、长整型 long、浮点型 float、指针型、特殊功能寄存器型和位类型。

1) 数据类型。C51 语言中的数据类型如表 1.11 所示。

表 1.11　C51 语言中的数据类型

类型名称	数据类型	数据长度	值域
符号基本型	(signed)int	2 字节	−32768 ～ +32767

续表

类型名称	数据类型	数据长度	值域
符号短整型	(signed)shot	2 字节	-32768～+32767
符号长整型	(signed)long	4 字节	-2147483648～+2147483647
无符号基本型	unsigned int	2 字节	0～65535
无符号短整型	unsigned shout int	2 字节	0～65535
无符号长整型	unsigned long int	4 字节	0～4294967295
浮点型	flot	4 字节	$-1.175494 \times 10^{-38}$～$+3.402823 \times 10^{38}$
指针型	*	1～3 字节	对象地址
符号字符型	char	1 字节	-128～+127
无符号字符型	unsigned char	1 字节	0～255
位类型	bit	位	0 或 1
特殊功能寄存器型	sfr	单字节	0～255
16 位特殊功能寄存器型	sfr16	双字节	0～65535
特殊功能寄存器位类型	sbit	位	0 或 1

1) C51 语言扩充的数据类型。

C51 语言扩充的数据类型包括 sfr（特殊功能寄存器型）、sfr16（16 位特殊功能寄存器型）、sbit（特殊功能寄存器位类型）、bit（位类型）4 种。

①特殊功能寄存器（sfr）的 C51 定义。

格式：关键字（sfr，sfr16）特殊功能寄存器名 = 整型常数。

其中，整型常数为特殊功能寄存器的字节地址，取值为 0x80～0xFF；sfr16 为 16 位 SFR 的值。

【例 1.6】定义特殊功能寄存器举例。

```
sfr SCON=0x98;// 串行端口控制寄存器地址 98H
sfr16 T2=0xCC;// 定时器 / 计数器 2；T2 低 8 位地址为 0CCH，T2 高 8 位地址为 0CDH
```

一般地，将所有特殊的 sfr 定义放在一个头文件中，该文件应包含 MCS 系列单片机的 SFR 定义，如"reg51.h""reg52.h"。

②特殊功能寄存器 SFR 位寻址的 C51 定义。

格式：sbit SFR 寻址位地址符号名 =FSR 名 ^ 整常数。

其中，FSR 名为已定义过的 FSR 名或寻址地址位所在的 SFR 的字节地址；FSR 名 ^ 整常数也可以是 SFR 寻址位的绝对位地址；整常数为寻址位在 SFR 中的位号，必须是 0～7 范围中的数。

【例 1.7】定义特殊功能寄存器的位举例。

```
Sbit  OV=PSW^2;// 定义 OV 位为 PSW.2，地址为 D2H
```

```
Sbit    OV=0xD0^2;// 定义 OV 位地址为 D0H 字节的第 2 位
Sbit    OV=0xD2;  // 定义 OV 位地址为 D2H
```

③位变量的 C51 定义。

格式：bit 位变量名。

【例 1.8】定义位变量举例。

```
bit direction_bit;// 把 direction_bit 定义为位变量
```

3）C51 语言数据的存储方式。

C51 语言数据的存储方式包括存储器类型、存储模式、存储器种类等。

①C51 语言数据的存储器类型。

存储器类型用于指明数据或变量所处的单片机存储器区域情况。C51 编译器能识别的存储器类型如表 1.12 所示。

表 1.12　C51 编译器能识别的存储器类型

存储器类型	描述	长度
data	片内 RAM 00H～7FH 存储区	8 位
bdata	片内 RAM 位寻址，20H～2FH 存储区	1 位
idata	片内 RAM 存储区 256B	8 位
pdata	片外 RAM 存储区低 256B，@Ri 访问	8 位
xdata	片外 RAM 64KB，@DPTR 访问	8 位
code	程序存储器 ROM 64KB	8 位

②C51 语言数据的存储模式。

如果在变量定义时省略存储器类型，编译器会自动使用默认存储器类型。C51 语言数据的存储模式如表 1.13 所示。

表 1.13　C51 语言数据的存储模式

存储模式	描述
Small 小编译模式	默认的存储类型是 data，参数和变量被默认存放在可直接寻址片内 RAM 用户区中（最大 128B）
Compact 紧凑编译模式	默认的存储类型是 pdata，参数和变量被默认存放在片外 RAM 的低 256B 空间，通过 @Ri 访问
Large 大编译模式	默认的存储类型是 xdata，参数和变量被默认存放在片外 RAM 的 64KB 存储区，通过 @DPTR 访问

变量定义存储模式的格式：#pragma 存储模式。

函数定义存储模式的格式：在函数定时后面带存储模式说明。

【例 1.9】定义变量的存储模式举例。

```
#pragma small                  // 变量的存储模式为 small
Char k1;                       //k1 的存储模式为 small,存储类型默认为 data
#pragma compact                // 变量的存储模式为 compact
Char k2;                       //k2 的存储模式为 compact,存储类型默认为 pdata
Int func1(int x1,int y1)large  //x1 和 y1 的存储类型为 xdata
{
Return (x1+y1);
}
```

3. C51 语言的头文件与库函数

（1）C51 语言的头文件及其文件包含

C51 语言中的头文件与 C 语言类似，但包含文件中多了一组与 MCS-51 单片机硬件相关的头文件。

文件包含是指一个程序文件将另一个指定文件的内容包含进去。文件包含的一般格式为 #include< 文件名 > 或 #include"文件名"。

上述两种格式的差别在于，采用 < 文件名 > 格式时，在头文件目录中查找指定文件；采用"文件名"格式时，应在当前目录中查找指定文件。

（2）C51 语言中的库函数

C51 语言中的库函数可分为本征库函数和非本征库函数。

本征库函数是指在编译时直接将固定的代码插入当前行，而不是用 ACALL 或 LCALL 进行函数调用。C51 语言的本征库函数只有 9 个，本征库函数在头文件 intris.h 中定义。

非本征函数是用 ACALL 或 LCALL 进行函数调用，不把固定代码插入当前行。

1）本征库函数。

crol 和 _cror_：将 char 型变量循环左 / 右移动指定位数后返回。

irol 和 _iror_：将 int 型变量循环左 / 右移动指定位数后返回。

lrol 和 _lror_：将 long 型变量循环左 / 右移动指定位数后返回。

nop：相当于插入汇编指令 NOP。

testbit：相当于汇编指令 JBC。

chkfoat：测试并返回浮点数状态。

【例 1.10】将 unsigned char 变量 y 左移 3 位。

```
unsigned char y=0x70;
y=_crol_(y, 3);            // 将 y 左移 3 位,y=83H
```

2）非本征库函数。

C51 语言中的主要非本征函数头文件如表 1.14 所示。

表 1.14　C51 语言中的主要非本征函数

头文件名称	说明
reg1.h 或 reg2.h	定义特殊功能寄存器和位寄存器
math.h	定义常用数学运算函数
stdio.h	定义输入输出函数
stdlib.h	定义存储器分配函数
absacc.h	定义 8 个宏，确定各存储空间的绝对地址
intrin.h	定义本征库函数
ctype.h	定义字符判断转换库函数
string.h	定义缓冲区处理函数
assert.h	定义宏，用于建立程序测试条件函数

4．C51 语言中绝对地址的访问

C51 语言中绝对地址的访问有 3 种方法，分别为使用 C51 语言运行库中的预定义宏，通过指针访问绝对地址，使用 C51 扩展关键字 _at_ 访问绝对地址。

(1) 使用 C51 语言运行库中的预定义宏访问绝对地址

包含绝对 absacc.h 的格式：#include<absacc.h>。

访问格式：预定义宏名 [地址]。

函数原型定义格式：#include 宏名 ((数据类型 volatile*) 存储单元绝对地址)。

【例 1.11】运行库中预定义宏实现对绝对地址的访问。

```
    #include<absacc.h>           // 包含绝对地址头文件
#include<reg52.h>               // 寄存器头文件
#define uchar unsigned char     //uchar 为数据类型
void main( )
{  uchar var1
    var1=DBYTE[0X30]            // 访问片内 RAM 的 30H 单元
       ……}
```

(2) 通过指针访问绝对地址

【例 1.12】通过指针实现对绝对地址的访问。

```
    #include<reg52.h>            // 寄存器头文件
#define uchar unsigned char      //uchar 为数据类型
#define uint unsigned int        //unit 为数据类型
void main( )
{ uchar data var1;
    uchar data *dp1;             // 定义 data 区的指针 dp1
    uint xdata *dp2;             // 定义 xdata 区的指针 dp2
    {  dp1=&var1;                //dp1 指向 data 区的 var1 变量
```

```
        dp2=0x1000;                    //dp2 指向 xdata 区的 1000H 单元
        *dp1=0x20;                     //var1 变量赋值 20H
        *dp2=0x1234;                   //0x1234 送到片外 RAM 的 1000H 单元
        ......
      }
```

(3) 使用 C51 扩展关键字 _at_ 访问绝对地址 格式：[存储器类型] 数据类型说明符 变量名 _at_ 地址常数（全局变量）。

【例 1.13】通过 _at_ 实现对绝对地址的访问。

```
#include<reg52.h>                 // 寄存器头文件
#define uchar unsigned char       //uchar 为数据类型
data uchar x1_at_0x40             //data 区定义字变量 x1 地址 40H
void main( )
{  x1=0xff; }
```

1.3.5　程序设计

在单片机的学习过程中，会设计硬件电路是远远不够的，软件编程非常关键，只有软件程序和硬件电路配合工作，才会体现出单片机的魅力。编写单片机程序的语言按结构及功能可分为 3 种：机器语言、汇编语言和高级语言。单片机能直接识别和执行机器语言程序。MCS-51 单片机的程序设计常用汇编语言和 C 语言两种语言，本书以汇编语言程序设计为主，C51 语言程序设计为辅。

1. 汇编程序的设计步骤

设计汇编语言程序时，也就是使用汇编语言编写单片机程序时需要注意，单片机的寄存器、存储空间等要做出合理的具体安排，而且设计人员必须对单片机的结构及各类寄存器、定时计数器及中断等非常熟悉，这样在设计程序时才会方便使用。编写汇编语言程序的步骤如下。

1) 分析任务：分析要完成的设计任务，明确系统设计条件、要求等，确定系统的硬件资源。

2) 确定算法：算法是程序设计的依据，决定了将来的单片机系统工作的正确性和可靠性。

3) 构思流程：程序流程图可以直观地体现出设计者的设计思想，程序设计者可以根据要实现的目标先画出整体流程图，再画出局部流程图。

4) 编写程序：根据流程图，结合单片机指令系统编写源程序，要求程序简单、层次分明、可读性强。

5) 上机调试：编写好的程序一定要上机调试，这样可以消除语法等错误，最后在硬件系统上调试、修改，直至到达预期效果。

2. 程序的基本结构

程序按照执行方式可分为 3 种基本结构：顺序结构、分支结构和循环结构。

(1) 顺序结构

顺序结构的程序是按编写顺序依次往下逐条执行的，是最简单、最基础的程序结构。

【例 1.14】编写 1+2 的程序，要求将加数和被加数分别送入 50H 和 51H 单元，将它们的和送入 52H 单元。

程序段如下：

```
ORG     0000H
LJMP    MAIN
ORG     0030H
MAIN:MOV    50H,#01H        ;将 1 存入 50H 中
MOV     51H,#02H            ;将 2 存入 51H 中
MOV     R0,#50H             ;设 R0 为数据指针
MOV     A,@R0               ;取出 1
INC     R0                  ;修改数据指针
ADD     A,@R0               ;取出 2 和 1 相加，和在累加器 A 中
INC     R0                  ;修改数据指针
MOV     @R0,A               ;将结果存在 51H 单元中
END
```

C51 语言程序如下：

```c
#include<reg52.h>              //寄存器头文件
#include<absacc.h>             //包含绝对地址访问头文件
#define ram50h DBYTE[0X50]     //定义绝对地址
#define ram51h DBYTE[0X51]     //定义绝对地址
void main( )
{  uchar char y;
   ram50h=0x01;
   ram51h=0x02;
   y=ram50h+ram51h;
   ram51h=y;
}
```

(2) 分支结构

在程序设计中，需要对单片机的某种情况进行判断，根据判断的结构选择程序执行的方向。利用条件转移指令形成不同的程序分支就是分支程序。

【例 1.15】设片内 RAM40H 和 41H 单元各存一个 8 位二进制无符号数，编程比较它们的大小，大数存入 42H 单元。

分析：判断两数的大小，根据 CY 位的值判断分支，有两种实现方法：用减法指令或用比较指令。

程序段如下:

```
ORG     0000H
        LJMP    MAIN
        ORG     0030H
MAIN:   CLR     C
        MOV     A,40H
        SUBB    A,41H
        JNC     LP
        MOV     42H,41H
        SJMP    $
LP:     MOV     42H,40H
        END
```

C51 语言程序如下:

```
    #include<reg52.h>              // 寄存器头文件
#include<absacc.h>                 // 包含绝对地址访问头文件
#define x DBYTE[0X40H]             // 定义绝对地址
#define y DBYTE[0X41H]             // 定义绝对地址
    #define ram42h DBYTE[0X42H]    // 定义绝对地址
    void main( )
{   uchar char z;
    x=0x01;
        y=0x02;
        z=x-y;
        if(z>0) ram42h=x;
        else ram42h=y;
    }
```

分支程序设计的关键是如何判断分支条件。MCS-51 单片机是把标志位或累加器 A 或片外 RAM 某位的结果状态作为判断的条件,正确选择条件转移指令也是至关重要的。

(3) 循环结构

程序设计时,有时一部分程序会在源程序中被重复执行多次,这时可采用循环结构程序,这样可使程序简化,节省存储空间。

循环程序一般由以下 4 部分组成。

1) 循环初始化:设置地址指针、工作寄存器、循环次数等循环开始时的状态。

2) 循环体:循环程序重复执行的程序段。

3) 循环控制部分:修改指针、寄存器的值等检查循环是否继续,若循环条件满足,继续循环;否则结束循环。

4) 结束部分:循环结束,保存结果。

循环程序按循环次数可分为单循环程序和多循环程序,单循环程序又可分为次数已知的循环程序和次数未知的循环程序。

【例 1.16】将 50H 为起点的 6 个单元清 0。

程序段如下：

```
ORG    0000H
JMP CLEAR
ORG 0030H
CLEAR:      CLR     A
            MOV     R0,#50H
            MOV     R1,#06H
LP:         MOV     @R0,A
            INC     R0
            DJNZ    R1,LP
            SJMP    $
            END
```

此程序为循环次数已知的循环程序，其 2～4 句程序为循环初始化，5～7 句为循环体。

C51 语言程序如下：

```
#include<reg52.h>           //寄存器头文件
#include<absacc.h>          //包含绝对地址访问头文件
#define ram50h DBYTE[0X50H] //定义绝对地址
  void main(  )
{ uchar char i,*address;
    address=&ram50h;
    for (i=0;i<6;i++)
      {*address=0;
       address++;
        }
}
```

3. 常用子程序

实际编程时会遇到多次进行一些相同计算和操作的情况，如果每次使用都要从头编写这些程序的话不但程序烦琐，而且占用存储空间大，调试也增加了难度。若采用子程序，使一些使用频繁的程序成为独立的程度段，需要时再调用。子程序可以嵌套，即子程序可以调用子程序。子程序通过 LCALL 和 ACALL 指令调用，子程序结束后，必须通过返回指令 RET 来返回到主程序断点处继续执行主程序。

【例 1.17】编写 1 位十六进制数转换为 ASC Ⅱ 码的子程序，设该数存于累加器 A 中，转换后的值也存于累加器 A 中。

十六进制数 0～9 的 ASC Ⅱ 码为 30H～39H，A～F 的 ASC Ⅱ 码为 41H～46H。如果十六进制数小于 0AH，则该数相应的 ASC Ⅱ 码为（A）+30H；如果十六进制数等于或大于 0AH，则该数相应的 ASC Ⅱ 码为（A）+37H。

程序段如下：

```
ORG     2000H
ASC:    CJNE    A,#0AH, L1
L1:     JNC     L2              ;A≥0AH,转 L2
        ADD     A,#30H          ;A＜0AH,则 A+30H
        SJMP    L3
L2:     ADD     A,#37H          ;A≥0AH,则 A+37H
L3:     RET
```

【例 1.18】编写程序，将累加器 A 中的 ASC Ⅱ 码转换为 1 位十六进制数，将结果存于累加器 A 中。

程序段如下：

```
ASC:    CLR     C
        SUBB    A,#30H
        CJNE    A,#0AH,L1
L1:     JC      L2
        SUBB    A,#07H
L2:     RET
```

常用的子程序还有多字节二进制数求补码子程序、多字节 BCD 码取补子程序、单字节带符号数加法子程序、两个双字节无符号数乘法子程序、两个双字节无符号数除法子程序等。

思考与练习

1. 指令格式由_____和_____所组成，也可能仅由_____组成。

2. 在 MCS-51 单片机中，PC 为访问_____存储器提供地址，DPTR 为访问_____存储器提供地址。

3. 在变址寻址方式中，以_____作为变址寄存器，以_____或_____作为基地址寄存器。

4. 若累加器 A 中的内容为 30H，执行指令 1000H：MOVC A, @A+PC 后，把程序存储器_____单元的内容送入累加器 A 中。

5. 执行指令 MOV A, #08H 后，PSW 的_____位被置位。

6. 8051 单片机指令系统按功能可分为几类？具有几种寻址方式？寻址范围如何？

7. SJMP、AJMP 和 LJMP 指令在功能上有何不同？

8. MOVC A, @A+DPTR 与 MOVX A, @A+DPTR 指令有何不同？

9. 设片内 RAM 中的（40H）=50H，写出执行下列程序段后寄存器 A 和 R0，以及片内 RAM 中 50H 和 51H 单元的内容为什么值？

```
MOV     A,40H
MOV     R0,A
```

```
MOV    A,#00
MOV    @R0,A
MOV    A,#30H
MOV    51H,A
```

10. 设堆栈指针（SP）=60H，片内 RAM 中的（30H）=24H、（31H）=10H，执行下列程序段后，61H、62H、30H、31H、DPTR 及 SP 中的内容有什么变化？

```
PUSH   30H
PUSH   31H
POP    DPL
POP    DPH
```

11. 在 8051 的片内 RAM 中，已知（20H）=30H、（30H）=40H、（40H）=50H、(50H)=55H。分析下面各条指令，说明寻址方式，分析按顺序执行各条指令后的结果。

```
MOV    A,40H
MOV    R0,A
MOV    P1,#0F0H
MOV    @R0,20H
MOV    50H,R0
MOV    A,@R0
MOV    P2,P1
```

12. 完成以下的数据传送过程。
1) R1 的内容传送到 R0。
2) 片外 RAM 20H 单元的内容送 R0。
3) 片外 RAM 20H 单元的内容送片内 RAM 20H。
4) 片外 RAM 1000H 单元的内容送片内 RAM 20H。
5) 片外 RAM 20H 单元的内容送片外 RAM 20H。

13. 用汇编语言和 C51 语言编程实现将片内 RAM 的 40H ～ 60H 单元中的内容送到片外 RAM 以 3000H 开始的单元中。

1.4　MCS-51 单片机的内部资源及应用

本节主要介绍 MCS-51 单片机内部各器件的具体结构、组成原理、工作方式的设置及典型应用，为后续学习单片机应用系统设计、充分利用单片机内部资源解决工程实际问题奠定基础。

1.4.1 MCS-51 内部的并行 I/O 接口

1. 8051 的 4 个 8 位并行 I/O 接口

8051 有 4 个 8 位并行 I/O 接口，分别命名为 P0、P1、P2 和 P3 口。

(1) P0 口

P0 口为双向三态 I/O 接口，P0 口既可以作为地址/数据总线口，又可以作为通用 I/O 接口，可驱动 8 个 TTL（transistor-transistor logic，晶体管-晶体管逻辑）输入。在访问外部存储器时，P0 口作为地址/数据总线复用口，是一个真正的双向口，并分时送出地址的低 8 位和送出（或接收）相应存储单元的数据。作为通用 I/O 接口时，P0 口只是一个准双向口，需要在外部引脚处外接上拉电阻。P0 口的电路示意图如图 1-7 所示。

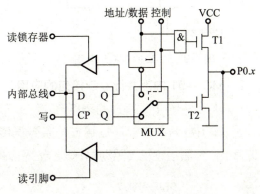

图 1-7 P0 口的电路示意图

(2) P2 口

P2 口常用作外部存储器的高 8 位地址口。当不用作地址口时，P2 口也可作为通用 I/O 接口，这时它也是一个准双向 I/O 接口。其不必外接上拉电阻就可以驱动任何 MOS 驱动电路，且只能驱动 4 个 TTL 输入。P2 口的电路示意图如图 1-8 所示。

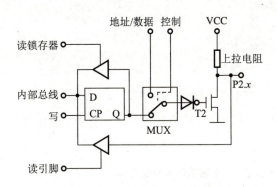

图 1-8 P2 口的电路示意图

(3) P1 口

P1 口常用作通用 I/O 接口，它也是一个标准的准双向 I/O 接口，不必外接上拉电阻就可以驱动任何 MOS 驱动电路，且只能驱动 4 个 TTL 输入。P1 口的电路示意图如图 1-9 所示。

(4) P3 口

P3 口是一个双功能口，第一功能与 P1 口一样可用作通用 I/O 接口，也是一个准双向 I/O 接口，能驱动 4 个 TTL 输入。另外它还具有第二功能。P3 口工作在第二功能时各引脚定义如表 1.4 所示。P3 口的电路示意图如图 1-10 所示。

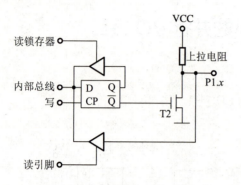

图 1-9　P1 口的电路示意图　　　　图 1-10　P3 口的电路示意图

2. MCS-51 内部并行 I/O 接口的应用

（1）MCS-51 I/O 接口的操作方式

1）输出数据方式：CPU 通过一条数据传送指令就可以把输出数据写入 P0～P3 的端口锁存器，然后通过输出驱动器送到端口引脚线。例如，下面的指令均可在 P0 口输出数据。

```
ORL  P0,A
MOV  P0,A
ANL  P0,#data
```

2）读端口数据方式：CPU 读入的这个数据并非端口引脚线上的数据。读端口数据可以直接读端口。例如，下面的指令均可以从 P1 口输入数据。

```
MOV  A,P1
MOV  20H,P1
MOV  R0,P1
MOV  @R0,P1
```

3）读端口引脚方式：读端口引脚方式可以从端口引脚上读入信息。在这种方式下，CPU 首先必须使欲读端口引脚所对应的锁存器置 1，然后才能读端口引脚。因此，用户在读引脚时必须先置位锁存器后读，连续使用两条指令。例如，下面的程序可以读 P1 引脚上的低 4 位信号。

```
MOV  P1,#0FH    ；置位 P1 引脚的低 4 位锁存器
MOV  A,P1       ；读 P1 引脚上的低 4 位信号送入累加器 A 中
```

（2）I/O 接口直接用于输入、输出

在 I/O 接口直接用作输入、输出时，CPU 既可以把它们看做数据口，也可以看做状态口，这是由用户决定的。

【例 1.19】要求将两个 BCD 拨码开关的数字和在 LED(light-emitting diode，发光二极管）数码管上显示出来（用 CD4511 驱动 LED）。

解：CD4511 是 BCD 锁存一段码译码一共阴 LED 驱动集成电路，各引脚功能如下。

1) VCC：接正电源。
2) GND：接地。
3) A、B、C、D：BCD 码输入脚（A 为最低位，D 为最高位）。
4) Qa～Qg：段码输出脚，高电平有效，最大可输出 25mA 电流。
5) BI：熄灭（指七段数码管均处于熄灭状态），接低电平则 Qa～Qg 全部输出低电平。
6) LT：点亮测试，接低电平，则 Qa～Qg 全部输出高电平。
7) LE：锁存允许，接高电平锁存，则输出不会随 BCD 码的输入改变。

硬件电路设计：BCD 拨码开关为 4 位，两个 BCD 拨码开关分别接至 P3 口的高 4 位和低 4 位（注意：应连接上拉电阻），由 P1 口的高 4 位和低 4 位通过两片 CD4511 分别扩展两位 LED。P1 口和 CD4511 连接图如图 1-11 所示。

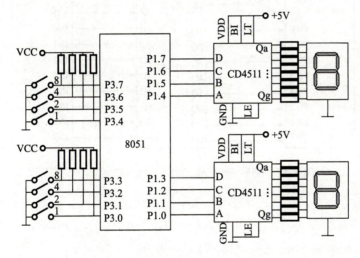

图 1-11　P1 口和 CD4511 连接图

软件设计思想：读 P3 口引脚，得到输入数据，将数据分成 2 个 4 位 BCD 码，求 BCD 码的和并输出到 P1 口，通过 CD4511 驱动 LED 显示。

程序如下：

```
        ORG   0100H
        MOV   P3,#0FFH      ;读引脚先对其写 1
        MOV   A,P3          ;读引脚
        CPL   A             ;取反，取真正的键值
        MOV   20H,A         ;A 中的数据送 20H 单元保存
        SWAP  A             ;A 中的内容半字节交换
        ANL   A,#0FH        ;A 中得到原高 4 位的反码
        ANL   20H,#0FH      ;20H 单元中得到原低 4 位的反码
        ADD   A,20H         ;A 中为原高低 4 位反码之和
        DA    A             ;BCD 码调整
        MOV   P1,A          ;输出到 P1 口
```

```
            SJMP  $                    ;程序执行完,"原地踏步"
            END
```

(3) I/O 接口扩展外部锁存器

为了提高数据传输速率,MCS-51 单片机常常需要使 I/O 接口通过外部锁存器和输入设备相连。如图 1-12 所示为 8051 通过 74LS373 与输入设备的连接图。通过中断方式读取数据,8051 响应该中断请求后在中断服务程序中通过下面的指令读取输入数据:

```
MOV   DPTR,#7FFFH               ;DPTR 指向 74LS373 端口,地址为 7FFFH
MOVX  A,@DPTR                   ;读入数据到累加器 A 中
```

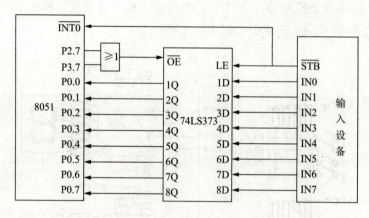

图 1-12 8051 通过 74LS373 与输入设备的连接图

(4) C51 语言中 MCS-51 单片机并行 I/O 接口的定义方法

在 C51 语言编程中,MCS-51 单片机并行 I/O 接口的定义方法如下。

1) 通过头文件定义

统一编写在一个头文件中,定义 MCS-51 单片机并行 I/O 接口与片外扩展 I/O 接口。

2) 按特殊功能寄存器方法定义片内 I/O 接口

MCS-51 片内 I/O 接口在程序中可按特殊功能寄存器方法定义,一般放在开始位置。格式为 sfrI/O 接口名 =I/O 接口在片内 RAM 的地址,例如:

```
sfrP0=0x80;sfrP1=0x90;sfrP1_7=P1^7
```

3) 按片外数据存储器定义片外扩展 I/O 接口

在程序中,扩展片外 I/O 接口可按片外数据存储器的单元方法定义,使用 #define 语句。例如:

```
#include<absacc.h>
#define PORTA XBYTE[0XFFC0]
```

其中,PORTA 定义为外部 I/O 接口,地址为 FFC0H,长度为 8 位。

【例 1.20】通过软件延时控制 8 盏灯循环点亮。P1 口与 8 盏灯连接图如图 1-13 所示。

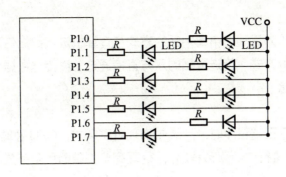

图 1-13 P1 口与 8 盏灯连接图

解：通过 P1 口扩展 8 盏灯，延时一段时间依次点亮 8 盏灯。用 C51 语言编程。

```
#include<reg52.h>
#include"config.h"
sfr LedPort=0x90;
uint8 dat=0;
// 延时函数
void mDelay(uint16 mtime)
{   for(;mtime>0;mtime--)
    {   uint8 j=244;
        while(--j);
    }
}
// 主函数
void main(void)
{   while(1)
    {    if(!dat)dat=1;
        LedPort=dat;
        dat<<=1;
        mDelay(1000);
    }
}
```

1.4.2　MCS-51 单片机的中断系统

计算机与外界的联系是通过外设（也称为外部设备、I/O 设备）与外界联系的。计算机与外设之间不是直接相连的，而是通过不同的接口电路来达到彼此之间的信息传送的目的。计算机与外设之间交换信息的方式有以下几种。

1) 无条件传送方式：外设对计算机来说总是准备好的。

2) 查询传送方式：传送前计算机先查询外设的状态，若已经准备好就传送，否则就继续查询/等待。

3) 中断传送方式：外设通过申请中断的方式与计算机进行数据传送。

4) 直接存储器存取方式：传送数据的双方直接通过总线传送数据，不经 CPU 中转。

1．中断的基本概念

(1) 中断的定义

中断是指 CPU 执行正常程序时，系统中出现特殊请求，CPU 暂时中止当前的程序，转去处理更紧急的事件（执行中断服务程序），处理完毕（中断服务完成）后，CPU 自动返回原程序的过程。

作用：采用中断技术可以提高 CPU 的效率、解决速度矛盾、实现并行工作、分时操作、实时处理、故障处理、应付突发事件，可使多项任务共享一个资源（CPU）。

中断与子程序的最主要区别：子程序是预先安排好的，中断是随机发生的。

中断涉及的几个环节：中断源、中断申请、开放中断、保护现场、中断服务、恢复现场、中断返回。

(2) 中断源

中断源是指引起中断的设备或事件，或发出中断请求的源头。

(3) 中断的分类

中断按功能通常可分为可屏蔽中断、非屏蔽中断和软件中断 3 类。

1) 可屏蔽中断是指 CPU 可以通过指令来允许或屏蔽中断的请求。

2) 非屏蔽中断是指 CPU 对中断请求是不可屏蔽的，一旦出现，CPU 必须响应。

3) 软件中断则是指通过相应的中断指令使 CPU 响应中断。

(4) 中断优先权与中断嵌套

1) 中断优先级（也称为中断优先权）：给每个中断源指定中断响应的优先级别，CPU 按中断源的优先级高低顺序响应各中断源发出的中断请求。

2) 中断嵌套：在某一瞬间，CPU 因响应某一中断源的中断请求而中断它正在执行的服务程序时，若又有一级别高的中断源向 CPU 发出中断请求，且 CPU 的中断是开放的，则 CPU 可以把正在执行的中断服务程序暂停下来，转而响应和处理优先权更高的中断源的中断请求，等处理完后再转回来继续执行原来的中断服务程序，这就是中断嵌套。

中断嵌套的过程和子程序嵌套过程类似，子程序的返回指令是 RET，而中断服务程序的返回指令是 RETI。

(5) 中断响应及处理过程

中断响应及处理过程为保护断点、寻找中断源、中断处理、中断返回。

保护断点和寻找中断源都是由硬件自动完成的，用户不用考虑。

(6) 中断系统的功能

中断系统：能够实现中断功能的硬件电路和软件程序。

中断系统的功能：能够实现中断优先级排队、中断嵌套、自动响应中断和中断返回等功能。

MCS-51 单片机的大部分中断电路都是集成在芯片内部的，只有外部中断请求信号产生电路才分散在各中断源电路和接口电路中。

2. MCS-51 的中断系统

MCS-51 提供了 5 个中断源和 2 个中断优先级控制，可实现 2 个中断服务嵌套。可通过程序设置中断的允许或屏蔽，设置中断的优先级。

(1) MCS-51 的中断源

8051 中有以下 5 个中断源。

1) 外部中断源（中断标志为 IE0 和 IE1），由 /INT0（P3.2）端口线引入，低电平或下降沿引起；由 /INT1（P3.3）端口线引入，低电平或下降沿引起。

2) 内部中断源（中断标志为 TF0、TF1 和 TI/RI）。

T0：定时器 / 计数器 0 中断，由 T0 回零溢出引起。

T1：定时器 / 计数器 1 中断，由 T1 回零溢出引起。

TI/RI：串行 I/O 中断，完成一帧字符发送 / 接收引起。

8051 的中断系统结构如图 1-14 所示。

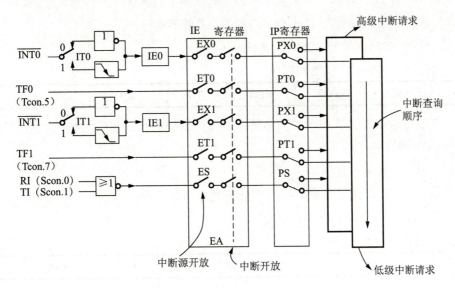

图 1-14　8051 的中断系统结构

CPU 识别中断申请的依据：CPU 在每个机器周期的 S5P2 期间，会自动查询各个中断申请标志位，若查到某标志位被置位，将启动中断机制。

(2) 中断控制

MCS-51 单片机设置了 4 个专用寄存器用于中断控制，用户通过设置其状态来管理中断系统。

1) 定时器控制寄存器 TCON（88H）

定时器控制寄存器的格式如下。

| TF1 | TR1 | TF0 | TR0 | IE1 | IT1 | IE0 | IT0 |

TF0/TF1：定时器溢出中断申请标志位（由硬件自动置位）。

　　=0：定时器未溢出。

　　=1：定时器溢出（由全"1"变成全"0"）时由硬件自动置位，申请中断，中断被 CPU 响应后由硬件自动清零。

TR0/TR1：定时器运行启停控制位（可由用户通过软件设置）。

　　=0：定时器停止运行。

　　=1：定时器启动运行。

IE0/IE1：外部中断申请标志位（由硬件自动置位，中断响应后转向中断服务程序时，由硬件自动清 0）。

　　=0：没有外部中断申请。

　　=1：有外部中断申请。

IT0/IT1：外部中断请求的触发方式控制位（可由用户通过软件设置）。

　　=0：在 INT0/INT1 端申请中断的信号低电平有效。

　　=1：在 INT0/INT1 端申请中断的信号负跳变有效。

2）串行端口控制寄存器 SCON（98H）

串行端口控制寄存器的格式如下。

| SM0 | SM1 | SM2 | REN | TB8 | RB8 | TI | RI |

TI/RI：串行端口发送／接收中断申请标志位（由硬件自动置位，必须由用户在中断服务程序中用软件清 0）。

　　=0：没有串行端口发送／接收中断申请。

　　=1：有串行端口发送／接收中断申请。

3）中断允许控制寄存器 IE（0A8H）

中断允许控制寄存器的格式如下。

| EA | | | ES | ET1 | EX1 | ET0 | EX0 |

EX0/EX1/ET1/ET0/ES 位：分别是外部中断 0、外部中断 1、T0 溢出、T1 溢出、串行端口的中断允许控制位。

　　=0：禁止中断。

　　=1：允许中断。

EA：总的中断允许控制位（总开关）。

　　=0：禁止全部中断。

　　=1：允许中断。

4）中断优先级控制寄存器 IP（0B8H）

中断优先级控制寄存器的格式如下。

				PS	PT1	PX1	PT0	PX0

PX0/PX1：/优先级控制位。

　　=0：属低优先级。

　　=1：属高优先级。

PT0/PT1：T0/T1 中断优先级控制位。

　　=0：属低优先级。

　　=1：属高优先级。

PS1：串行端口中断优先级控制位。

　　=0：属低优先级。

　　=1：属高优先级。

8051 有两个中断优先级，即高优先级和低优先级，每个中断源都可设置为高或低中断优先级，以便 CPU 对所有的中断实现两级中断嵌套。

8051 内部中断系统对各中断源的中断优先级有一个统一的规定，称为自然优先级（也称为系统默认优先级）。8051 内部中断系统的自然优先级如表 1.15 所示。

表 1.15　8051 内部中断系统的自然优先级

中断源	中断标志	默认优先级
外中断 $\overline{INT0}$	IE0	最高
定时器 T0	TF0	
外中断 $\overline{INT1}$	IE1	
定时器 T1	TF1	
串行口中断	TI，RI	最低

8051 单片机的中断优先级采用了自然优先级和人工设置高、低优先级的策略。开机时，每个中断都处于低优先级，中断优先级可以通过程序来设定，由中断优先级寄存器 IP 来统一管理。

中断优先级处理的原则（对同时发生多个中断申请时）：不同优先级的中断同时申请时，先高后低；

相同优先级的中断同时申请时，按序执行；正处理低优先级中断又接到高级别中断时，高打断低；正处理高优先级中断又接到低级别中断时，高不理低。

（3）中断响应

1）中断响应的条件。

MCS-51 单片机工作时，在每个机器周期中都会去查询各个中断标志，如果有中断请求，必须满足下列条件，单片机才能响应中断。

①相应的中断是开放的。
②没有同级的中断或更高级别的中断正在处理。
③正在执行的指令必须执行完最后 1 个机器周期。
④若正在执行 RETI，或正在访问 IE 或 IP 寄存器，则必须执行完当前指令的下一条指令后方能响应中断。

2) 中断响应的过程。

中断过程包括中断请求、中断响应、中断服务、中断返回 4 个阶段。

①中断请求：中断源将相应请求中断标志位置 1，发出请求，并由 CPU 查询。

②中断响应：在中断允许条件下相应中断，其顺序是断点入栈→撤除中断标志→关闭低同级中断允许→中断入口地址送 PC。这些工作都是由硬件自动完成的。

③中断服务：中断服务程序中要把当前正在执行程序的信息保留，如 ACC、PSW，中断返回时恢复。

④中断返回：执行中断返回 RETI 指令→断点出栈→开放中断允许→返回原程序。

3) 中断服务程序入口地址。

中断响应的主要内容就是由硬件自动生成一条长调用指令（LCALL addr16），CPU 执行这条长调用指令便响应中断，转入相应的中断服务程序。这里的 addr16 就是程序存储器中相应的中断服务程序的入口地址，MCS-51 的 5 个中断源的中断服务程序入口地址是固定的。

8051 的 5 个中断源的中断服务入口地址之间相差 8 个单元。这 8 个存储单元用来存储中断服务程序一般来说是不够的。用户常在中断服务程序地址入口处放一条 3 字节的长转移指令。一般地，主程序从 0030H 单元以后开始存放。例如：

```
        ORG   0000H
        LJMP  MAIN      ;转入主程序，START 为主程序地址标号
        ORG 0003H
        LJMP  INT0      ;转外中断中断服务程序
        ORG 000BH
        LJMP  T0        ;转定时器 T0 中断服务程序
        ORG 0030H
MAIN:         ……       ;主程序开始
```

(4) 中断请求的撤除

为了避免中断请求标志没有及时撤除而造成的重复响应同一中断请求的错误，CPU 在相应中断时必须及时将其中断请求标志位撤除。

8051 的 5 个中断源的中断请求撤除的方法是不同的。

1) 定时器溢出中断请求的撤除。

定时器溢出中断得到响应后，其中断请求的标志位 TF0 和 TF1 由硬件自动复位。

2）串行口中断请求的撤除。

串行口中断得到响应后，其中断请求的标志位 TI 和 RI 不能由硬件自动复位，必须由用户在中断服务程序的适当位置通过如下指令将它们撤除。

```
CLR  TI      ;撤除发送中断请求标志
CLR  RI      ;撤除接收中断请求标志
```

3）外部中断请求的撤除。

外部中断请求的两种触发方式（电平触发和负边沿触发）的中断请求撤除的方法是不同的。

①负边沿触发方式：CPU 在前一机器周期采到 /INT0、/INT1 引脚为高，后一机器周期采到为低才认为是一次中断请求，即依靠 CPU 两次检测 /INT0（或 /INT1）上的负边沿触发电平状态而置位外部中断标志位 IE0 或 IE1。CPU 可记忆申请、可由硬件自动撤除中断申请。

②电平触发方式：电平触发型外部中断请求的撤除必须使 /INT0（或 /INT1）上的低电平随着其中断被响应而变为高电平。一种可供采用的电平触发型外部中断请求撤除的电路如图 1-15 所示。图 1-15 中，D 触发器的作用是锁存外部中断请求的低电平信号，由 Q 端输出到 /INT0。D 触发器的 SD 端接 8051 的 P1.0。当中断响应后，为了撤除中断请求，只需 P1.0 输出一负脉冲，使触发器置 1，从而撤除低电平中断请求。指令如下：

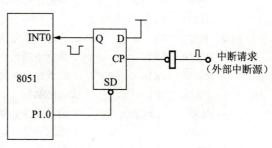

图 1-15　中断请求撤除的电路

```
ANL P1,#0FEH( 或 CLR P1.0)    ;令 Q 端置 1
ORL P1,#01H(SETB P1.0)        ;令 SD 端置 1，以免下次中断来时 Q 端不能变 0
```

3. MCS-51 中断系统的编程

1）中断初始化设置：开相应中断允许（IE 是中断允许控制寄存器，开中断允许表明设置了条件）并根据需要选择优先级（IP）和选择外中断触发方式（TCON），设置计数器、串行口的有关参数。

2）中断服务程序的编写：中断入口、保护现场、关中断、中断服务主体程序、恢复现场、开中断、设置计数器、串行口的有关参数、中断返回指令 RETI。

【例 1.21】设 8051 外部中断源接引脚 /INT0 的中断触发方式为电平触发，试编制 8051 中断系统的初始化程序。

解：采用位操作指令实现（也可以采用传送指令和逻辑指令实现）。

```
SETB  EA     ;开总中断
SETB  EX0    ;开中断
SETB  PX0    ;设置为高优先级
CLR   IT0    ;设置为电平触发方式
```

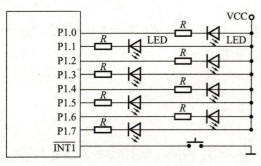

图 1-16　P1 口控制 8 盏灯的连接图

【例 1.22】通过外部中断控制 8 盏灯循环点亮。P1 口控制 8 盏灯的连接图如图 1-16 所示。

解：通过 P1 口扩展 8 盏灯，在 /INT1 引脚接一个按钮开关到地，每按一下按钮就申请一次中断，点亮一盏灯，中断服务则是依次点亮 8 盏灯中的一盏，采用边沿触发。

程序如下：

```
        ORG    0000H
        LJMP   MAIN
        ORG    0013H       ;中断服务程序入口地址
        LJMP   IN11
MAIN:   SETB   EA          ;开总中断允许"开关"
        SETB   EX1         ;开分中断允许"开关"
        CLR    PX1         ;低优先级（也可不要此句）
        SETB   IT1         ;边沿触发
        MOV    A,#0FEH     ;给累加器 A 赋初值
        SJMP   $           ;原地等待中断申请
IN11:   RL     A           ;左环移一次
        MOV    P1,A        ;输出到 P1 口
        RETI               ;中断返回
        END
```

4. MCS-51 扩展外部中断请求输入口

8051 单片机只提供了两个外部中断请求输入端，如果需要使用多于两个的中断源，就必须扩展外部中断请求输入口。

(1) 定时器 / 计数器用于扩展外部中断请求输入口

8051 单片机有两个定时器 / 计数器，它们作为计数器使用时，计数输入端 T0（或 T1）发生负跳变将使计数器加 1，利用此特性，适当设置计数初值，就可以把计数输入端 T0（或 T1）作为外部中断请求输入口。其特点是以占用内部定时中断为代价。中断服务程序的入口地址仍然为 000BH 或 001BH。

(2) 查询方式扩展外部中断请求输入口

把多个中断源通过硬件（如与非门）引入外部中断输入口，同时又连到某个 I/O 接口。当有中断源申请中断时，在中断服务程序中通过软件查询可确定哪一个是正在申请的中断源，其查询的次序可由中断优先级决定。其特点是中断响应速度较慢，适用于外部中断源较多的场合。

(3) 使用专用芯片扩展外部中断请求输入口

当外部中断源较多，同时又要求中断响应速度很高时，查询方式扩展外部中断请求输

入口的方法很难满足要求。这时可以使用专用接口芯片进行外部中断请求输入口的扩展。74LS148 优先级编码器和可编程中断控制器 8259 均可以实现该任务。

5. 中断应用的 C51 编程

C51 语言编译器支持在 C51 源程序中直接开发中断服务程序。中断服务程序就是一个按规定语法格式定义的函数。中断服务程序的函数定义语法格式如下：

```
返回值 函数名（参数）interrupt n [using m]
{
函数体；
}
```

其中，函数的返回值和参数类型为 void（无类型）。n 为常数（0～31）表示中断向量编号，对于 MCS-51 单片机，取 0～5，其中 0 表示外部中断 0、1 表示定时器 0、2 表示外部中断 1、3 表示定时器 1、4 表示串行口中断、5 表示定时器 2。m 为常数，取 0～3，表示内部 RAM 的工作寄存器组。

1.4.3　MCS-51 单片机的定时器 / 计数器

1. 定时器 / 计数器

(1) 基本概念

1) 计数：计数是指对外部事件的个数进行计量。其实质就是对外部输入脉冲的个数进行计量。实现计数功能的器件称为计数器。

2) 定时：8051 单片机中的定时器和计数器是一个部件，只不过计数器记录的是外界发生的事件，而定时器则是由单片机内部提供一个非常稳定的计数源进行定时的。这个计数源是由单片机的晶振经过 12 分频后获得的一个脉冲源。所以定时器计数脉冲的时间间隔与晶振有关。

3) 定时的种类。

①软件定时：利用执行一个循环程序进行时间延迟。其特点是定时时间精确，不需要外加硬件电路，但占用 CPU 时间。因此软件定时的时间不宜过长。

②硬件定时：利用硬件电路实现定时。其特点是不占用 CPU 时间，通过改变电路元器件参数来调节定时，但使用不够灵活方便。对于时间较长的定时，常用硬件电路来实现。

③可编程定时器：通过专用的定时器 / 计数器芯片实现。其特点是通过对系统时钟脉冲进行计数实现定时，定时时间可通过程序设定的方法改变，使用灵活方便，也可实现对外部脉冲的计数功能。

(2) MCS-51 内部定时器 / 计数器

MCS-51 单片机内部有两个 16 位可编程的定时器 / 计数器，简称为 T0 和 T1，既可作为定时器使用又可作为计数器使用,它们均是二进制加法计数器,当计数器计满回零时能自动产生溢出中断请求,表示定时时间已到或计数已终止。其适用于定时控制、延时、外部计数和检测等。

计数器:对引脚 T0(P3.4)和 T1(P3.5)输入的外部脉冲信号计数,当输入脉冲信号是从 1 到 0 的负跳变时,计数器就自动加 1。计数的最高频率一般为振荡频率的 1/24。

定时器:对系统晶振振荡脉冲的 12 分频输出进行计数。

1)定时器/计数器的结构。

定时器/计数器的组成:16 位加法计数器、工作方式寄存器 TMOD 和控制寄存器 TCON。

　　　　　　　T0:TL0(低 8 位)和 TH0(高 8 位)。
　　　　　　　T1:TL1(低 8 位)和 TH1(高 8 位)。

8051 单片机内部的定时器/计数器的结构如图 1-17 所示。

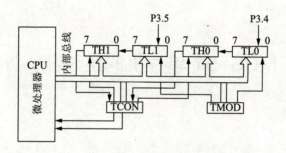

图 1-17　8051 单片机内部的定时器/计数器的结构

2)控制寄存器 TCON(88H)。

控制寄存器的格式如下。

| TF1 | TR1 | TF0 | TR0 | IE1 | IT1 | IE0 | IT0 |

TF0/TF1:T0/T1 计数溢出标志位,可用于申请中断或供 CPU 查询。在进入中断服务程序时会自动清零,但在查询方式时必须软件清零。

　　　　　=1:计数溢出。
　　　　　=0:计数未满。

TR0/TR1:T0/1 启停控制位。

　　　　　=1:启动计数。
　　　　　=0:停止计数。

IE0/IE1 和 IT0/IT1:用于管理外部中断(前面已介绍过)。

3)工作方式寄存器 TMOD。

工作方式寄存器的格式如下。

T1				T0			
GATE	C/T	M1	M0	GATE	C/T	M1	M0

M1、M0：工作方式选择位。

　　=00：13 位定时器／计数器。

　　=01：16 位定时器／计数器（常用）。

　　=10：可自动重装的 8 位定时器／计数器（常用）。

　　=11：T0 分为 2 个 8 位定时器／计数器，仅适用于 T0。

C/T：定时方式／计数方式选择位。

　　=1：选择计数器工作方式，对 T0/T1 引脚输入的外部事件的负脉冲计数。

　　=0：选择定时器工作方式，对机器周期脉冲计数定时。

GATE：门控位，定时器／计数器的启／停可由软件与硬件两者控制。

　　=0：软件控制，只由 TCON 中的启／停控制位 TR0/TR1 控制定时器／计数器的启／停。

　　=1：硬件控制，由外部中断请求信号 /INT0、/INT1 和 TCON 中的启／停控制位 TR0/TR1 组合状态控制定时器／计数器的启／停。

定时器／计数器的控制逻辑如图 1-18 所示。

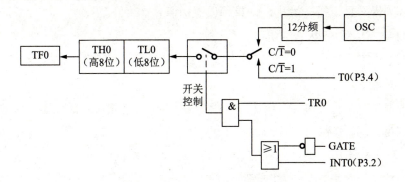

图 1-18　定时器／计数器的控制逻辑

2. 定时器／计数器的工作方式

8051 单片机的定时器／计数器共有 4 种工作模式，现以 T0 为例来介绍，T1 与 T0 的工作原理相同，但在工作方式 3 下 T1 停止计数。

1）工作方式 0（M1M0=00，13 位定时器／计数器）。

由 TH0 的全部 8 位和 TL0 的低 5 位（TL0 的高 3 位未用）构成 13 位加 1 计数器，当 TL0 低 5 位计数满时直接向 TH0 进位，并当全部 13 位计数满溢出时，溢出标志位 TF0 置 1。

2）工作方式 1（M1M0=01，16 位定时器／计数器）。

由 TH0 和 TL0 构成 16 位加 1 计数器，其他特性与工作方式 0 相同。

3）工作方式 2（M1M0=10，自动重装计数初值的 8 位定时器／计数器）。

16 位定时器／计数器被拆成两个 8 位寄存器 TH0 和 TL0，CPU 在对它们初始化时必须装入相同的定时器／计数器初值。以 TL0 为作计数器，而 TH0 作为预置寄存器。当计数满溢出时，TF0 置 1，同时 TH0 将计数初值以硬件方法自动装入 TL0。这种工作方式很适合于那些重复计数的应用场合（如串行数据通信的波特率发生器）。

4）工作方式 3（M1M0=11，2 个 8 位定时器 / 计数器，仅适用于 T0）。

TL0：8 位定时器 / 计数器，使用 T0 原有控制资源 TR0 和 TF0，其功能和操作与工作方式 0 或工作方式 1 完全相同。

TH0：只能作为 8 位定时器，借用 T1 的控制位 TR1 和 TF1，只能对片内机器周期脉冲计数。

在工作方式 3 模式下，定时器 / 计数器 0 可以构成两个定时器或一个定时器和一个计数器。

T0 工作在工作方式 3 下时，T1 一般以工作方式 2 运行（当作波特率发生器用）。因定时初值能自动恢复，用作波特率发生器更为合适。

3. 定时器 / 计数器的应用

定时器 / 计数器可按片内机器周期定时，也可对由 T0/T1 引脚输入一个负脉冲进行加法计数。在应用时，其工作方式和工作过程均可通过程序设定和控制，因此，定时器 / 计数器在工作前必须先对其进行初始化、计算和设置初值。

（1）定时器 T0/T1 中断的申请过程

1）在已经开放 T0/T1 中断允许且已被启动的前提下，T0/T1 加 1 计满溢出时 TF0/TF1 标志位自动置 1。

2）CPU 检测到 TCON 中 TF0/TF1 变 1 后，将产生指令：LCALL 000BH/LCALL 001BH 执行中断服务程序。

3）TF0/TF1 标志位由硬件自动清 0，以备下次中断申请。

（2）定时器 / 计数器初始化的步骤

1）写 TMOD，设置定时器 / 计数器的工作方式。

2）计算定时器 / 计数器的初值，写入 TH0/TH1、TL0/TL1。

3）设置 IE、IP，以开放相应的中断和设定中断优先级。

（3）定时器 / 计数器的定时器 / 计数器范围

1）工作方式 0：13 位定时器 / 计数器方式，最大计数值 $=2^{13}=8192$。

2）工作方式 1：16 位定时器 / 计数器方式，最大计数值 $=2^{16}=65536$。

3）工作方式 2 和工作方式 3：8 位的定时器 / 计数器方式，最大计数值 $=2^8=256$。

（4）计数器初值的计算

方法：用最大计数量减去需要的计数次数，即 $TC=M-C$。

其中，TC——计数器需要预置的初值；

M——计数器的模值（最大计数值），为工作方式 0 时，$M=2^{13}$；为工作方式 1 时，$M=2^{16}$；为工作方式 2、工作方式 3 时，$M=2^8$；

C——计数器计满回 0 所需的计数值，即设计任务要求的计数值。

例如：流水线上一个包装是 12 盒，要求每到 12 盒就产生一个动作，用单片机的工作方式 0 来控制，则应当预置的初值为 $TC=M-C=2^{13}-12=8180$。

(5) 定时器初值的计算

定时时间的计算公式为

$$T=(M-TC)\times T0$$

或

$$TC=M-T/T0$$

其中，T——定时器的定时时间，即设计任务要求的定时时间；

$T0$——计数器计数脉冲的周期，即单片机系统主频周期的 12 倍；

M——计数器的模值；

TC——定时器需要预置的初值。

若设初值 $TC=0$，则定时器定时时间为最大。若设单片机系统主频为 12MHz，则各种工作方式定时器的最大定时时间如下。

工作方式 0：$T_{max}=2^{13}\times 1\mu s=8.192ms$。

工作方式 1：$T_{max}=2^{16}\times 1\mu s=65.536ms$。

工作方式 2 和工作方式 3：$T_{max}=2^{8}\times 1\mu s=0.256ms$。

(6) 定时器 / 计数器的应用举例

【例 1.23】设一只 LED 和 8051 的 P1.0 脚相连，连接电路如图 1-19 所示。当 P1.0 脚是低电平时，LED 发亮；当 P1.0 脚是高电平时，LED 不亮。编制程序用定时器来实现 LED 的闪烁功能，设置 LED 每 1s 闪烁一次。已知单片机系统的主频为 12MHz。

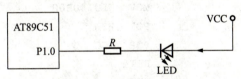

图 1-19 LED 和 8051 的 P1.0 连接电路

解：定时器 / 计数器的最长的定时是 65.536ms，无法实现 1s 的定时。可以采用软件计数器来进行设计。

设计思想：定义一个软件计数器单元 30H，先用定时器 / 计数器 0 做一个 50ms 的定时器，定时时间到了以后将软件计数器中的值加 1。如果软件计数器计到了 20，取反 P1.0，并清掉软件计数器中的值，否则直接返回。这样就完成了 20 次定时中断才取反一次 P1.0，因此定时时间就为 20×50=1000ms=1s。

定时器 / 计数器 0 采用工作方式 1，其初值为：65536-50000=15536=3CB0H。

程序如下：

```
        ORG    0000H
        AJMP   START           ;转入主程序
        ORG    000BH           ;定时器 / 计数器 0 的中断服务程序入口地址
```

```
            AJMP    TIME0              ;跳转到真正的定时器中断服务程序处
            ORG     0030H
    START:  MOV     SP,#60H            ;设置堆栈指针
            MOV     P1,#0FFH           ;关闭LED(使其灭)
            MOV     30H,#00H           ;软件计数器预清0
            MOV     TMOD,#01H          ;定时器/计数器0工作于工作方式1
            MOV     TH0,#3CH           ;设置定时器/计数器的初值
            MOV     TL0,#0B0H
            SETB    EA                 ;开总中断允许
            SETB    ET0                ;开定时器/计数器0中断允许
            SETB    TR0                ;启动定时器/计数器0
    LOOP:   AJMP    LOOP               ;循环等待
                                       ;真正工作时，这里可写任意其他程序
定时器/计数器0的中断服务程序1:
    TIME0:  PUSH    ACC                ;将PSW和累加器A推入堆栈保护
            PUSH    PSW
            INC     30H                ;软件计数器加1
            MOV     A,30H
            CJNE    A,#20,T_LP2        ;计数器单元中的值到了20了吗？
                                       ;到了，继续执行；否则，转入T_LP2
    T_LP1:  CPL     P1.0               ;到了，P1.0取反
            MOV     30H,#00H           ;清软件计数器(或置初值20)
    T_LP2:  MOV     TH0,#3CH           ;重置定时器/计数器的初值
            MOV     TL0,#0B0H
            POP     PSW                ;恢复PSW和ACC
            POP     ACC
            RETI                       ;中断返回
            END
```

C51语言程序如下：

```
#include<reg52.h>
#include<intrins.h>
#include<config.h>
sbit P1_0=P1^0;
//主函数
void main( )
{ TMOD=0x01;
  TH0=(65536-50000)/256;
  TL0=(65536-50000)%256;
  P1_0=0;
  EA=1;
  ET0=1;
  TR0=1;
```

```
    while(1);
}
void time(void) interrupt 1 using 0
{
    P1_0=!P1_0;
    TH0=(65536-50000)/256;
    TL0=(65536-50000)%256;
}
```

1.4.4　MCS-51 单片机的串行通信

1．概述

(1) 通信

通信：单片机与外界进行信息交换统称为通信。

8051 单片机的通信方式有两种，即并行通信和串行通信。

并行通信：数据的各位同时发送或接收，特点是传送速度快、效率高，但成本高。其适用于短距离传送数据。计算机内部的数据传送一般均采用并行方式。

串行通信：数据一位一位顺序地发送或接收，特点是传送速度慢，但成本低。其适用于较长距离传送数据。计算机与外界的数据传送一般均采用串行方式。

(2) 数据通信的制式

单工方式：数据仅按一个固定方向传送。

半双工方式：数据可实现双向传送，但不能同时进行。

全双工方式：允许双方同时进行数据双向传送。

多工方式：在同一线路上实现资源共享。

(3) 串行通信的分类

串行数据通信按数据传送方式可分为异步通信和同步通信两种形式。

1) 同步通信方式：以数据块为单位进行数据传送，包括同步字符、数据块和校验字符 CRC。其优点是数据传输速率较高，缺点是要求发送时钟和接收时钟保持严格同步。其数据格式如图 1-20 所示。

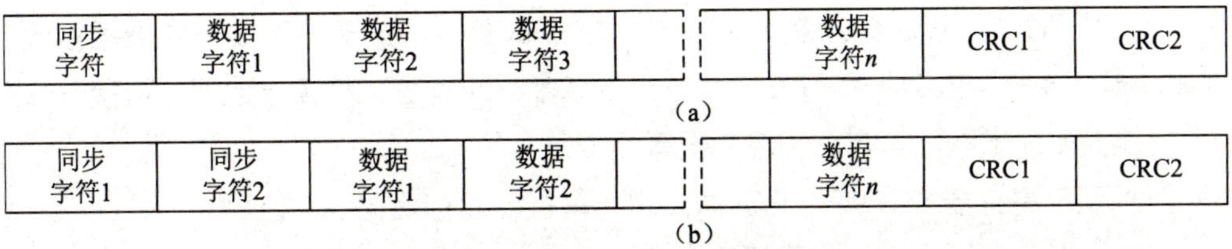

| 同步字符 | 数据字符1 | 数据字符2 | 数据字符3 | … | 数据字符n | CRC1 | CRC2 |

(a)

| 同步字符1 | 同步字符2 | 数据字符1 | 数据字符2 | … | 数据字符n | CRC1 | CRC2 |

(b)

图 1-20　同步通信方式的数据格式

（a）单同步字符帧结构；（b）双同步字符帧结构

2）异步通信方式：以字符为单位进行数据传送，每个字符均按固定的字符格式传送，又被称为帧。其优点是不需要传送同步脉冲，可靠性高，所需设备简单；缺点是字符帧中因包含有起始位和停止位而降低了有效数据的传输速率。其数据格式如图1-21所示：

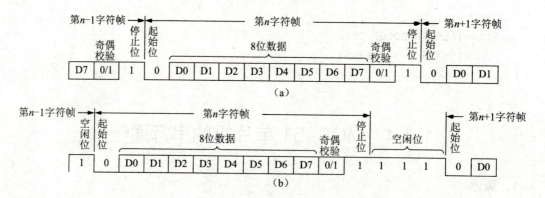

图1-21 异步通信方式的数据格式

（a）无空闲位字符帧；（b）有空闲位字符帧

(4) 串行数据通信的波特率

波特率是指每秒钟传送信号的数量，单位为波特（Baud）。而每秒钟传送二进制数的信号数（即二进制数的位数）定义为比特率，单位b/s（位/秒）。

在单片机串行通信中，传送的信号是二进制信号，波特率与比特率数值上相等，单位采用b/s。

例如，异步串行通信的数据传送的速率是120字符/秒，而每个字符规定包含10位数字，则传输波特率为

120字符/秒×10位/字符=1200位/秒=1200b/s。

2．MCS-51的串行口

MCS-51单片机内部有一个全双工的串行通信口（P3.0、P3.1），既可作UART（通用异步接收/发送器）使用，也可作为同步移位寄存器使用，还可用于网络通信，其帧格式有8位、10位和11位，并能设置各种波特率。

（1）串行口寄存器结构

1）两个物理上独立的同名的接收/发送缓冲寄存器SBUF。

指令MOV SBUF, A启动一次数据发送，指令MOV A, SBUF完成一次数据接收，即向发送缓冲器SBUF写入数据即可发送数据，从接收缓冲器SBUF读出数据即可接收数据。

2）由输入和输出移位寄存器和控制器等组成。

3）2个SFR寄存器SCON和PCON，用于串行口的初始化编程。

4）接收/发送数据，无论是否采用中断方式工作，每接收/发送一个数据都必须用指令对RI/TI清0，以备下一次收/发。

MCS-51串行口的结构如图1-22所示。

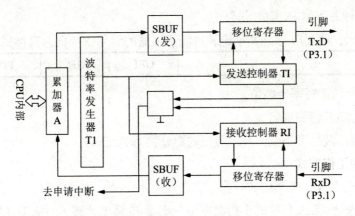

图 1-22 MCS-51 串行口的结构

(2) 串行通信控制寄存器 SCON（98H）

串行通信控制寄存器的格式如下。

SM0	SM1	SM2	REN	TB8	RB8	TI	RI

SM0，SM1：串行口 4 种工作方式控制位。

=00：工作方式 0，8 位同步移位寄存器，其波特率为 $f_{osc}/12$。

=01：工作方式 1，10 位 UART，其波特率可变，由定时器控制。

=10：工作方式 2，11 位 UART，其波特率为 $f_{osc}/64$ 或 $f_{osc}/32$。

=11：工作方式 3，11 位 UART，其波特率可变，由定时器控制。

其中，f_{osc} 为系统晶振频率。

RI，TI：串行口收 / 发数据申请中断标志位。

=1：申请中断。

=0：不申请中断。

RB8：在工作方式 2、3 中，用于存放收到的第 9 位数据；在双机通信中，作为奇偶校验；在多机通信中，用作区别地址帧 / 数据帧的标志。

TB8：在工作方式 2、3 中，是要发送的第 9 位数据；在双机通信中，用于对接收到的数据进行奇偶校验；在多机通信中，用作判断地址帧 / 数据帧，TB8=0 表示发送的是数据，TB8=1 表示发送的是地址。

REN：串行口接收允许控制位。

=1：表示允许接收。

=0：表示禁止接收。

SM2：串行口多机通信控制位，作为工作方式 2、工作方式 3 的附加控制位。

(3) 中断允许寄存器 IE（0A8H）

中断允许寄存器 IE 对串行口有影响的位为 ES，ES 为串行中断允许控制位。

ES=1：表示允许串行中断。

ES=0：表示禁止串行中断。

(4) 电源管理寄存器 PCON (87H)

其不可位寻址，PCON 是为实现电源控制而设置的专用寄存器。其格式如下。

SMOD				GF1	GF0	PD	IDL

SMOD：串行口波特率倍增位。

=1：串行口波特率加倍。

=0：串行口波特率不变，系统复位时默认为 SMOD=0。

3. 串行口的工作方式

(1) 工作方式 0（8 位移位寄存器 I/O 方式）

发送/接收过程：SBUF 中的串行数据由 RxD 逐位移出/移入（低位在先，高位在后）；TxD 输出移位时钟，频率 $=f_{osc}/12$；每送出/接收 8 位数据，TI/RI 自动置 1；需要用软件清零 TI/RI。注意：串行口在工作方式 0 下的工作并非是一种同步通信方式，经常配合"串入并出""并入串出"移位寄存器一起使用，以达到扩展一个并行口的目的。串/并扩展电路如图 1-23 所示。

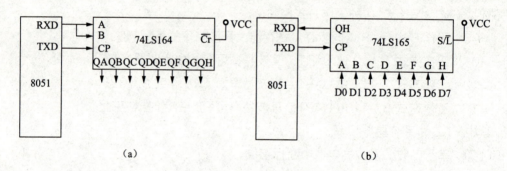

图 1-23 串/并扩展电路图

(a) 扩展输出电路；(b) 扩展输入电路

如果要发送数据，程序如下：

```
MOV SCON,#00H        ;串行口方式 0
MOV SBUF,A           ;将数据送出
JNB TI,$             ;等待数据发送完毕
CLR TI               ;为下次发送作准备
```

注意：复位时，SCON 已经被清零，默认值为工作方式 0。

发送条件：TI=0。

接收条件：TI=0，置位 REN=1（允许接收数据）。

(2) 工作方式 1（波特率可变的 10 位异步通信方式）

发送/接收数据的格式：一帧信息包括 1 个起始位 0，8 个数据位和 1 个停止位 1。

发送/接收过程：SBUF 中的串行数据由 RXD 逐位移出/移入；TXD 输出移位时钟，频率 $=(2^{SMOD}/32) \times T1$ 的溢出率，波特率可变。每送出/接收 8 位数据，TI/RI 自动置 1；需要用软件清零 TI/RI。工作时，发送端自动添加一个起始位和一个停止位；接收端自动去掉一个起始位和一个停止位。

发送/接收条件：同工作方式 0。

(3) 工作方式 2（固定波特率的 11 位异步接收/发送方式）

发送/接收过程：工作方式 2 的发送/接收过程类似于工作方式 1，所不同的是它比工作方式 1 增加了一位第 9 位数据（TB8/RB8），用于奇偶校验。工作方式 2 常用于单片机之间的通信，波特率 $=f_{osc} \times 2^{SMOD}/64$。

发送/接收条件：同工作方式 0。

(4) 工作方式 3（可变波特率的 11 位异步接收/发送方式）

工作方式 3 和工作方式 2 唯一的区别是波特率机制不同，工作方式 3 的波特率 $=(2^{SMOD}/32) \times T1$ 的溢出率。

奇偶校验：奇偶校验是检验串行通信双方传输的数据正确与否的一个措施，并不能保证通信数据的传输一定正确。也就是说，如果奇偶校验发生错误，则表明数据传输一定出错了；如果奇偶校验没有出错，绝不等于数据传输完全正确。

奇校验规定：8 位有效数据连同 1 位附加位中，二进制 1 的个数为奇数。

偶校验规定：8 位有效数据连同 1 位附加位中，二进制 1 的个数为偶数。

约定发送采用奇校验：若发送的 8 位有效数据中 1 的个数为偶数，则要人为地在附加位中添加一个 1 一起发送；若发送的 8 位有效数据中 1 的个数为奇数，则要人为地在附加位中添加一个 0 一起发送。

约定接收采用奇校验：若接收到的 9 位数据中 1 的个数为奇数，则表明接收正确，取出 8 位有效数据即可；若接收到的 9 位数据中 1 的个数为偶数，则表明接收出错，应当进行出错处理。采用偶校验时，处理方法与奇校验类似。

4. 串行口的通信波特率

串行口的通信波特率恰到好处地反映了串行传输数据的速率。在 MCS-51 串行口的 4 种工作方式中，工作方式 0 和 2 的波特率是固定的，而工作方式 1 和 3 的波特率是可变的，由定时器 T1 的溢出率（T1 溢出信号的频率）控制。各种方式的通信波特率如下。

1) 工作方式 0：波特率固定为 $f_{osc}/12$。

其中，f_{osc}——系统主机晶振频率。

2) 工作方式 2：波特率由 PCON 中的选择位 SMOD 来决定，可由下式表示。

$$波特率 = (2^{SMOD}/64) \times f_{osc}$$

3) 工作方式 1 和工作方式 3：波特率是可变的，由定时器 T1 的溢出率控制。波特率为

$$波特率 = (2^{SMOD}/32) \times 定时器 T1 溢出率$$

T1 溢出率 = T1 计数率/产生溢出所需的周期 $=(f_{osc}/12)/(2^K-TC)$

其中，K——定时器 T1 的位数，定时器 T1 用作波特率发生器时，通常工作在工作方式 2，所以 T1 的溢出所需的周期数 $=2^8-TC$。

其中，TC——定时器 T1 的预置初值。

表 1.16 列出了定时器 T1 工作于工作方式 2 的常用波特率及初值。

表 1.16 定时器 T1 工作于工作方式 2 的常用波特率及初值

常用波特率（b/s）	f_{osc}（MHz）	SMOD	TH1 初值
19200	11.0592	1	FDH
9600	11.0592	0	FDH
4800	11.0592	0	FAH
2400	11.0592	0	F4H
1200	11.0592	0	E8H

5. 串行口的应用

(1) 串口工作方式 0 的应用编程

【例 1.24】用 8051 串行口外接 CD4094 扩展 8 位并行输出口，8 位并行口的各位都接一个 LED，要求 LED 呈流水灯状态（轮流点亮）。

解：8051 串行口与 CD4094 的连接图如图 1-24 所示。

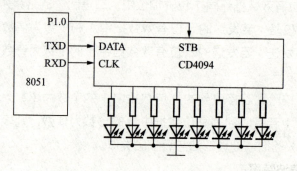

图 1-24 8051 串行口与 CD4094 的连接图

在开始通信之前，应先对控制寄存器 SCON 进行初始化。将 00H 送入 SCON 中，即设置工作方式 0。数据传送采用查询方式，通过查询 TI 的状态，来决定是否发送下一帧数据。在串行接收时，通过对 RI 查询来确定何时接收下一帧数据。程序如下：

```
        ORG   0000H
        LJMP  START
        ORG   0030H
START:  MOV   SCON,#00H      ;置串行口工作方式 0
        MOV   A,#80H         ;最高位灯先亮
        CLR   P1.0           ;关闭并行输出
OUT0:   MOV   SBUF,A         ;开始串行输出
OUT1:   JNB   T1,OUT1        ;输出完否？未完，等待；完毕，继续执行
        CLR   T1             ;完毕，清 T1 标志，以备下次发送
        SETB  P1.0           ;打开并行口输出
```

```
        ACALL  DELAY            ;延时一段时间
        RR  A                    ;循环右移
        CLR  P1.0                ;关闭并行输出
        SJMP  OUT0               ;循环
DELAY:  MOV R7,#250              ;延时子程序
    D1: MOV R6,#250
    D2: DJNZ R6,D2
        DJNZ R7,D1
        RET
        END
```

C51语言程序如下:

```
#include<reg52.h>
#include<intrins.h>
#include<absacc.h>
sbit P1_0=P1^0;
void mDelay(uint16 mtime)
{   for(;mtime>0;mtime--)
    {   uint8 j=244;
        while(--j);
    }
}
void main( )
{
    SCON=0x00;
    P1_0=0;
    ACC=0x80;
    While(1)
    {
       SBUF=ACC;
       if(TI==0_nop_;
       Else TI=0;
       P1_0=1;
       mDelay(500);TL0=(65536-1000)%256;
       ACC=ACC>>1;
       P1_0=0;
    }
}
```

(2) 双机通信

8051单片机双机通信的硬件连接图如图1-25所示。

1) 通信协议。

设1号机是发送方,2号

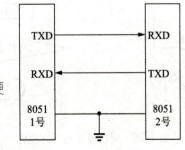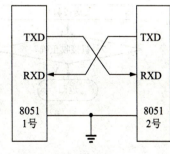

图1-25 8051单片机双机通信的硬件连接图

机是接收方。采用串行口工作方式 1 进行通信，一帧信息为 10 位，其中有 1 个起始位、8 个数据位和 1 个停止位；波特率为 2400b/s，T1 工作在定时器工作方式 2，单片机时钟振荡频率选用 11.0 592MHz，查表 1.16 可得 TH1=TL1=0F4H，PCON 寄存器的 SMOD 位为 0。

当 1 号机发送时，先发送一个"E1"联络信号，2 号机收到后回答一个"E2"应答信号，表示同意接收。当 1 号机收到应答信号"E2"后，开始发送数据，每发送一字节数据都要计算"校验和"，假定数据块长度为 16 字节，起始地址为 40H，一个数据块发送完毕后立即发送"校验和"。2 号机接收数据并转存到数据缓冲区，起始地址也为 40H，每接收到一字节数据便计算一次"校验和"，当收到一个数据块后，再接收 1 号机发来的"校验和"，并将它与 2 号机求出的校验和进行比较。若两者相等，说明接收正确，2 号机回答 00H；若两者不相等，说明接收不正确，2 号机回答 0FFH，请求重发。1 号机接到 00H 后结束发送。若收到的答复非零，则重新发送数据一次。双机通信的程序框图如图 1-26 所示。

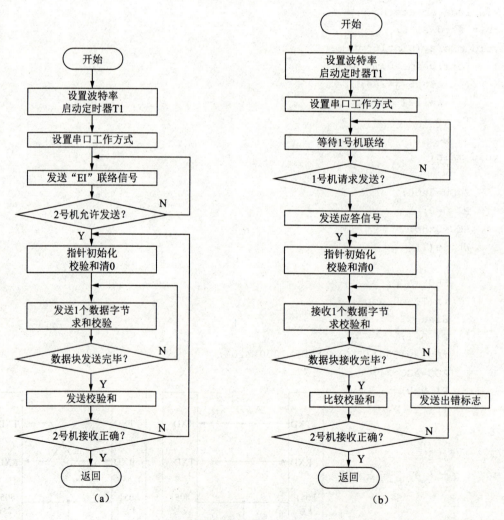

图 1-26　双机通信的程序框图

（a）发送程序流程图；（b）接收程序流程图

2) 发送程序。

```
            ORG    0000H
            LJMP   ASTART
            ORG    0030H
ASTART: MOV SP,#60H              ;设堆栈值
            CLR    EA
            MOV    TMOD,#20H     ;定时器1置为工作方式2
            MOV    TH1,#0F4H     ;装载定时器初值,波特率为2400b/s
            MOV    TL1,#0F4H
            MOV    PCON,#00H
            SETB   TR1           ;启动定时器
            MOV    SCON,#50H     ;设定串口为工作方式1,且准备接收应答信号
ALOOP1: MOV  SBUF,#0E1H          ;发送联络信号
            JNB    TI,$          ;等待一帧发送完毕
            CLR    TI            ;允许再发送
            JNB    RI,$          ;等待2号机的应答信号
            CLR    RI            ;允许再接收
            MOV    A,SBUF        ;2号机应答后,读至累加器A
            XRL    A,#0E2H       ;判断2号机是否准备完毕
            JNZ    ALOOP1        ;2号机未准备好,继续联络
ALOOP2: MOV  R0,#40H             ;2号机准备好,设定数据块地址指针初值
            MOV    R7,#10H       ;设定数据块长度初值
            MOV    R6,#00H       ;清校验和单元
ALOOP3: MOV  SBUF,@R0            ;发送一个数据字节
            MOV    A,R6
            ADD    A,@R0         ;求校验和
            MOV    R6,A          ;保存校验和
            INC    R0
            JNB    TI,$
            CLR    TI
            DJNZ   R7,ALOOP3     ;整个数据块是否发送完毕
            MOV    SBUF,R6       ;发送校验和
            JNB    TI,$
            CLR    TI
            JNB    RI,$          ;等待2号机的应答信号
            CLR    RI
            MOV    A,SBUF        ;2号机应答,读至累加器A
            JNZ    ALOOP2        ;2号机应答"错误",转重新发送
            RET                  ;2号机应答"正确",返回
            END
```

3) C51 语言程序。

```c
#include<reg52.h>
#include<intrins.h>
#include<absacc.h>
#define   uchar unsigned char
uchar data *Tx;
    uchar SUM=0;
    void seral_init(void)
    {
    SCON=0x50;                    // 设定串口为工作方式1,且准备接收应答信号
    TMOD=0X20;                    // 定时器1置为工作方式2
    PCON=0X00;                    // 设置SMOD=0
    TH1=0XF4;                     // 装载定时器初值,波特率为2400b/s
    TL1=0XF4;
    TR1=1;
    EA=1;
    ET1=1;
    ES=0;                         // 禁止中断
    }
    void Txput(uchar Tb)          // 利用串行口1发送1字节数据函数
    {
    SBUF=Tb;
    While(TI==0);
    TI=0;
    }
    void Rxput(uchar Tb)          // 利用串行口1接收1字节数据函数
    {
    ACC=SBUF
    Rb=ACC;
    While(RI==0);
    RI=0;
    }
void main(  )
{
    uchar i;
    serial_init(  );
    do
    {
    Txput(0xel);                  // 利用串行口1发送数据0E1H
    Rxput(Rx);
    }
    while(Rx==0xe2);
    Do
```

```
        {
        Tx=0x40;
        For(i=0;i<16;i++)
        {
        ACC=*Tx;
        SUM=SUM+ACC;
        Txput(ACC);
        Tx++;
        }
        Txput(SUM);
        TI=0;
        Rxput(Rx);
        RI=0;
        }
        while(Rx==0xff);
        }
```

4) 接收程序。

```
            ORG  0000H
            JMP  BSTART
            ORG  0030H
BSTART: MOV  SP,#60H
            SETB EA
            SETB ET1
            CLR  ES
            MOV  TMOD,#20H     ;定时器1置为工作方式2
            MOV  TH1,#0F4H     ;装载定时器初值,波特率为2400b/s
            MOV  TL1,#0F4H
            MOV  PCON,#00H
            SETB TR1           ;启动定时器
            MOV  SCON,#50H     ;设定串口为工作方式1,且准备接收联络信号
BLOOP1: JNB  RI,$            ;等待1号机的应答信号
            CLR  RI            ;允许再接收
            MOV  A,SBUF        ;收到1号机信号,读至累加器A
            XRL  A,#0E1H       ;判断是否是1号机联络信号
            JNZ  BLOOP1        ;不是1号机联络信号,再等待
            MOV  SBUF,#0E2H    ;是1号机联络信号,发送应答信号
            JNB  TI,$
            CLR  TI
            MOV  R0,#40H       ;设置数据块地址指针初值
            MOV  R7,#10H       ;设置数据块长度
            MOV  R6,#00H       ;清校验和单元
BLOOP2:  JNB  RI,$
```

```
        CLR   RI
        MOV   A,SBUF
        MOV   @R0,A           ;接收数据转储
        INC   R0
        ADD   A,R6            ;求校验和
        MOV   R6,A
        DJNZ  R7,BLOOP2       ;判断数据块是否接收完毕
        JNB   RI,$            ;完毕，接收 1 号机发来的校验和
        CLR   RI
        MOV   A,SBUF
        XRL   A,R6            ;比较校验和
        JZ    END1            ;校验和相等，跳至发送正确标志
        MOV   SBUF,#0FFH      ;校验和不相等，发送错误标志
        JNB   TI,$            ;转重新接收
        CLR   TI
END1:   MOV   SBUF,#00H
        RET
        END
```

(3) 多机通信

1) 硬件连接。

单片机构成的多机系统常使串行口工作在工作方式 2 和工作方式 3，采用总线型主从式结构。有时还要对信号进行光电隔离、电平转换等。单片机多机通信硬件连接图如图 1-27 所示。

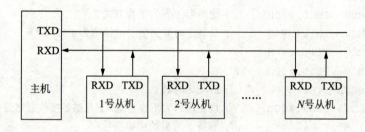

图 1-27　单片机多机通信硬件连接图

2) 通信协议。

主机的 SM2 位置 0，所有从机的 SM2 位置 1，处于接收地址帧状态。

主机发送一地址帧，其中，8 位是地址，第 9 位为 1 表示该帧为地址帧。

所有从机收到地址帧后，都将接收的地址与本机的地址比较。对于地址相符的从机，使自己的 SM2 位置 0（以接收主机随后发来的数据帧），并把本站地址发回主机作为应答；对于地址不符的从机，仍保持 SM2=1，对主机随后发来的数据帧不予理睬。

从机发送数据结束后，要发送一帧校验和，并置第 9 位（TB8）为 1，作为从机数据传送结束的标志。

主机接收数据时先判断数据接收标志（RB8），若接收帧的 RB8=0，则存储数据到缓冲区，并准备接收下帧信息。若 RB8=1，表示数据传送结束，并比较此帧校验和，若正确则回送正确信号 00H，此信号命令该从机复位（即重新等待地址帧）；若校验和出错，则发送 0FFH，命令该从机重新发送数据。

主机收到从机应答地址后，确认地址是否相符，如果地址不符，发送复位信号（数据帧中 TB8=1）；如果地址相符，则清 TB8，开始发送数据。

从机收到复位命令后回到监听地址状态（SM2=1），否则开始接收数据和命令。

3）应用程序设计。

设主机发送的地址联络信号为 00H、01H、02H、……（即从机设备地址），地址 FFH 为命令各从机复位，即恢复 SM2=1。

主机命令编码为 01H，主机命令从机接收数据；02H，主机命令从机发送数据。其他都按 02H 对待。

程序分为主机程序和从机程序，约定一次传递数据为 16 字节（程序清单略）。

(4) 单片机与个人计算机的通信

一台个人计算机既可以与一个 8051 单片机应用系统通信，也可以与多个 8051 单片机应用系统通信。单片机与个人计算机通信时，其硬件接口技术主要是电平转换、控制接口设计和通信距离不同的接口等处理技术。其硬件连接电路如图 1-28 所示。在 Windows 的环境下，使用通信控件（MSComm）可以很容易地实现个人计算机与单片机之间的通信。

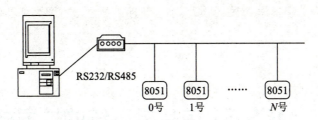

图 1-28　个人计算机与 8051 单片机的连接图

❄ 思考与练习

1. MCS-51 单片机的 P0 口作为输出口时，每位能驱动 _____ 个 TTL 负载。

2. MCS-51 单片机有 _____ 个 8 位并行 I/O 接口，P0～P3 由输出转输入时须先 _____。

3. MCS-51 单片机有 _____ 个中断源、_____ 个中断优先级，优先级由 _____ 选择。

4. 设（TMOD）=0A5H，则定时器 T0 的状态是 _____，定时器 T1 的状态是 _____。

5. 定时器 T0 溢出标志位是 _____，T1 溢出标志位是 _____。

6. MCS-51 单片机中，设置串行口为 10 位 UART，则其工作方式为 _____。

7. 异步串行通信的帧格式由 _____ 位、_____ 位、_____ 位和 _____ 位组成。

8. 要使 MCS-51 单片机响应定时器 T1 中断、串行口中断，IE 的内容应为（　　）。
   A. 98H   B. 84H   C. 42   D. 22H

9. 单片机定时器工作方式为 1，6MHz 晶振，定时器定时 0.5ms，其初值为（　　）。
   A. FF05H   B. FF06H   C. 0066H   D. 06FFH

10. 异步通信中每个字符由 9 位组成，每分钟传 25000 个字符，对应波特率为（　　）。
    A. 2500b/s B. 2750b/s C. 225000b/s D. 37500b/s

11. 什么是中断和中断系统？简述 MCS-51 单片机的中断响应过程。

12. 定时器/计数器的 4 种工作方式各有什么特点？如何选择、设定？

13. 在 8051 单片机中，已知时钟频率为 12MHz，请编程使 P1.0 和 P1.1 分别输出周期为 2ms 和 500μs 的方波。

14. 波特率、比特率和数据传送的含义是什么？

15. 利用 8051 串行口控制 8 盏 LED 工作，要求 LED 每 1s 交替地亮、灭，画出电路图并编写程序。

16. 试编写一串行通信的数据发送程序，发送片内 RAM 的 20H～2FH 单元的 16 字节数据，串行接口方式设定为工作方式 2，采用偶校验方式，设晶振频率为 6MHz。

17. 试编写一串行通信的数据接收、发送程序，将接收到的 16 字节数据送入片内 RAM 30H～3FH 单元中。串行接口设定为工作方式 3，波特率为 1200b/s，晶振频率为 6MHz。

1.5　MCS-51 单片机系统的扩展技术

本节主要介绍 MCS-51 单片机系统扩展的基本原理和方法，常用器件的选择和应用，以及常用总线标准和典型接口电路。

系统扩展是指为加强单片机某方面的功能，在最小应用系统（CPU、存储器、I/O 接口）基础上，增加一些外围功能部件而进行的扩充。

1.5.1　MCS-51 系列单片机的外部扩展原理

1．MCS-51 系列单片机的片外总线结构

MCS-51 系列单片机具有很强的外部扩展功能，其外部扩展都是通过三总线进行的。

(1) 地址总线

地址总线（address bus, AB）用于传送单片机输出的地址信号，宽度为 16 位，P0 口经锁存器提供低 8 位地址，锁存信号是由 CPU 的 ALE 引脚提供的；P2 口提供高 8 位地址。

(2) 数据总线

数据总线（data bus, DB）是由 P0 口提供的，宽度为 8 位。

(3) 控制总线

控制总线（control bus, CB）实际上是 CPU 输出的一组控制信号。

MCS-51 单片机通过三总线扩展外设的总体结构图如图 1-29 所示。

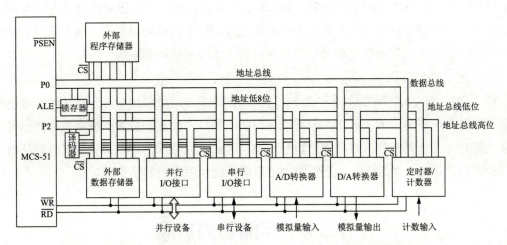

图 1-29 MCS-51 单片机通过三总线扩展外设的总体结构图

2. MCS-51 系列单片机系统的扩展能力

片外可扩展存储器的最大容量为 2^16=64KB，地址范围为 0000H～FFFFH。

片外程序存储器和数据存储器的地址重叠共享，但选通信号不同。$\overline{PSEN}$ 选通片外程序存储器，$\overline{RD}$ 和 $\overline{WR}$ 分别选通片外数据存储器的读写。

I/O 接口的编址方法：一种是独立编址，另一种是统一编址。MCS-51 单片机采用了统一编址方式，即 I/O 接口地址与外部数据存储单元地址共同使用 0000H～FFFFH（64KB）。当 MCS-51 单片机应用统扩展较多外设和 I/O 接口时，要占去大量的数据存储器的地址。

3. MCS-51 单片机系统地址空间的分配

系统空间分配：通过适当的地址总线产生各外部扩展器件的片选/使能等信号就是系统空间分配。

编址：编址就是利用系统提供的地址总线，通过适当的连接，实现一个编址唯一地对应系统中的一个外围芯片的过程。编址就是研究系统地址空间的分配问题。

片内寻址：若某芯片内部还有多个可寻址单元，则称为片内寻址。

编址的方法：芯片的选择是由系统的高位地址总线通过译码实现的，片内寻址直接由系统低位地址信息确定。

产生外围芯片片选信号的方法有 3 种：线选法、全地址译码法和部分地址译码法。

(1) 线选法

线选法直接以系统空闲的高位地址总线作为芯片的片选信号。其优点是简单明了，无须另外增加电路，缺点是寻址范围不唯一，地址空间没有被充分利用，可外扩的芯片的个数较少。线选法适用于小规模单片机应用系统中片选信号的产生。

(2) 全地址译码法

全地址译码法利用译码器对系统地址总线中未被外扩芯片用到的高位地址总线进行译码，以译码器的输出作为外围芯片的片选信号。常用的译码器有 74LS139、74LS138、74LS154 等。其优点是存储器的每个存储单元只有唯一的一个系统空间地址，不存在地址重叠现象，对存储空间的使用是连续的，能有效地利用系统的存储空间；缺点是所需地址译码电路较多。全地址译码法是单片机应用系统设计中经常采用的方法。

(3) 部分地址译码法

部分地址译码法中单片机的未被外扩芯片用到的高位地址总线中，只有一部分参与地址译码，其余部分是悬空的。其优点是可以减少所用地址译码器的数量，缺点是存储器每个存储单元的地址不是唯一的，存在地址重叠现象。因此，采用部分地址译码法时必须把程序和数据存放在基本地址范围内，以避免因地址重叠引起程序运行的错误。

1.5.2 存储器的扩展

存储器是计算机系统中的记忆装置，用来存放要运行的程序和程序运行所需要的数据。单片机系统扩展的存储器可分为程序存储器和数据存储器两种类型。

MCS-51 单片机对外部存储器进行扩展时应考虑以下问题。

1) 选择合适类型的存储器芯片。

只读存储器用于固化程序和常数，可分为掩膜 ROM、可编程只读存储器 (programmable read only memory, PROM)、可擦编程只读存储器 (erasable PROM, EPROM) 和电可擦编程只读存储器 (electrically EPROM, EEPROM) 几种。若所设计的系统是小批量生产或开发产品，则建议使用 EPROM 和 EEPROM；若为成熟的大批量产品，则应采用 PROM 或掩膜 ROM。

随机存取存储器常用来存取实时数据、变量和运算结果，可分为静态 RAM (static RAM, SRAM) 和动态 RAM (dynamic RAM, DRAM) 两类。

此外，还可以选择 OTP ROM、Flash 存储器、FRAM、NVSRAM、用于多处理机系统的 DSRAM（双端口 RAM）等。

2) 选择合适的存储容量。

在 MCS-51 应用系统所需存储容量不变的前提下，若所选存储器本身存储容量越大，则所用芯片数量就越少，所需的地址译码电路就越简单。

3) 合理分配存储器的地址空间。

存储器的地址空间的分配必须满足存储器本身的存储容量，否则会造成存储器硬件资源的浪费。

4) 合理选择地址译码方式。

可根据实际应用系统的具体情况选择线选法、全地址译码法、部分地址译码法等地址译码方式。

1．程序存储器扩展

当单片机内部没有 ROM，或虽有 ROM 但容量太小时，必须扩展外部程序存储器方能工作。最常用的 ROM 器件是 EPROM。

(1) 常用 EPROM 程序存储器

EPROM 主要是 27 系列芯片，如 27C64（8KB）、27C128（16KB）、27C256（32KB）、27C512（64KB）、27C040（512KB）、27C080（1MB），一般选择 8KB 以上的芯片作为外部程序存储器。其引脚图如图 1-30 所示。

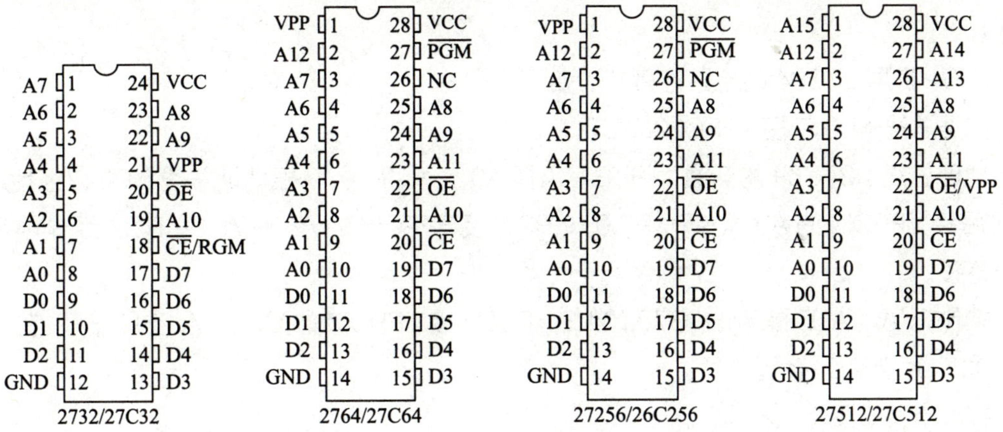

图 1-30　27 系列部分 EPROM 芯片的引脚图

引脚符号的含义和功能如下。

$D7 \sim D0$ 为三态数据总线；$A0 \sim Ai$ 为地址输入线；$\overline{CS}$ 为片选信号输入线；$\overline{OE}$ 为输出允许输入线；VPP 为编程电源输入线；$\overline{PGM}$ 为编程脉冲输入线；V_{CC} 为电源；GND 为接地；NC 为空引脚。W

(2) 地址锁存器

程序存储器扩展时，还需要地址锁存器，地址锁存器常用的有带三态缓冲输出的 8D 锁存器 74LS373、带有清除端的 74LS273。

74LS373 是带有三态门的 8D 锁存器，当三态门的使能信号线为低电平时，三态门处于导通状态，允许锁存器输出，锁存控制端为 11 脚 LE，采用下降沿锁存，控制端可以直接与 CPU 的地址锁存控制信号 ALE 相连。

地址锁存器使用 74LS373、74LS273 分别与 8051 连接的电路如图 1-31 所示。

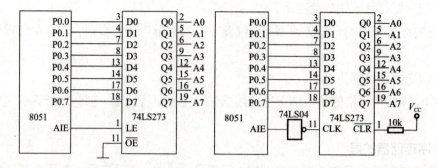

图 1-31　74LS373、74LS273 与 8051 连接的电路

（a）74LS373 单片机的连接；（b）74LS273 与单片机的连接

(3) 典型扩展电路

MCS-51 外扩存储器时应考虑锁存器的选择与连接、译码方式、存储器的选择与连接等。访问程序存储器的控制信号有 ALE——地址锁存信号；PSEN——片外程序存储器读信号；EA——片内、外程序存储器访问选择信号，EA=0 时仅访问片外；EA=1 时先访问片内，后访问片外。

8051 扩展 27C64 的电路连接方法如下。

数据总线：P0 口接 EPROM 的 D0～D7；

地址总线：27C64 的容量为 8KB，需要 A0～A12 共 13 根地址总线。P0 口经地址锁存器后接 EPROM 的 A0～A7；P2.0～P2.3 接 EPROM 的 A8～A11，P2.4 经非门后与 A12 连接。

控制总线：ALE 接 74HC373 的 LE，PSEN 接 EPROM 的 OE，EA 接 V_{CC}，只有一片 EPROM，片选 CE 接地。

扩展电路如图 1-32 所示。

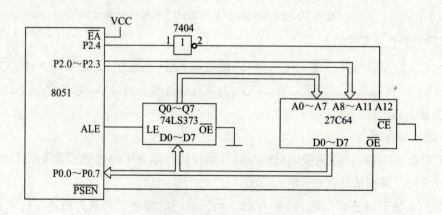

图 1-32　扩展 27C64 的电路图

27C64 的地址范围为 1000H ~ 2FFFH。8051 片内存储器的范围为 0000H ~ 0FFFH。

(4) 超出 64KB 容量程序存储器的扩展

MCS-51 单片机提供 16 位地址总线，可直接访问程序存储器的空间为 64KB（216），若系统的程序总容量需求超过 64KB，可以采用区选法来实现。单片机系统的程序存储器每个区为 64KB，由系统直接访问，区与区之间的转换通过控制总线的方式来实现。如图 1-33 所示为系统扩展 128KB 程序存储空间（2×64KB）示意图。

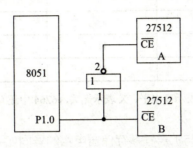

图 1-33　区选系统扩展示意图

P1.0 输出高电平，访问 A 芯片；P1.0 输出低电平，访问 B 芯片。

2. 数据存储器扩展

单片机内部的 RAM 为 128B（或 256B），有的单片机应用系统需要扩展外部数据存储器 RAM（如果数据采集系统数据量较大，需要专设 RAM 或 Flash RAM）。最常用的 RAM 器件是 SRAM。

(1) 常用 SRAM 存储器

常用的 SRAM 有 6264（8K）、62128（16KB）、62256（32KB）、628128（128KB）等。一般选择 8KB 以上的芯片作为外部程序存储器。其引脚图如图 1-34 所示。

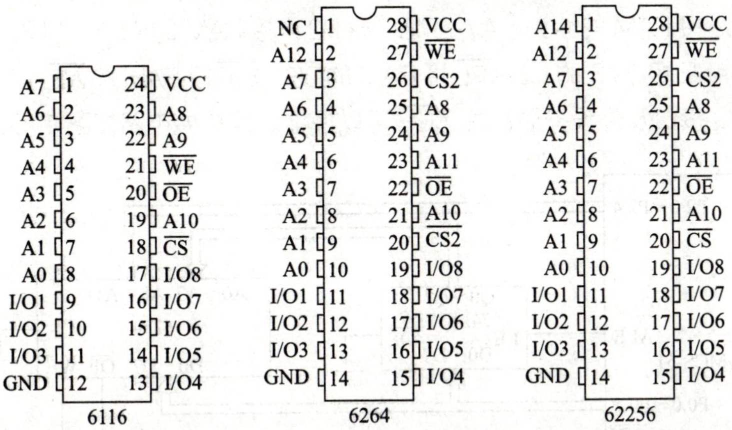

图 1-34　常用的 SRAM 芯片引脚图

引脚符号的含义和功能如下。

D7 ~ D0 为双向三态数据总线；A0 ~ Ai 为地址输入线；$\overline{CS}$（$\overline{CS1}$）为片选信号输入端，

低电平有效；CS2为片选信号输入端，高电平有效（仅6264芯片有）；$\overline{OE}$为读选通信号输入线，低电平有效；$\overline{WE}$为写选通信号输入线，低电平有效；VCC为电源+5V；GND为接地。

SRAM存储器有3种工作方式：数据的读出、写入和维持，其操作控制如表1.17所示。

表1.17 SRAM存储器的操作控制

信号 工作方式	$\overline{CS}$（$\overline{CS1}$）	$\overline{OE}$	$\overline{WE}$	D0～D7
读出	L	L	H	数据输出
写入	L	H	L	数据输入
维持	H	X	X	高阻态

注：表中，L表示低电平、H表示高电平、X表示无关，6264中还有CS2片选，读时为高电平，维持时为低电平。

MCS-51扩展数据存储器与扩展程序存储器电路的异同如下。

1）所用的地址总线、数据总线完全相同；

2）读/写控制总线不同：扩展程序存储器的读选通信号由$\overline{PSEN}$控制，扩展数据存储器的读、写控制总线用$\overline{RD}$、$\overline{WR}$分别控制存储器芯片的$\overline{OE}$和$\overline{WE}$。

3）数据存储器与程序存储器的地址可以重叠，因为扩展它们的控制信号不同。

4）I/O扩展的地址空间与数据存储器扩展的空间是共用的，所以扩展数据存储器涉及的问题远比扩展程序存储器涉及的问题多。

（2）数据存储器的典型扩展电路

MCS-51扩展6264的电路连接方法如下。

数据总线：P0口接RAM的D0～D7。

地址总线：6264的容量为8KB，213=8KB，需要A0～A12共13根地址总线。P0口经地址锁存器后接RAM的A0～A7；P2.0～P2.4接RAM的A8～A12。

控制总线：ALE接373的LE，$\overline{RD}$接RAM的$\overline{OE}$，$\overline{WR}$接RAM的$\overline{WE}$，只有一片RAM，且系统无其他I/O接口及外设扩展，片选$\overline{CE}$可以接地。其扩展电路如图1-35所示。

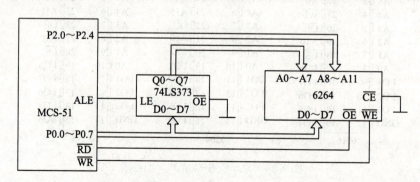

图1-35 6264的扩展电路图

6264的地址范围为0000H～1FFFH，注意：74LS373的$\overline{OE}$和RAM 6264的$\overline{CE}$接地。

【例1.25】在图1-34的数据存储器扩展电路中，将片内 RAM 以 50H 单元开始的 16 个数据传送到片外数据存储器 0000H 开始的单元中。

程序如下：

```
        ORG     1000H
DMV:    MOV     R0,#50H         ;数据指针指向片内 50H 单元
        MOV     R7,#16          ;待传送数据个数送入计数寄存器
        MOV     DPTR,#0000H     ;数据指针指向数据存储器 6264 的 0000H 单元
AGN:    MOV     A,@R0           ;片内待输出的数据送入累加器 A
        MOVX    @DPTR,A         ;数据输出至数据存储器 6264
        INC     R0
        INC     DPTR            ;修改数据指针
        DJNZ    R7,AGN          ;判断数据是否传送完成
        RET
```

3. MCS-51 对外部存储器的扩展

图 1-36 所示的 8031 扩展系统电路图中，外扩了 16KB 程序存储器（使用两片 27C64 芯片）和 8KB 数据存储器（使用一片 6264 芯片）。采用全地址译码方式，P2.7 用于控制 2-4 译码器的工作，P2.6、P2.5 参加译码，且无悬空地址总线，无地址重叠现象。1 号 27C64、2 号 27C64、3 号 6264 的地址范围分别为 0000H～1FFFH、2000H～3FFFH、4000～5FFFH。

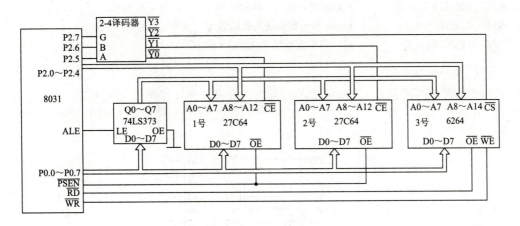

图 1-36　8031 扩展系统电路图

1.5.3　并行 I/O 接口的扩展

MCS-51 单片机具有 4 个并行 8 位 I/O 接口（即 P0、P1、P2、P3），原理上这 4 个 I/O 接口均可用作双向并行 I/O 接口，但在实际应用中，可提供给用户使用的 I/O 接口只有 P1 口和部分 P3 口线及作为数据总线用的 P0 口。在单片机的 I/O 接口线不够用的情况下，

可以借助外部器件对 I/O 接口进行扩展。

1．普通并行 I/O 接口扩展

普通并行 I/O 接口在扩展时，它们的选通端或时钟信号端要与地址总线和控制总线的逻辑组合输出端相连。其特点是电路简单、成本低、配置灵活方便，应用广泛。

（1）扩展并行输出口

用 74LS377 扩展并行输出口，74LS377 是带有输出允许端的 8D 锁存器，与单片机接口电路如图 1-37 所示，74LS374 的地址为 7FFFH。

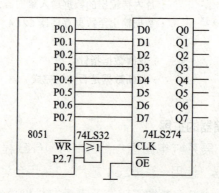

图 1-37　74LS377 扩展并行输出口

程序如下：

```
MOV   DPTR,#7FFFH      ;数据指针指向 74LS377
MOV   A,60H            ;60H 单元数据送入累加器 A
MOVX  @DPTR,A          ;P0 口将数据经 74LS377 输出
```

（2）扩展并行输入口

用单向总线缓冲器 74LS244 扩展并行输入口，硬件电路如图 1-38 所示，74LS244 的地址为 7FFFH。

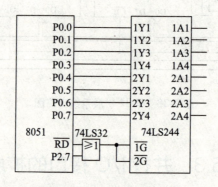

图 1-38　74LS244 扩展并行输入口

程序如下：

```
MOV   DPTR,#7FFFH      ;数据指针指向 74LS244
```

```
MOVX A,@DPTR              ;数据送入累加器 A
MOV  61H,A                ;数据送入 61H 单元保存
```

2. 可编程并行 I/O 接口芯片扩展

可编程 I/O 接口芯片的特点：适应多种功能需求，可扩展多个并行 I/O 接口，可以编程设定为输入或输出，应用非常广泛。此处以可编程并行口 8255A 芯片为例。

Intel 8255A 芯片是通用可编程并行接口电路，广泛应用于单片机扩展并行 I/O 接口。它具有 3 个 8 位并行口，即 PA、PB 和 PC，一个 8 位的数据口 D0 ~ D7，PC 口分高 4 位和低 4 位。高 4 位可与 PA 口合为一组（A 组），低 4 位可与 PB 口合为一组（B 组），PC 口可按位置位 / 复位。其有 40 条引脚，DIP 封装。8255A 的引脚图和内部结构图如图 1-39 所示。

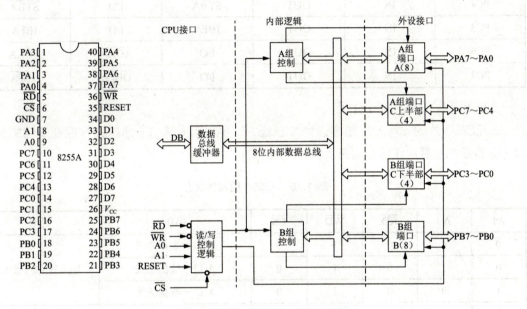

图 1-39　8255A 引脚图和内部结构图

（a）引脚图；（b）内部结构图

(1) 8255A 的 3 种工作方式

工作方式 0（基本 I/O 方式）：不需要任何选通信号，适合于无条件传输数据的设备，数据输出有锁存功能，数据输入有缓冲（无锁存）功能。

工作方式 1（选通 I/O 方式）：A 组包括 A 口和 C 口的高 4 位（PC7 ~ PC4），A 口可由程序设定为输入口或输出口，C 口的高 4 位则用来作为 I/O 操作的控制和同步信号；B 组包括 B 口和 C 口的低 4 位（PC3 ~ PC0），功能和 A 组相同。

工作方式 2（双向 I/O 接口方式）：仅 A 口有这种工作方式，B 口无此工作方式。此方式下，A 口为 8 位双向 I/O 接口，C 口的 PC7 ~ PC3 用来作为 I/O 的控制和同步信号。此时，B 口可以工作在工作方式 0 或工作方式 1 下。

8255A 在不同的工作方式下，各口线的功能如表 1.18 所示。

表 1.18 8255A 的口线功能

端口	工作方式 0		工作方式 1		工作方式 2
	输入	输出	输入	输出	输入/输出
A 口	IN	OUT	IN	OUT	双向
B 口	IN	OUT	IN	OUT	无
PC0	IN	OUT	INTRS	INTRS	无
PC1	IN	OUT	IBFB	$\overline{IBFB}$	无
PC2	IN	OUT	$\overline{STBB}$	$\overline{ACKB}$	无
PC3	IN	OUT	INTRA	INTRA	INTRA
PC4	IN	OUT	$\overline{STBA}$	I/O	$\overline{STBA}$
PC5	IN	OUT	IBFA	I/O	IBFA
PC6	IN	OUT	I/O	$\overline{ACKA}$	$\overline{ACKA}$
PC7	IN	OUT	I/O	$\overline{OBFA}$	$\overline{OBFA}$

(2) 8255A 的控制操作状态

8255A 芯片的工作方式是通过地址总线 A1、A0 选择端口，通过读写控制逻辑的组合状态来实现的。其操作状态如表 1.19 所示。

表 1.19 8255A 的操作状态

A1	A0	$\overline{RD}$	$\overline{WD}$	$\overline{CS}$	操作	说明
0	0	0	1	0	A 口→数据总线	输入操作（读）
0	1	0	1	0	A 口→数据总线	
1	0	0	1	0	A 口→数据总线	
0	0	1	0	0	数据总线→A 口	输出操作（写）
0	1	1	0	0	数据总线→B 口	
1	0	1	0	0	数据总线→C 口	
1	1	1	0	0	数据总线→控制寄存器	
X	X	X	X	1	数据总线三态	禁止操作
1	1	0	1	0	非法条件（读控制寄存器）	
X	X	1	1	0	数据总线三态	

(3) 8255A 芯片的控制字

8255A 芯片的初始化编程是通过对控制口写入控制字的方式实现的。

方式控制字：字控制 8255A 芯片 3 个端口的工作方式，特征是最高位为 1。A 口、B 口控制字的内容如图 1-40 所示。

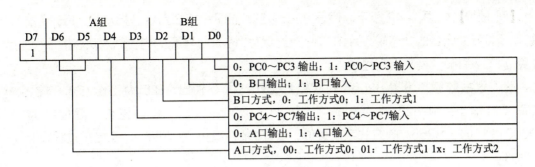

图 1-40　A 口、B 口控制字的内容

C 口的按位置位 / 复位控制字：C 口具有位操作能力，其每一位都可以通过软件设置为置位或复位。其特征是最高位为 0。C 口控制字的内容如图 1-41 所示。

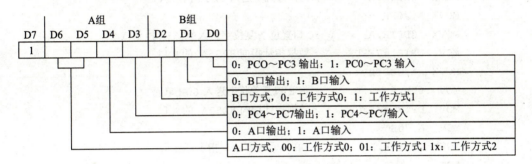

图 1-41　C 口控制字的内容

（4）接口与编程方法

MCS-51 单片机外扩 8255A 芯片的电路原理图如图 1-42 所示。8255A 内部已有数据总线驱动器，可以直接与 MCS-51 单片机总线相连接（P0 口接 D0～D7）。8255A 的 RESET、$\overline{RD}$、$\overline{WR}$ 分别与 MCS-51 单片机的 RESET、$\overline{RD}$、$\overline{WR}$ 相连，$\overline{CS}$ 接 P2.7，单片机地址总线最低 2 位分别接 8255A 芯片的 A1、A0，PA、PB、PC 及控制寄存器的地址分别是 7FFCH、7FFDH、7FFEH 及 7FFFH。

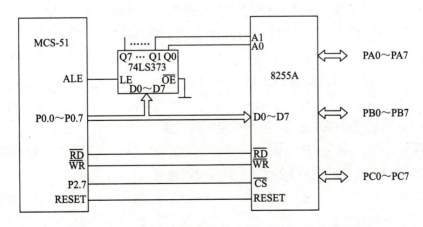

图 1-42　MCS-51 单片机外扩 8255A 芯片的电路原理图

【例 1.26】如图 1-42 所示，假设 8255A 芯片的 PA 接 8 盏状态指示灯，PB 接 8 个开关，现须将开关闭合的状态输入片内 60H 单元保存，将 70H 单元的内容送入状态指示灯显示，并置位 PC7 引脚，编写相应程序。

解：根据题意，设置 8255A 的 A 口为工作方式 0 输出，B 口为工作方式 0 输入，C 口高 4 位输出，则 8255A 的方式字为 82H (10000010B)，C 口置位/复位字为 0FH (00001111B)，8255A 的方式字及置位/复位控制字地址为 7FFFH。初始化过程及 I/O 的程序如下：

```
        ORG    1000H
DSP8255:MOV    DPTR,#7FFFH    ;数据指针指向 8255A 控制口
        MOV    A,#82H
        MOVX   @DPTR,A        ;工作方式字送入 8255A 控制口
        MOV    A,#0FH
        MOVX   @DPTR,A        ;C 口置位/复位字送入 8255A 控制口
        MOV    DPTR,#7FFDH    ;数据指针指向 8255A 的 B 口
        MOVX   A,@DPTR
        MOV    60H,A          ;将 B 口开关状态送入 60H 单元
        MOV    DPTR,#7FFCH    ;数据指针指向 8255A 的 A 口
        MOV    A,70H
        MOVX   @DPTR,A        ;70H 单元内容 A 口指示灯显示
        RET
```

❄ 思考与练习

1. 三态缓冲寄存器输出的三态是指 _____ 态、_____ 态和 _____ 态。
2. 扩展外围芯片时，片选信号的 3 种产生方法是 _____、_____ 和 _____。
3. MCS-51 单片机访问片外程序存储器时，利用 _____ 信号锁存来自 _____ 口的低 8 位地址信号。
4. 74LS138 有 3 个输入，其输出作为片选信号时，最多可选中 _____ 块芯片。
5. MCS-51 外扩 ROM、RAM 和 I\O 接口时，其数据总线是（　　）。
   A. P0 口　　　　　B. P1 口　　　　　C. P2 口　　　　　D. P3 口
6. 使用 8255 可扩展的 I/O 接口线是（　　）。
   A. 16 根　　　　　B. 22 根　　　　　C. 24 根　　　　　D. 32 根
7. 访问片外数据程序存储器时，不起作用的信号是（　　）。
   A. $\overline{RD}$　　　　　B. $\overline{WR}$　　　　　C. ALE　　　　　D. $\overline{PSEN}$
8. 若某存储器芯片地址线为 12 根时，其存储容量是（　　）。
   A. 1KB　　　　　B. 2KB　　　　　C. 4KB　　　　　D. 8KB
9. 解释三总线的概念。

10. I/O 接口的作用是什么?

11. I/O 数据有几种传送方式？各有什么特点？

12. 外设端口有几种传送方式？各有什么特点？

13. 为什么当 P2 口作为地址总线后，如有剩余口线也不再适合作为通用 I/O 接口？

14. MCS-51 系统中，片外程序存储器和片外数据存储器共用 16 位地址总线和 8 位数据总线为何不会产生冲突？

15. 某一单片机应用系统，需扩展 4KB 的 EPROM 和 2KB 的 RAM，还需外扩一片 8255 并行接口芯片，采用线选法，画出硬件连接图，并指出各芯片的地址范围。

实验

实验 1　单片机开发系统使用

(1) 实验目的

1) 学会使用单片机开发系统。

2) 熟练掌握单片机开发系统的设置。

3) 能够识读单片机开发系统给出的各种信息。

(2) 实验准备

1) KEIL C51 单片机软件。

2) 计算机。

(3) 实验内容

1) Keil 工程的建立。

2) 工程的详细设置。

3) 汇编程序的输入、编辑和运行。

例如，汇编语言源程序如下。

```
ORG 0000H
JMP MAIN
ORG 0030H
MAIN:MOV A,#0FEH
LOOP:MOV P1,A
RL A
LCALL DELAY
AJMP LOOP
DELAY: MOV R7,#255
D1: MOV R6,#255
DJNZ R6,$
DJNZ R7,D1
RET
END
```

(4) 实验方法

1) 建立工程文件和源文件。

2) 编译、连接。

3) 调试、运行。

(5) 注意事项

1) 注意 Keil 程序调试窗口的应用。

2) 注意用电安全。

(6) 实验报告

1) 实验过程。

2) 调试过程。

3) 收获。

实验 2　汽车转向灯控制

(1) 实验目的

1) 掌握单片机开发系统的使用。

2) 学习单片机系统的应用过程。

(2) 实验准备

1) 单片机开发系统。

2) 单片机应用系统。

(3) 实验内容

1) 理解电路控制的工作原理（LED 与 P3 口的连接图如图 1-43 所示）。

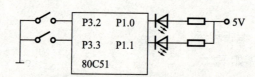

图 1-43　LED 与 P3 口的连接图

2) 程序设计实现开关控制 LED 闪烁。

注：(4) 实验方法、(5) 注意事项、(6) 实验报告 3 项内容同实验 1。

实验 3　汽车信号灯的循环点亮控制

(1) 实验目的

1) 掌握单片机开发系统的使用。

2) 学习单片机系统的应用过程。

(2) 实验准备

1) 单片机开发系统。

2) 单片机应用系统。

(3) 实验内容

1) 理解电路控制的工作原理。

2) 软件设计。

3) 用定时方式 1 编写 1s 的延时程序，查询实现信号灯循环显示。

4) 用定时方式 1 编写 1s 的延时程序，中断实现信号灯循环显示。

5) 用中断方式，每按一下按钮依次点亮 8 盏灯中的一盏。

注：(4) 实验方法、(5) 注意事项、(6) 实验报告 3 项内容同实验 1。

实验 4　双机通信

(1) 实验目的

1) 掌握单片机的通信原理。

2) 学习单片机系统的通信过程。

(2) 实验准备

1) 单片机开发系统。

2) 单片机应用系统。

(3) 实验内容

1) 理解异步串行通信的工作原理，连接通信线。

2) 设计通信协议和控制软件。

3) 发送片内 RAM 的 20H～2FH 单元的 16 字节数据；将接收到的 16 字节数据送入片内 RAM 30H～3FH 单元中。

注：(4) 实验方法、(5) 注意事项、(6) 实验报告 3 项内容同实验 1。

项目 2

汽车 CAN 总线技术基本原理

2.1 CAN 总线概述

2.1.1 CAN 的产生和发展

CAN（controller area network，控制器局域网）是 ISO（International Organization for Standardization，国际标准化组织）标准化的串行通信协议。

1991 年 9 月 PHILIPS SEMICONDUCTORS 制订并发布了 CAN 技术规范（VERSION 2.0）。该技术规范包括 A 和 B 两部分。2.0A 给出了曾在 CAN 技术规范版本 1.2 中定义的 CAN 报文格式，能提供 11 位地址；而 2.0B 给出了标准的和扩展的两种报文格式，提供 29 位地址。此后，1993 年 11 月 ISO 正式颁布了道路交通运载工具——数字信息交换——高速通信控制器局域网（CAN）国际标准（ISO 11898）。

CAN 协议经 ISO 标准化后有 ISO 11898 标准和 ISO 11519-2 标准两种。ISO 11898 标准和 ISO 11519-2 标准对于数据链路层的定义相同，但物理层不同。

1) ISO 11898 是通信速度为 125kb/s～1Mb/s 的 CAN 高速通信标准。
2) ISO 11519-2 是通信速度为 125kb/s 以下的 CAN 低速通信标准。

CAN 协议和标准规格如表 2.1 所示。

表 2.1 CAN 协议和标准规格

名称	波特率	规格	适用领域
SAE J1939-11	250kb/s	双线式、屏蔽双绞线	卡车、大客车
SAE J1939-12	250kb/s	双线式、屏蔽双绞线、12V 供电	农用机械
SAE J2284	500kb/s	双线式、双绞线（非屏蔽）	汽车（高速：动力、传动系统）

续表

名称	波特率	规格	适用领域
SAE J24111	33.3kb/s、83.3kb/s	单线式	汽车（低速：车身）
NMEA-2000	62.5kb/s、125kb/s、250kb/s、500kb/s、1Mb/s	双线式、屏蔽双绞线供电	船舶
DeviceNet	125kb/s、250kb/s、500kb/s	双线式、屏蔽双绞、24V供电	工业设备
CANopen	10kb/s、20kb/s、50kb/s、125kb/s、250kb/s、500kb/s、800kb/s、1Mb/s	双线式、双绞线可选（屏蔽、供电）	工业设备
SDS	125kb/s、250kb/s、500kb/s、1Mb/s	双线式、屏蔽双绞线可选（供电）	工业设备

CAN 协议定义的网络采用总线型拓扑结构，如图 2-1 和图 2-2 所示。

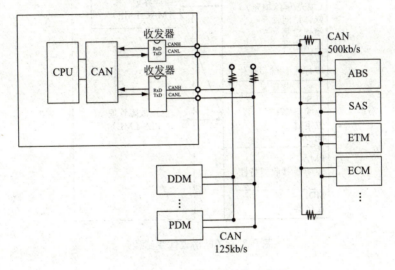

图 2-1　CAN 网络的结构示意图

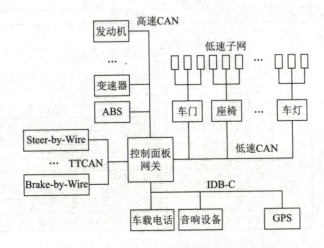

图 2-2　基于 CAN 的车载网络拓扑结构图

2.1.2 CAN 网络体系结构

CAN 遵循 ISO/OSI（Open Systems Interconnection，开放系统互联）基本参考模型，定义了它自己的数据链路层和物理层，如图 2-3 所示。图 2-4 标示出了 CAN 协议与 ISO/OSI 体系结构的相对关系。

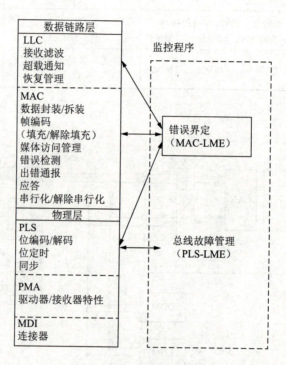

图 2-3 CAN 协议体系结构

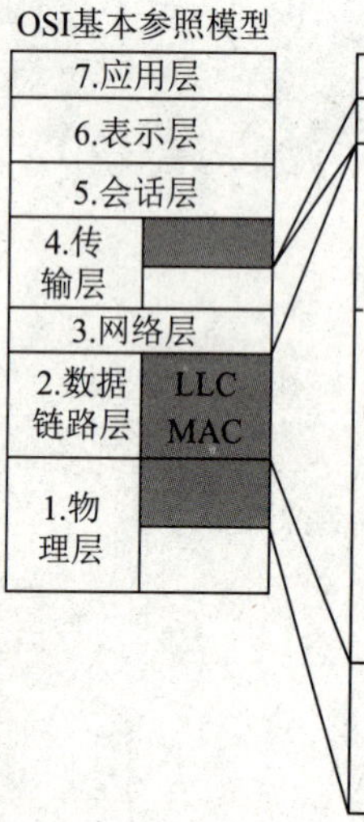

OSI基本参照模型	层	在各层中CAN定义事项	
		定义事项	功能
7.应用层	4层	再发送控制	永久再尝试
6.表示层	2层(LLC)	接收消息的选择（可接收消息的过滤）	可点到点连接、广播、组播
5.会话层		过载通知	通知接收准备尚未完成
4.传输层		错误恢复功能	再次发送
3.网络层	2层(MAC)	消息的帧化	有数据帧、遥控帧、错误帧、过载帧4种帧类型
2.数据链路层 LLC MAC		连接控制方式	竞争方式（支持多点传送）
		数据冲突时的仲裁	根据仲裁、优先级高的ID可继续被发送
		故障扩散抑制功能	自动判别暂时错误和持续错误，排除故障节点
1.物理层		错误通知	CRC错误、填充位错误、位错误、ACK错误、格式错误
		错误检测	所有单元都可随时检测错误
		应答方式	ACK、NACK两种
		通信方式	半双工通信
	1层	位编码方式	NRZ方式编码，6个位的插入填充位
		位时序	位时序、位的采样数（用户选择）
		同步方式	根据同步段（SS）实现同步（并具有再同步功能）

图 2-4 CAN 协议与 ISO/OSI 体系结构的相对关系

根据 CAN 标准 ISO 8802-2 和 ISO 8802-3，数据链路层被细分为逻辑链路控制（logical link control, LLC）子层和介质访问控制（medium access control, MAC）子层。MAC 子层是 CAN 协议的核心部分。数据链路层的功能是将物理层收到的信号组织成有意义的消息，并提供传送错误控制等传输控制的流程。具体地说，就是消息的帧化、仲裁、应答、错误的检测或报告。数据链路层的功能通常是在 CAN 控制器的硬件中执行。MAC 子层的功能如表 2.2 所示。

表 2.2 MAC 子层的功能

	发送功能		接收功能
发送数据封装	接收 LLC 帧与接口控制信息	接收数据卸装	由接收帧中去除 MAC 特定的信息
	CRC 循环计算		
	通过向 LLC 附加 SOF、RTR、保留位、CRC、ACK 和 EOF 构造 MAC 帧		输出 LLC 帧和接口控制信息至 LLC 子层
发送媒体访问管理	确定总线空闲后，开始发送过程	接收媒体访问管理	由物理层接收串行位流
	MAC 串行化		解除串行结构并重新构筑帧结构
	插入填充位（位填充）		检测填充位（解除位填充）
	在丢失仲裁的情况下，退出仲裁并转入接收方式		错误检测（CRC、格式校验、填充规则校验）
	错误检测（监控、格式校验）		发送应答
	应答校验		构造错误帧并开始发送
	确认超载条件		确认超载条件
	构造超载帧并开始发送		
	构造出错帧并开始发送		重激活超载帧构造开始发送
	输出串行位流至物理层准备发送		

物理层被细分为物理信令、介质附件和介质附属接口。在物理层定义了信号实际的发送方式、位时序、位的编码方式及同步的步骤。但具体地说，信号电平、通信速度、采样点、驱动器和总线的电气特性、连接器的形态等均未定义，这些必须由用户根据系统需求自行确定。

驱动器及总线的电气特性等在博世公司的 CAN 规格书中没有定义。但在 CAN 的 ISO 标准（ISO 11898、ISO 11519-2 等）中分别定义了总线及驱动器的电气特性等。在 CAN 协议中，物理层的 ISO 11898 和 ISO 11519-2 标准有所不同。标准化的 CAN 协议如图 2-5 所示。

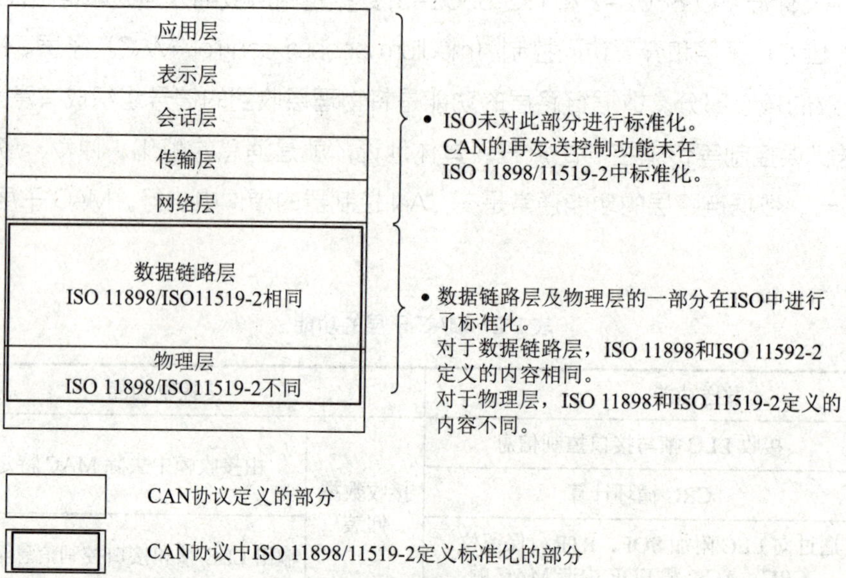

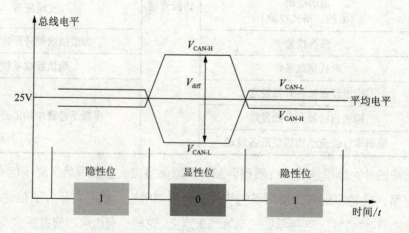

图 2-5 标准化的 CAN 协议

总线电平分为显性电平和隐性电平两种。总线必须处于两种电平之一。总线上执行逻辑上的线"与"时，显性电平为"0"，隐性电平为"1"。CAN 总线电平如图 2-6 所示。

标准信号电平：差分形式的信号电平。

隐性位：表示"0"，$V_{CAN-H}=V_{CAN-L} \approx 2.5V$。

显性位：表示"1"，$V_{CAN-H}=3.5V$，$V_{CAN-L}=1.5V$。

图 2-6 CAN 总线电平

CAN 总线通信速率越高，传送距离越短。CAN 总线通信速率与总线长度的关系如图 2-7 所示。

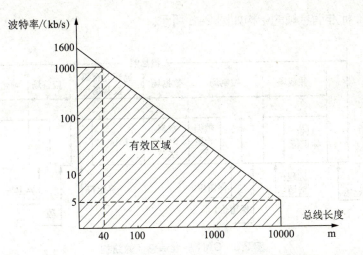

图 2-7 CAN 总线通信速率与总线长度的关系

🌼 思考与练习

1. SAE 将汽车数据传输网络划分为几类？请简述各类的特点。
2. 简述常用车载网络的基本情况。
3. 什么是 CAN 总线？汽车中使用 CAN 总线的优点有哪些？
4. 简述 CAN 协议的体系结构。
5. 简述 CAN 总线的理论特征。

2.2 CAN 数据链路层的基本原理

2.2.1 CAN 传输数据的方式

数据通信中现在最常用的一种方式就是分组交换和传输。分组交换和传输中用的是统一格式的数据包，称为消息帧。消息帧中除了需要传输的数据之外，还要装入消息帧在网络中传输所必需的诸如目标地址、发送地址、差错控制、同步等附属保障数据。

消息帧是串行数据传输系统的基本单元，它实质上就是将需要传输的数据和附属保障数据按照规定的格式排成一串 0、1 数字形成的一个数据群，规定这些 0、1 数字发送的先后顺序和时间长短、开始发送时间等。

BOSCH 公司推出的 CAN2.0 协议中的消息帧有两种格式：一种是标准格式，另一种是扩展格式。CAN 标准消息帧的结构如图 2-8 所示。

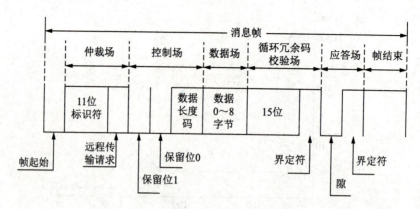

图 2-8　CAN 标准消息帧的结构

扩展格式的消息帧用于 CAN2.0B 网络，由 CAN2.0B 协议规定，具体帧结构如图 2-9 所示。它有 29 位标识符，后 18 位专用于标记 CAN2.0B 的消息帧。

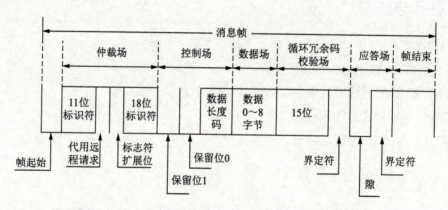

图 2-9　CAN 扩展消息帧的结构

CAN 消息帧按照其用途可分为数据帧、远程帧、错误帧、过载帧和帧间隔等 5 种。

1．数据帧

数据帧由 7 个位场组成，如下所示。

帧起始	仲裁场	控制场	数据场	CRC 场	应答场	帧结束

（1）帧起始

帧起始（SOF）只有一位，为显性电平"0"，并提供一个同步基准时刻。

（2）仲裁场

仲裁场的主要作用是给出本帧数据的身份号码（ID），这一号码确定了本帧的优先级和重要性，并向总线上其他节点标示出这一帧是数据帧还是远程帧。

在标准格式中，仲裁场由 11 位标识符和 RTR 位组成；在扩展格式中，仲裁场由 29 位标识符、SRR 位、标志位和 RTR 位组成。

标识符：CAN 给每一条报文分配一个唯一的身份号码，它代表了这条报文的重要程度、优先级等信息。CAN2.0A 总线中的标识符为 11 位，CAN2.0B 总线中为 29 位。

RTR（远程传输请求）位：该位为显性电平"0"时，说明这一帧为数据帧；为"1"时，说明这一帧为远程帧。

IDE（标识符扩展）位：在扩展格式中它处于仲裁场的一部分，为隐性电平"1"；在标准格式中该位属于控制场，为显性电平"0"。标准帧 / 扩展帧、数据帧 / 远程帧的判断规则如表 2.3 所示。

表 2.3　标准帧 / 扩展帧、数据帧 / 远程帧的判断规则

第 13 位 RTR/SRR	第 14 位 R1/IDE	第 34 位 X/RTR	帧的类型
0	X	X	标准格式的数据帧
1	0	X	标准格式的远程帧
1	1	0	扩展格式的数据帧
1	1	1	扩展格式的远程帧

注：表中 0 表示显性电平，1 表示隐性电平，X 表示任意值。

（3）控制场

控制场由 6 位组成，第一位为保留位 1（r1），第二位为保留位 0（r0），第三至第六位为数据长度码（DLC）。

对于标准格式，r0 和 r1 均为显性电平"0"；对于扩展格式，r0 和 r1 均为显性电平"1"。

数据长度码共 4 位，用数字表示紧接着控制场后面的数据场共有多少字节。控制场的数据格式如表 2.4 所示。

表 2.4　控制场的数据格式

数据字节数	数据长度码			
	DLC3	DLC1	DLC1	DLC0
0	D	D	D	D
1	D	D	D	R
2	D	D	R	D
3	D	D	R	R
4	D	R	D	D
5	D	R	D	R
6	D	R	R	D
7	D	R	R	R
8	R	D	D	D

注：D 表示显性电平，R 表示隐性电平。

0000：数据场有 0 字节数据，即数据场有 0 位；1000：数据场有 8 字节数据，即数据场有 64 位。

(4) 数据场

数据场用于装载数据帧需要传输的数据，数据场由 0～8 字节组成。

(5) CRC 场

CRC 场是利用除法及余数的原理来做错误侦测的。实际应用时，发送装置计算出 CRC 值，并将其随数据一同发送给接收装置，接收装置对收到的数据重新计算 CRC 值并与收到的 CRC 值相比较，若两个 CRC 值不同，则说明数据通信出现错误。

(6) 应答场

应答场用于接收节点向发送节点发送"已经有效接收"的应答信号。

应答场由两位组成：应答间隙和应答界定符。发送节点在这两位都只发送隐性电平"1"，从而让出总线供接收节点应答。

所有收到正确的帧起始、仲裁场、控制场、数据场和 CRC 场（这些数据不含填充错误、格式错误、CRC 错误的消息）的接收节点，在应答间隙向总线发送显性电平"0"，以此向发送节点应答。

(7) 帧结束

帧结束（EOF）信号由 7 位隐性电平构成，即连续 7 个"1"。

2. 远程帧

远程帧的作用是当某一节点需要某个数据时，这一节点就向总线发出远程帧。远程帧的身份号码就是需要的数据代码，提供这一数据的节点收到远程帧后，向总线发送相同身份号码的数据帧，提供这一数据。

远程帧的结构和数据帧基本相同，不同之处就是没有数据场，RTR 为隐性电平"1"，DLC 值为所请求数据的字节数。

3. 错误帧

错误帧由两个不同的场组成 第一个场为错误标志场，是不同站提供的错误标志的叠加，第二个场是错误界定符。

(1) 错误标志

错误标志分为主动错误标志和被动错误标志两种。

处于主动错误状态的单元检测出错误时输出的错误标志称为主动错误标志。主动错误标志由 6 个位的连续显性电平"000000"构成。

处于被动错误状态的单元检测出错误时输出的错误标志称为被动错误标志。被动错误标志由 6 个位的连续隐性电平"111111"构成。

(2) 错误界定符

错误界定符由 8 个位的隐性位"11111111"构成，如图 2-10 所示。

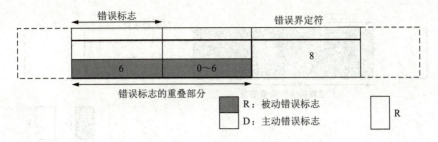

图 2-10 错误帧的结构

当一个主动节点检测到主动错误时，就向总线发送主动错误标志，即连续 6 个显性电平"000000"，以此向其他节点发出出错的通知。连续 6 个显性电平"000000"的主动错误标志在总线上破坏了从帧起始到 CRC 界定符的位填充规则，或者破坏了应答场或帧结束场的固定形式，所有其他的节点检测到这个错误后，同时开始向总线发送主动错误"000000"标志，因此在总线上检测到的结果就是把各个单独节点发送的不同的错误标志叠加在一起构成的一个显性电平序列，总长度最小为 6 个位，最大为 12 个位。

当一个被动节点检测到错误时，它就会试图向总线发送被动错误标志，以便其他节点知道发生了被动错误。被动错误标志是连续 6 个隐性电平。其实这个被动节点要做的工作只是等待，等到 6 个连"1"或 6 个连"0"。如果是 6 个连"1"，可以理解为这 6 个连"1"就是本节点发出的，因为遇到 6 个连"1"，无论本节点发不发总线上都是这个结果。如果是 6 个连"0"，可以理解为本节点发送的 6 个连"1"被主动节点发送的 6 个连"0"所覆盖。

无论是被动节点还是主动节点，当错误标志传送完以后，每个节点都开始发送隐性电平"1"，并同时检测总线。此时，总线上可能还会有某个节点正在发送主动错误标志显性电平"0"，直到检测出一位的隐性电平"1"时，表明所有主动错误标志发送完毕，然后所有节点就开始发送 7 位以上的隐性电平"1"。同检测到的那个"1"合起来，就构成了错误界定符，即 8 个连续的隐性电平"11111111"。

4. 过载帧

过载帧是用于接收节点通知发送节点，自己尚未完成接收准备过程。过载帧由过载标志和过载界定符两个场构成。

（1）过载标志

过载标志为连续 6 个位的显性电平"000000"，过载标志的构成与主动错误标志的构成相同。

（2）过载界定符

过载界定符为连续 8 个位的隐性电平"11111111"，过载界定符的构成与错误界定符的构成相同。

过载帧的结构如图 2-11 所示。

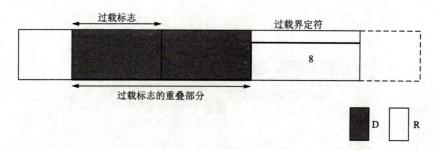

图 2-11 过载帧的结构

有以下两种过载条件都会导致过载标志的传送。

1) 接收器的内部条件：某个接收节点由于本身的原因，来不及接收或处理数据，需要向发送节点说明延时发送下一数据帧或远程帧。

2) 间歇场期间检测到一个显性位"0"。

由第一种过载条件引发的过载帧只允许在所期望的间歇场的第一个位时间开始发送；而第二种过载条件引发的过载帧应从所检测到显性位之后的紧接着的位开始发送。

5. 帧间隔

帧间隔是用于分隔数据帧和遥控帧的帧。数据帧和遥控帧可通过插入帧间隔将本帧与前面的任何帧（数据帧、遥控帧、错误帧、过载帧）分开。

过载帧和错误帧之前不能插入帧间隔。

(1) 间隔

间隔为连续 3 个位的隐性电平"111"。

间隔期间，所有站均不允许传送数据帧或远程帧，唯一要做的是标示一个过载条件。

(2) 总线空闲

总线空闲为隐性电平，无长度限制（0 亦可）。隐性电平状态下，可视为总线空闲，要发送的节点可开始访问总线。

(3) 延迟传送（发送暂时停止）

延迟传送为连续 8 个位的隐性电平"11111111"。

这一场只用于处于被动错误状态的节点刚发送一个消息后，其后面所需要的帧间隔中需要包含这一延迟传送场。

2.2.2 CAN 发送数据冲突的解决

CAN 总线上可以接很多节点，只要总线空闲，任何节点都可以随时发送信息。只要检测到总线上有信息在发送，想要发送信息的节点就必须等待总线空闲时才可以发送。但是，假设有几个节点在检测到总线上正在发送的某一数据帧发送的帧结束，并等待了一个帧间隔时间后，同时开始数据帧的发送时，到底让哪一个节点先发送呢？CAN 总线采用的是非破坏性按位仲裁规则。

CAN 总线上的数据采用非归零（NRZ）编码，数据位只有两个互补的逻辑值：显性或隐性。显性电平"0"可以覆盖掉隐性电平"1"。也就是说，当节点 1 向总线发送隐性电平"1"，而节点 2 同时向总线发送显性电平"0"时，总线上表现出的实际状态为"0"。也就是说节点 2 的发送获得成功，而节点 1 的发送失败，它所发送的电平没有被总线接收。

在 CAN 总线上发送的每个消息帧，都有各自唯一的身份号码（11 位或 19 位）。当两个以上的节点同时发送消息帧时，哪一个获得优先权，取决于它所发送的消息帧的身份号码。身份号码越小越具有优先权。

非破坏性逐位仲裁过程示意图如图 2-12 所示，3 个节点同时发送标准格式的帧，节点 1、节点 2 发送的是远程帧，节点 3 发送的是远程帧，节点 1 的 ID 为 11001011111，节点 2 的 ID 为 11001111111，节点 3 的 ID 为 11001011001。从 SOF 到第 6 位 ID，3 个节点的消息帧数位都完全一样，大家检测到总线上的状态和自己发送的一致，所以继续发送；当发送到第 5 位 ID 时，节点 1 和节点 3 仍然保持发送状态，而节点 2 就检测到总线上的状态和自己的发送状态不一致，说明自己已经失去了仲裁，必须为其他节点让出总线，所以就停止发送消息，变为只接收，不发送；当节点 1 发送到第 2 位 ID 时，发现总线状态与自己的发送状态不符，失去仲裁，变为只收不发。至此，3 个节点争用总线的仲裁结束，节点 3 最后获得总线的使用权，继续自己的消息帧的发送过程。节点 1 和节点 2 同总线上的其他节点一样，接收节点 3 发送的数据。

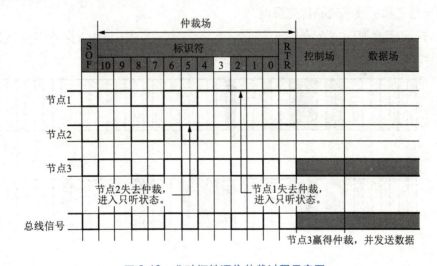

图 2-12　非破坏性逐位仲裁过程示意图

图中 D 为显性，R 为隐性，其他图同理。

整个仲裁过程是从 SOF 位开始一位一位地进行仲裁的，所以称为按位仲裁。而仲裁过程中，获得总线使用权的节点 3，自始至终没有感觉到自己的消息帧发送受到仲裁过程的任何影响，所以称为非破坏性仲裁。两者合起来称为非破坏性按位仲裁规则。

那么对于数据帧和远程帧、标准格式帧和扩展格式帧哪个具有更高的优先级别呢？

1. 数据帧和遥控帧的优先级

具有相同 ID 的数据帧和遥控帧在总线上竞争时，仲裁段的最后一位（RTR）为显性位的数据帧具有优先权,可继续发送,如图2-13所示。

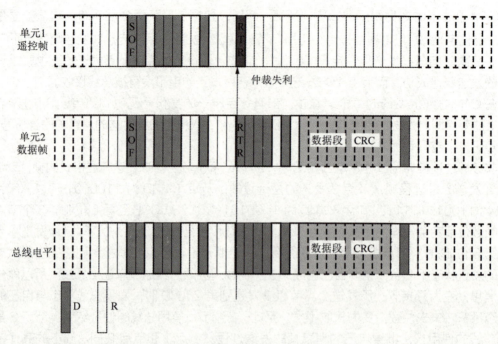

图2-13 数据帧和遥控帧的仲裁过程示意图

2. 标准格式和扩展格式的优先级

标准格式ID与具有相同ID的遥控帧或扩展格式的数据帧在总线上竞争时,标准格式的RTR位为显性位的具有优先权,可继续发送,如图2-14所示。

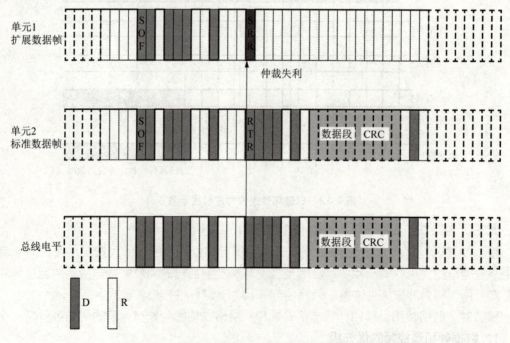

图2-14 标准格式帧和扩展格式帧的仲裁过程示意图

2.2.3 CAN 位填充及位填充编码

CAN 总线中传输的消息帧的每一位都由不归零码表示，这种编码获得了位编码的最大效率，但是也有一个缺点，就是它并不是消息帧的每一位都携带同步信息，只有在显性电平和隐性电平互相跳变的时刻携带有同步信息。

总线上的每个节点都有自己的时钟，在没有收到总线上的同步信号时，各个节点都按照自己的时钟决定下一个位的接收或发送时刻。CAN 总线的同步信息携带在"0"和"1"互相跳变的时刻，总线上的每个节点只有在这些时刻才可以根据总线上的同步信息修正自己的时钟，确定自己在什么时刻开始接收下一位，这就是所谓的同步。

如果在一个消息帧中有太多相同电平的位，那么总线上的众多接收节点就会在较长的时间内无法从总线上获取同步信息，在收不到同步信息时，就无法进行时钟的同步调整，由于每个节点时钟的误差不同，误差的长时间积累就会导致失去同步。失去同步后，接收节点收到的信息一定是错误信息，通信将无法进行。

为了解决这个问题，CAN 总线采取了位填充编码的方法。

位填充简单地讲就是当同样的电平持续 5 位时则添加一个位的反型电平。如果消息帧内出现连续 5 个"1"，则在其后面添加 1 个"0"；同样，若出现连续 5 个"0"，则在其后面添加 1 个"1"，如图 2-15 所示。

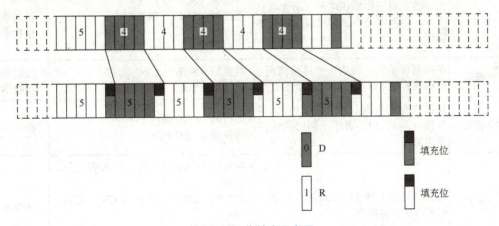

图 2-15 位填充示意图

1. 发送单元的工作

在发送数据帧和遥控帧时，SOF ~ CRC 段间的数据，相同电平如果持续 5 位，在下一个位（第 6 个位）则要插入 1 位与前 5 位反型的电平。

例如图 2-15 中左侧出现 5 个"1"，所以在其后面要加 1 个"0"，可是加"0"后和后面原有的 4 个"0"又形成了连续的 5 个"0"，按照规则要在其后加"1"。可见，加进来的填充位也要算在后面的位数中。只要有 5 个连续相同的位，就要加相反极性的一个位。

总之，在经过位填充的消息帧中，连续相同位数最多为 5 个，超过 5 个就证明出现了错误。而且，在连续 5 个相同位的后面的一个位为填充位，不是真正要传输的数据，只是为了有效传输数据而加进来的附属保障信息。

2. 接收单元的工作

在接收数据帧和遥控帧时，对于 SOF ～ CRC 段间的数据，只要碰到相同电平如果持续 5 位，则需要在接收到的数据序列中删除下一个位（第 6 个位）。如果这个第 6 个位的电平与前 5 位相同，将被视为错误并发送错误帧。

2.2.4　CAN 的错误处理

1. CAN 总线上的错误种类

CAN 总线上的错误共有 5 种，分别是位错误、填充错误、CRC 错误、格式错误、ACK 错误，这 5 种错误可能单独发生，也可能同时发生。错误的种类、错误的内容、错误检测帧和检测单元（节点）如表 2.5 所示。

表 2.5　错误的种类、错误的内容、错误的检测帧和检测单元

错误的种类	错误的内容	错误的检测帧（段）	检测单元
位错误	比较输出电平和总线电平（不含填充位），当两电平不一样时所检测到的错误	• 数据帧（SOF ～ EOF） • 遥控帧（SOF ～ EOF） • 错误帧 • 过载帧	发送单元 接收单元
填充错误	在需要位填充的段内，连续检测到 6 位相同的电平时所检测到的错误	• 数据帧（SOF ～ CRC 顺序） • 遥控帧（SOF ～ CRC 顺序）	发送单元 接收单元
CRC 错误	从接收到的数据计算出的 CRC 结果与接收到的 CRC 顺序不同时所检测到的错误	• 数据帧（CRC 顺序） • 遥控帧（CRC 顺序）	接收单元
格式错误	检测出与固定格式的位段相反的格式时所检测到的错误	• 数据帧（CRC 界定符、ACK 界定符、EOF） • 遥控帧（CRC 界定符、ACK 界定符、EOF） • 错误界定符 • 过载界定符	接收单元
ACK 错误	发送单元在 ACK 槽中检测出隐性电平时所检测到的错误（ACK 没被传送过来时所检测到的错误）	• 数据帧（ACK 槽） • 遥控帧（ACK 槽）	发送单元

（1）位错误

位错误由向总线上输出数据帧、遥控帧、错误帧、过载帧的节点和输出 ACK 的节点、输出错误的节点来检测。注意以下情况不属于位错误。

在仲裁场输出隐性电平，但检测出显性电平时，将被视为仲裁失利，而不是位错误。

在仲裁场作为填充位输出隐性电平时，但检测出显性电平时，将不视为位错误，而是填充错误。

发送节点在 ACK 场输出隐性电平，但检测到显性电平时，将被判断为其他单元的 ACK 应答，而非位错误。

输出被动错误标志（6 个位隐性位），但检测出显性电平时，将遵从错误标志的结束条件，等待检测出连续相同 6 个位的值（显性或隐性），并不视为位错误。

（2）格式错误

即使接收单元检测出帧结束（7 个位的隐性位）的最后一位（第 8 个位）为显性电平，也不视为格式错误。

即使接收单元检测出数据长度码中 9～15 的值时，也不视为格式错误。

2. 错误帧的输出

通过检测出满足错误条件的节点输出错误标志，来通报错误。处于主动错误状态的节点输出的错误标志为主动错误标志；处于被动错误状态的节点输出的错误标志为被动错误标志。发送节点发送完错误帧后，将再次发送数据帧或遥控帧。

思考与练习

1. CAN 标准消息帧与 CAN 扩展消息帧结构区别？
2. 简述 CAN 数据帧结构。
3. CAN 总线上传输的错误种类有哪些？

2.3　CAN 总线的总线管理

2.3.1　CAN 总线实现各节点之间的同步

CAN 总线的同步根据物理信令子层规范实现。

1. 位速率的定义

1) 标称位速率：每秒所发送的位的数量。
2) 标称位时间：标称位时间是指消息帧中的一位所占的时间长度。

$$标称位时间 = 1/标称位速率$$

2. 位时间的分段

位时间的分段如图 2-16 所示，一个位的时间份额分配如图 2-17 所示。

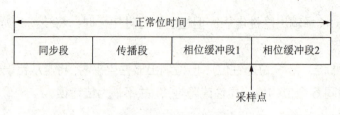

图 2-16　位时间的分段

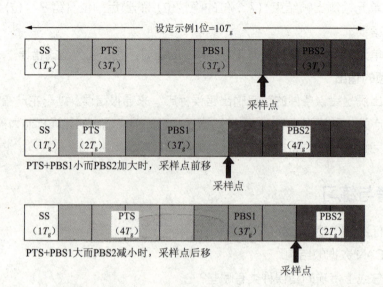

图 2-17　一个位的时间份额分配

（1）同步段

位时间的同步段用于同步总线上不同的节点，正常情况下，总线上的"0""1"之间互相跳变的跳变沿应该落入这一段内。

（2）传播段

发送节点发送的消息帧内包含的每个位，在发送节点输出驱动电路中有一定的时延，信号在总线上传输也有一定的时延，信号进入各个接收节点输入比较器还有一定的时延，所以从发送节点发送信号到接收节点收到信号会有一定的时延。只有在接收信号时考虑了这个时延，才可能保证接收端和发送端通信的同步，不至于发生错位。传播段就是用来补偿网络内的物理延时时间的，它的时间长度是总线上发送节点、接收节点时延总和的 2 倍。

（3）相位缓冲段 1、相位缓冲段 2

当接收节点发现自己和总线上的位不同步时，需要通过改变这两个段中的其中一个的长度来调整自身的相位，以实现与总线的同步。

(4) 采样点

采样点是读出总线电平并确定该位值的一个时间点，也就是 CAN 处理器读取该位数值的时刻。采样点位于相位缓冲段 1 和相位缓冲段 2 之间。

(5) 信息处理时间

信息处理时间是一个以采样点作为起始的时间段，这段时间用于接收节点对该位数值取样后，进行判决和处理。

(6) 时间份额

时间份额是定义的一个标准时间长度（T_q），同步段的长度为一个时间份额 T_q，传播段和两个相位缓冲段的时间长度都是 T_q 的整数倍。

同步段为 1 个时间份额；传播段的长度可设置 1～8 个时间份额；相位缓冲段 1 的长度可设置 1～8 个时间份额；相位缓冲段 2 的长度为相位缓冲段 1 和信息处理时间两者的最大值，取值为 2～8 个时间份额；信息处理时间小于或等于 2 个时间份额。

一个位时间总的时间份额值可以设置在 8～25 范围。

(7) 再同步补偿宽度（reSynchronization Jump Width，SJW）

因时钟频率偏差、传送延迟等，各单元有同步误差。SJW 为补偿此误差的最大值。取值为 1 至 4 个时间份额。

3. 硬件同步的实现

硬件同步是指 CAN 总线上的所有节点在总线空闲的前提下，只要收到一个从隐性电平"1"到显性电平"0"的跳变沿，就统一将这一跳变沿作为基准，将这个跳变沿放在自己将要开始的位时间的同步段内，开始一个位时间的工作，紧接下来的几个 T_q 就是这一位的传播段、相位缓冲段 1、相位缓冲段 2。使用这样的方法，在总线空闲状态，只要出现一个"1"到"0"的跳变沿，就可以使总线上的所有收发节点都以这个跳变沿为基准调整自己的位相位，同步开始工作。硬件同步解决了总线上消息帧开始发送阶段的同步问题。硬件同步的实现示意图如图 2-18 所示。

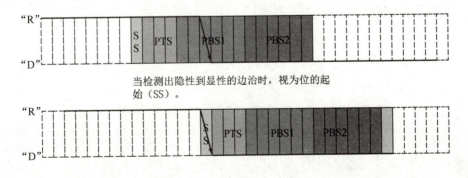

图 2-18 硬件同步的实现

假定 CAN 总线上的某一个节点正按照自己的位相位接收总线上的空闲状态，即连续的隐性电平"1"，这个 CAN 总线规定的位时间编排是同步段 1 个 T_q、传播段 3 个 T_q、相位缓冲段1和相位缓冲段2均为6个T_g。当以自己的位相位接收到相位缓冲段的第三个T_g时，检测到总线上有一个从"1"到"0"的跳变，这时这个节点就立即改变自己的位相位，以刚才收到电平跳变的那个时刻为改正后的位相位的同步段，开始3个T_g传播段至6个T_g相位缓冲段1、采样至6个T_g相位缓冲段2的相位循环。

4. 位的再同步

当CAN总线上的某个节点接到总线上的帧起始信息，完成了硬件同步后，正常接收了一些位后，在某一位上发现总线上"0""1"电平的跳变的时刻没有落在自己的同步段内，这时它自己就要主动进行同步，这一同步过程称为位的再同步。

当总线上的节点检测到总线上的相位比自己的相位滞后了2个T_g时，这个节点就要在相位缓冲段末尾增加2个T_g的时间，加长这一个位，使下一位的同步段可以和总线上正在发送的位取得同步。电平跳变滞后于自己位相位2个T_g时再同步的实现如图2-19所示。

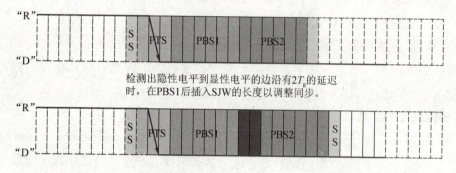

图2-19 电平跳变滞后于自己位相位2个T_g时再同步的实现

每一次再同步，在同步缓冲段增加或减少的T_g数最多不能超过再同步补偿宽度SJW。SJW的数值取值范围为1～4，由节点所在的CAN总线统一规定。如果某个节点发现自己的同步段和总线上的电平跳变的相位差大于SJW所规定的值，则这个节点的再同步分几次进行，每次最多可以增加或减少的T_g数应不大于SJW值。

5. 调整同步的规则

1）1个位中只进行一次同步调整。

2）只有当上次采样点的总线值（总线上的0、1值）和电平跳变边沿后的总线值不同时，该边沿才能用于调整同步。

3）在总线空闲且存在隐性电平到显性电平的边沿时，一定要进行硬件同步。

4）在总线非空闲时检测到的隐性电平到显性电平的边沿如果满足条件1）和2），将进行再同步。

5）发送节点观测到自身输出的显性电平有延迟时不进行再同步。

6）发送节点在帧起始到仲裁段有多个节点同时发送的情况下，对延迟边沿不进行再同步。

2.3.2　CAN 总线的管理与故障界定

1．故障界定的概念

故障界定就是要根据总线上各节点出错的程度和具体情况，使它们分别处于以下 3 种工作状态之一：错误主动、错误被动、总线关闭。

错误主动的节点可正常地参与总线通信，并在错误被检测到时发出主动错误标志。

错误被动的节点不允许发送主动错误标志，可参与总线通信，在错误被检测到时只能发出被动错误标志，而且发送以后，错误被动节点将在下一个发送之前处于等待状态。

总线关闭的节点不允许对总线有任何的影响，如要求它们关闭输出驱动器。

故障界定的目的是合理地管理总线上的各个节点、及时隔离故障节点、尽量减少故障节点对总线总体通信的影响，从而提高总线的可用性和可靠性。

2．故障界定的实现方法

为了进行故障界定，在总线上的每一个节点内部都设置两个计数器：发送错误计数器、接收错误计数器。

计数器按照特定的规则进行计数，每个节点的 CAN 控制器都根据计数器的值决定这个节点应该处于错误主动、错误被动还是总线关闭状态。

3．计数器的计数规则

1）当接收节点检测到一个错误时，接收错误计数器就加 1。在发送主动错误标志或过载标志期间所检测到的错误为位错误时，接收错误计数器值不加 1。

2）错误标志发送后，接收节点检测到第一个位为显性时，接收错误计数器值加 8。

3）当发送器发送一错误标志时，发送错误计数器值加 8。但这里有以下两种例外情况。

①发送节点处于错误被动状态，并检测到一个应答错误。

②发送节点因为填充错误而发送错误标志。

例外情况①和例外情况②时发送错误计数器的值不改变。

4）发送主动错误标志或过载标志时，如果发送节点检测到位错误，则自己的发送错误计数器值加 8。

5）当发送主动错误标志或过载标志时，如果接收节点检测到位错误，则接收错误计数器值加 8。

6）在发送主动错误标志、被动错误标志或过载标志以后，任何节点最多容许 7 个连续的显性位。

如果出现以下情况，则每一发送节点将它们的发送错误计数器值加 8，以及每一接收节点的接收错误计数器值加 8。

①当检测到第 14 个连续的显性位后。

②在检测到第 8 个跟随着被动错误标志的、连续的显性位后。

③在每一附加的 8 个连续显性位之后。

7）报文成功传送后，得到应答并且直到帧末尾结束没有错误，发送错误计数器值都减 1，除非已经是 0。

8）如果接收错误计数值介于 1 和 127 之间，在成功地接收到报文后，直到 ACK 间隙接收没有错误并且成功地发送了应答位，接收错误计数器值减 1；如果接收错误计数器值是 0，则它保持 0；如果大于 127，则它会设一介于 119 到 127 之间的值。

9）当发送错误计数器值等于或超过 128 时，或当接收错误计数器值等于或超过 128 时，该节点转为错误被动状态，让节点转入错误被动状态的那个错误条件致使节点发出主动错误标志。

10）当发送错误计数器值大于或等于 256 时，节点进入总线关闭状态。

11）当发送错误计数器值和接收错误计数器值都小于或等于 127 时，错误被动的节点重新转为错误主动状态。

12）在总线监视到 128 次出现 11 个连续隐性位之后，总线关闭的节点可以转为错误主动状态，它的错误计数值也被设置为 0。

在某个报文发送期间，可能会出现几个规则同时被适用的情况，计数器则累计计数。总线故障管理表如表 2.6 所示。

表 2.6　总线故障管理表

对总线故障的描写		网络动作	规范性质
某个节点掉电		剩余节点在信噪比变小的情况下继续通信	推荐性
某个节点失去与地的连接		剩余节点在信噪比变小的情况下继续通信	推荐性
某处节点的屏蔽连接失效		所有节点继续通信	推荐性
编号	开路和短路故障		
	① CAN-H 断开	所有节点在信噪比变小的情况下继续通信	推荐性
	② CAN-L 断开		
	③ CAN-H 同电池电压短接		
	④ CAN-L 同地短接		
	⑤ CAN-H 同地短接		
	⑥ CAN-L 同电池电压短接	—	—
	⑦ CAN-L 线与 CAN-H 线短接	所有节点在信噪比变小的情况下继续通信	任选性
	⑧ CAN-L 线与 CAN-H 线在同一处断开	系统整体停止动作，由此形成的子系统（包括终端网络的那部分）中的节点继续通信	推荐性
	⑨ 失去一条与终端网络的连接	所有节点在信噪比变小的情况下继续通信	推荐性

2.3.3 CAN 总线节点和总线的连接

1. CAN 节点连接电路与 CAN 总线电平

CAN 节点的构成如图 2-20 所示。

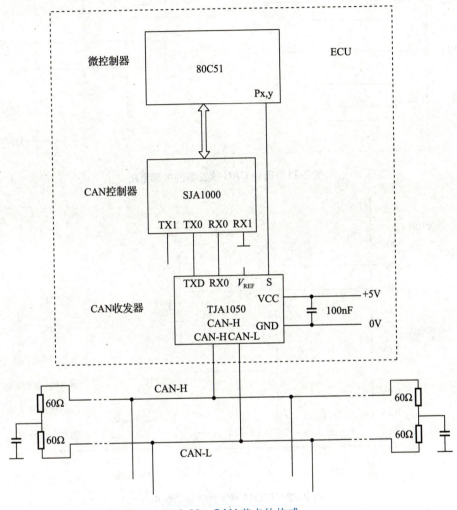

图 2-20 CAN 节点的构成

当该节点需要输出隐性电平时,接收器根据 TXD 传送的数据,向两个输出晶体管输出控制电压,使两个晶体管均截止。此时由于两个晶体管等效直流电阻很大,CAN-H 与 CAN-L 之间连接的 120Ω 电阻与它们相比可以忽略,由两个晶体管和 120Ω 电阻组成的分压电路分压的结果是 CAN-H、CAN-L 电压基本相同,约为 VCC 的一半,即 2.5V。此时,本节点 CAN-H 和 CAN-L 端对总线而言属于高阻抗状态,输出的电平对总线上状态的影响可以忽略。当需要输出显性电平时,接收器输出电压,使两个输出晶体管饱和,分压的结果是 CAN-H 端输出高电平、CAN-L 输出低电平。

高速 CAN 收发器的内部电路如图 2-21 所示,额定总线电平如图 2-22 所示。

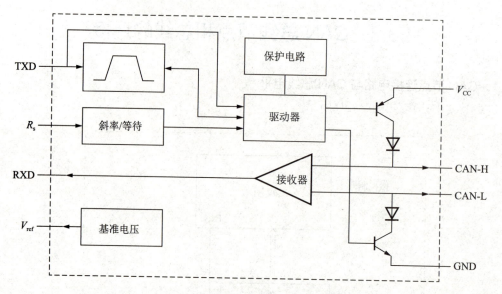

图 2-21 高速 CAN 收发器的内部电路

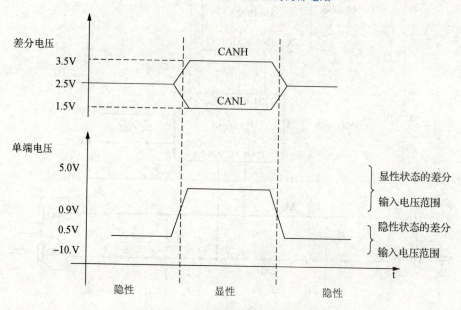

图 2-22 ISO11898 的额定总线电平

图 2-23 给出了适合 ISO 11519-2 规定的低速 CAN 的典型收发器内部与 CAN-H、CAN-L 接口相关的部分等效电路图。当该节点需要输出隐性电平时，CAN 模块向两个输出晶体管输出控制电压，使两个晶体管均截止。此时由于两个晶体管等效直流电阻很大，CAN-H 与 CAN-L 端口的电平由 VCC 和地之间所接的 3 个电电阻分压提供，可见，由于 CAN-H 在靠近地的一端取得电压，因此电压较低，而 CAN-L 端电平较高。当需要输出显性电平时，CAN 模块输出电压，使两个输出晶体管饱和，CAN-H 端输出高电平，CAN-L 输出低电平，输出的电平如图 2-24 所示。

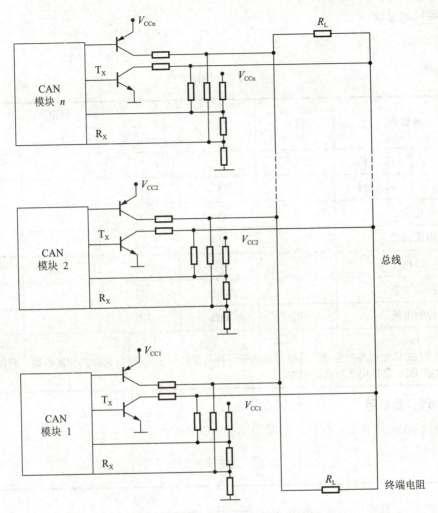

图 2-23 低速 CAN 收发器的内部电路

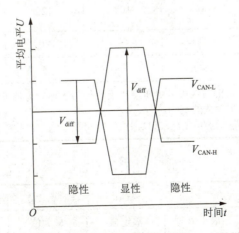

图 2-24 输出的电平

2. 连接器参数

连接器参数如表 2.7 所示。

表 2.7 连接器参数

参数		符号	单位	数值		
				最小值	额定值	最大值
电压	V_{BAT}=12v	U	V	—	—	16
	V_{BAT}=24v	U	V	—	—	32
电流		I	mA	0	25	80
电流峰值		I_P	mA	—	—	500
阻抗		Z_C	Ω	—	120	—
传输频率		f	MHz	25	—	—
传输电阻		R_T	mΩ	—	70	—

注：限时：101ns。
在接收一方的 ECU 处测得的总线差分电压取决于该处与发送一方的 ECU 之间的线路电阻，所以信号线的传输电阻受各 ECU 总线电平参数的制约。

3. 物理介质规范

物理介质规范如表 2.8 所示，终端电阻如表 2.9 所示。

表 2.8 物理介质规范

参数	符号	单位	数值			备注
			最小值	额定值	最大值	
阻抗	Z	Ω	108	120	132	从两信号线之间测得
线电阻率	r	mΩ/m	—	70	—	①
线路比延时	—	ns/m	—	5	—	②

注：①在接收一方的 ECU 处测得的总线差分电压取决于该处与发送一方的 ECU 之间的线路电阻，所以信号线的总电阻受各 ECU 总线电平参数的制约。
②总线上两点之间的最短延时可以为 0，最长延时则由位时间及发送与接收电路的延时决定。

表 2.9 终端电阻

符号	单位	数值			备注
		最小值	额定值	最大值	
Rs	Ω	118	120	130	最小功耗：220MW

思考与练习

1. CAN 总线的位时间是怎样分段的？
2. 简述时间份额的含义。
3. CAN 总线信号怎样进行同步？
4. 简述 CAN 总线故障界定的概念和方法。
5. 几个节点同时发送数据出现冲突时，CAN 是怎样解决的？
6. CAN 总线为什么要进行位填充编码？是怎样实现的？
7. 什么是 CAN 的仲裁规则？
8. CAN 总线调整同步的规则是什么？
9. CAN 是怎样处理所发现的错误的？

2.4 SJA1000CAN 控制器及其应用

2.4.1 SJA1000 硬件结构

SJA1000 硬件结构图如图 2-25 所示。

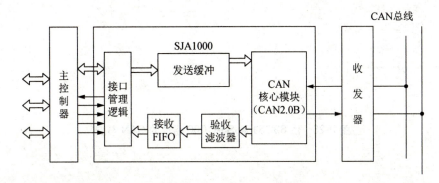

图 2-25 SJA1000 硬件结构图

SJA1000CAN 控制器可灵活地组成低成本的小型 CAN 总线节点，SJA1000 与 80C51 系列微处理器组成的系统是一种常用 CAN 总线节点形式。

2.4.2　CAN 节点的基本工作过程

(1) CAN 节点的结构

CAN 节点主要由微控制器、CAN 总线控制器、CAN 总线收发器与 CAN 总线组成，各部分的作用如下。

1) 微控制器：执行控制功能和采集数据。

2) CAN 总线控制器：数据控制，形成帧格式、发送、接收、校验等。

3) CAN 总线收发器：数据收发，驱动、放大、形成差分信号。

4) CAN 总线：数据传输。

(2) 基本工作过程

由 89C51 和 SJA1000 组成的 CAN 节点如图 2-26 所示。该系统的基本工作过程包含初始化、发送信息的流程、接收信息的流程、中断处理等。

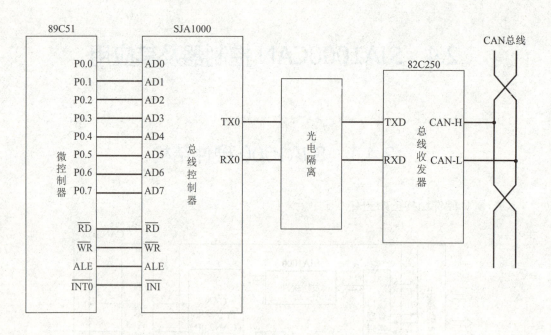

图 2-26　由 89C51 和 SJA1000 组成的 CAN 节点

具体来说，微控制器接收 CAN 控制器的信息，执行控制，同时采集数据发送给 CAN 总线控制器；CAN 总线控制器对数据进行处理，形成帧格式、发送、接收、校验等发给 CAN 总线收发器，总线收发器对信息进行驱动、放大并形成差分信号发到总线上。从总线信息到 CAN 总线收发器，再到 CAN 总线控制器和微控制器，原理相同，不再赘述。

2.4.3　SJA1000CAN 节点的结构与工作原理

(1) CEPARK-CAN 总线开发学习板

CEPARK-CAN 总线开发学习板是一个含典型 CAN 节点的实验系统。该实验系统包括微处理器（STC89C52）、CAN 总线通信模块（采用 SJA1000+82C250 构成 CAN 控制器和驱动器）、4 位七段码显示器。实验系统框图如图 2-27 所示。

(2) CEPARK-CAN 总线开发学习板的电路图

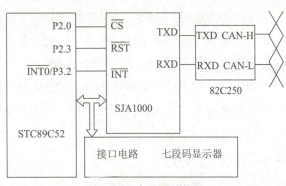

图 2-27　实验系统框图

CEPARK-CAN 总线开发学习板的电路图如图 2-28 所示。单片机是以访问外部存储器的方式访问 SJA1000，SJA1000 片选引脚连接到单片机的 P2.0，则 SJA1000 在本系统的地址为 #0FE00H。SJA1000 复位引脚连接到单片机 P2.3。4 位 LED 显示器的段选地址为 #80H，位选地址为 #0A0H；前两位显示自发信息，后两位显示接收信息，用中断方式发送、接收。

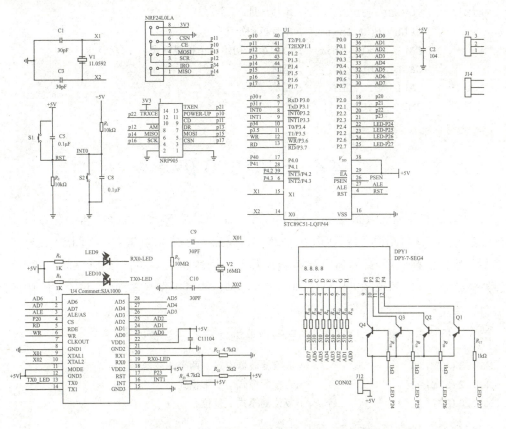

图 2-28　CEPARK-CAN 总线开发学习板的电路图

(3) SJA1000CAN 节点编程

针对 SJA1000CAN 节点，通过 3 个项目进行编程训练，具体为：①SJA1000 初始化；②自发自收编程和两点互编程；③多点互连实验。

SJA1000CAN 节点为 CAN 总线开发学习板的硬件组成，采用汇编语言编程。

本实验系统的基本工作过程由下述程序实现：①初始化程序；②发送信息（中断 0）程序；③接收信息（中断 1）程序；④显示程序。

发送信息在中断 0 中实现，SJA1000 接收到数据后，发一信号给单片机，产生外部中断 1，中断 1 服务程序将其数据读入单片机。显示程序不断显示节点发送的数据和接收的数据。主程序描述了这一过程。

主程序：

```
ORG     0000H
LJMP    MAIN
ORG     0003H            ;外部中断 0
LJMP    INTEX0           ;按钮计数
ORG     0013H            ;外部中断 1
LJMP    Peli_RXD         ;CAN 接收
ORG     0400H
MAIN:   MOV  SP,#30H     ;堆栈地址
        CALL MCU_Init    ;单片机初始化
        CALL Peli_Init   ;SJA1000 初始化（扩展模式）
        CALL DELAY1      ;延时
DISPL:  CALL DISPLET     ;显示
        JMP  DISPL
```

2.4.4　SJA1000 初始化

SJA1000 寄存器的设置是编写程序的第一步。CAN 总线协议具体体现在 SJA1000 寄存器设置上，在认真阅读 SJA1000 在 PeliCAN 模式下各寄存器的定义的基础上，逐步进行。为了便于描述，在介绍 SJA1000 寄存器设置时，用的是 CAN 内部地址；而实际编程则用的是外部地址（实验系统地址），外部地址与内部地址的关系为外部地址 =FE00H+ 内部地址。

(1) 复位

首先进行模式设置，SJA1000 内部寄存器地址 0 的主设置如下。

```
MOD.3(AFM)=0             ;验收滤波器模式，两个滤波器
MOD.2(STM)=0             ;自检测模式，正常模式
MOD.0(RM)=1              ;复位测模式，复位
```

SJA1000 的软件复位程序如下：

```
MOV DPTR,#0EF00H
MOV A,#01H
MOVX @DPTR,A
```

SJA1000 的硬件复位程序如下：

```
CLR P2.3
CALL DELAY10 ；调延时程序
SETB P2.3
```

初学者往往忽略时延概念，即系统整体复位的到位是需要时间的。

(2) SJA1000 的两种工作模式

如前所述，SJA1000 适用于两种模式，即 BasicCAN 模式，标准模式、适用于 CAN2.0A 系统；PeliCAN 模式，扩展模式，适用于 CAN2.0B 系统。

SJA1000 本身有两种工作模式，即

SJA1000 复位模式，在外界条件下，对 SJA1000 进行配置的模式；SJA1000 工作模式，SJA1000 作为 CAN 控制器使用时的正常模式。

(1) BasicCAN 模式的寄存器地址分配

只用前 32 个寄存器，即 0～31。前 10 个为控制段寄存器，包括控制寄存器、命令寄存器、状态寄存器、中断寄存器、接受码寄存器、接受屏蔽寄存器、总线定时寄存器 0 和总线定时寄存器 1、寄存器控制输出、寄存器测试；后 22 个为信息缓冲寄存器：

10～19 为发送缓冲寄存器，20～31 为接受缓冲寄存器。

BasicCAN 模式下的寄存器地址分配如表 2.10 所示。

表 2.10 BasicCAN 模式下的寄存器地址分配

名称	地址	7	6	5	4	3	2	1	0
控制段									
控制寄存器	0	测试方式	同步	—	超限中断开放	出错中断开放	发送中断开放	接收中断开放	定位请求
命令寄存器	1	—	—	—	睡眠	清超限状态	释放接收缓冲器	中止发送	发送请求
状态寄存器	2	总线状态	错误状态	发送状态	接收状态	发送完成状态	发送缓存器访问	数据超限	接收缓存器访问
中断寄存器	3	—	—	—	唤醒中断	超限中断	出错中断	发送中断	接收中断
接收码寄存器	4	AC.7	AC.6	AC.5	AC.4	AC.3	AC.2	AC.1	AC.0
接收屏蔽寄存器	5	AM.7	AM.6	AM.5	AM.4	AM.3	AM.2	AM.1	AM.0

续表

名称	地址	7	6	5	4	3	2	1	0
总线定时寄存器0	6	SJM.1	SJM.0	BRP.5	BRP.4	BRP.3	BRP.2	BRP.1	BRP.0
总线定时寄存器1	7	SAM.7	TSEG2.2	TSEG2.1	TSEG2.0	TSEG1.3	TSEG1.2	TSEG1.1	TSEG1.0
输出控制寄存器	8	OCTP1	OCTN1	OCPOL1	OCPOL0	OCTN0	OCPOL0	OCMODE1	OCMODE0
测试寄存器	9	—	—	映像内存寄存器	连接RX缓存器CPU	连接TX缓存器CPU	访问内部总线	正常RAM连接	输出驱动器悬浮
发送缓存器									
标识符 RTR, DLC 字节 1~8	10 11 12~19	ID.10 ID.2 数据	ID.9 ID.1 数据	ID.8 ID.2 数据	ID.7 ID.2 数据	ID.6 RTR 数据	ID.5 DLC.2 数据	ID.4 DLC.1 数据	ID.3 DLC.0 数据
接收缓存器									
标识符 RTR, DLC 字节 1~8 时钟驱动器	20 21 22~29 31	ID.10 ID.2 数据 —	ID.9 ID.1 数据 —	ID.8 ID.2 数据 —	ID.7 ID.2 数据 —	ID.6 RTR 数据 —	ID.5 DLC.2 数据 CD.2	ID.4 DLC.1 数据 CD.1	ID.3 DLC.0 数据 CD.0

(2) SJA1000Peli CAN 模式寄存器的地址分配

SJA1000Peli CAN 模式寄存器的地址分配如表 2.11~表 2.14 所示。

表 2.11 SJA1000 PeliCAN 模式寄存器的地址分配（1）

CAN 地址（代号）	工作模式		复位模式	
	读	写	读	读
0(MOD)	模式	模式	模式	模式
1(CMR)	（00H）	命令	（00H）	命令
2(SR)	状态	—	状态	—
3(IR)	中断	—	中断	—
4(IER)	中断使能	中断使能	中断使能	中断使能
5	保留（00H）	—	保留（00H）	—
6（BTR0）	总线定时0	—	总线定时0	总线定时0
7（BTR0）	总线定时1	—	总线定时1	总线定时1
8（OCR）	输出控制	—	输出控制	输出控制
9（TEST）	检测	检测	检测	检测

表2.12　SJA1000 PeliCAN 模式寄存器的地址分配（2）

CAN 地址（代号）	工作模式		复位模式	
	读	写	读	写
10	保留（00H）	—	保留（00H）	—
11(ALC)	仲裁丢失捕捉	—	仲裁丢失捕捉	—
12(ECC)	错误代码捕捉	—	错误代码捕捉	—
13(EWLR)	错误报警限制	—	错误报警限制	错误报警限制
14(RXERR)	RX 错误计数器	—	RX 错误计数器	RX 错误计数器
15(TXERR)	TX 错误计数器	—	TX 错误计数器	TX 错误计数器

表2.13　SJA1000 PeliCAN 模式寄存器的地址分配（3）

CAN 地址（代号）	工作模式				复位模式	
	读		写		读	写
16(ACR0)	RX 帧报文 SFF（标准帧格式）	RX 帧报文 EFF（扩展帧格式）	TX 帧报文 SFF（标准帧格式）	TX 帧报文 EFF（扩展帧格式）	验收代码 0	验收代码 0
17(ACR1)	RX 识别码 1	RX 识别码 1	TX 识别码 1	TX 识别码 1	验收代码 1	验收代码 1
18(ACR2)	RX 识别码 2	RX 识别码 2	TX 识别码 2	TX 识别码 2	验收代码 2	验收代码 2
19(ACR3)	RX 数据 1	RX 数据 3	TX 数据 1	TX 识别码 3	验收代码 3	验收代码 3
20(AMR0)	RX 数据 2	RX 数据 4	TX 数据 2	TX 识别码 4	验收屏蔽 0	验收代码 0
21(AMR1)	RX 数据 3	RX 数据 1	TX 数据 3	TX 数据 1	验收屏蔽 1	验收代码 1
22(AMR2)	RX 数据 4	RX 数据 2	TX 数据 4	TX 数据 2	验收屏蔽 2	验收代码 2
23(AMR3)	RX 数据 5	RX 数据 3	TX 数据 5	TX 数据 3	验收屏蔽 3	验收代码 3
24	RX 数据 6	RX 数据 4	TX 数据 6	TX 数据 4	保留（00H）	—
25	RX 数据 7	RX 数据 5	TX 数据 7	TX 数据 5	保留（00H）	—
26	RX 数据 8	RX 数据 6	TX 数据 8	TX 数据 6	保留（00H）	—
27	(FIFORAM)	RX 数据 7	未使用	TX 数据 7	保留（00H）	—
28	(FIFORAM)	RX 数据 8	未使用	TX 数据 8	保留（00H）	—

表2.14　SJA1000 PeliCAN 模式寄存器的地址分配（4）

CAN 地址（代号）	工作模式		复位模式	
	读	写	读	写
29(RMC)	RX 帧报文计数	—	RX 帧报文计数	—
30(RBSA)	RX 缓冲器起始地址	—	RX 缓冲器起始地址	—
31(CDR)	时钟分频器	时钟分频器	时钟分频器	时钟分频器

续表

CAN 地址（代号）	工作模式		复位模式	
	读	写	读	写
32～111	内部 RAM 地址 0 内部 RAM 地址 79	内部 RAM 地址 0 内部 RAM 地址 79	内部 RAM 地址 0 内部 RAM 地址 79	内部 RAM 地址 0 内部 RAM 地址 79
112～127	00H	—	00H	—

2.4.5 典型寄存器的功能说明与设置（PeliCAN 模式）

1. 模式寄存器

模式寄存器（MOD）的设置如表 2.15 所示。模式寄存器的 CAN 地址为 00H、编程地址为 FE00H。

表 2.15 模式寄存器的设置

位	符号	名称	值	功能
MOD.7～MOD.5	—	—	—	保留
MOD.4	SM	休眠模式	1	休眠：无中断待决和总线活动时，CAN 控制器进入
			0	唤醒
MOD.3	SAFM	验收滤波器模式	1	单：单个滤波器模（32 位）
			0	双：双个滤波器模（每个有 16 位激活）
MOD.2	STM	自捡模式	1	自捡：可检测，不接收，可发送
			0	正常模式：成功发送时，必须应答
MOD.1	LOM	只听模式	1	只听：错误计数器停止当前值
			0	正常模式
MOD.0	RM	复位模式	1	复位
			0	正常：收到 1-0 的跳变，CAN 控制器回到工作模式
			1	休眠：无中断待决和总线活动时，CAN 控制器进入

模式寄存器的作用是可以用自发自收编程和两点互发编程来体现。

自发自收实验是为了排除连线问题，将精力集中在 SJA1000 的参数设置方面。自发自收编程，只需将 MOD.2(STM) 置 1，即进入自检测模式，程序如下。

```
MOV     DPTR,#0FE00H    ;SJA_MOD
MOV     A,#029H
MOVX    @DPTR,A
```

```
    MOV     DPTR,#SJA_MOD
    MOV     A,#04H              ;// 进入自接收模式,SJA_MOD=STM_BIT
    MOVX    @DPTR,A
    RET                         ;//SJA1000 的初始化
```

若自发自收成功了，则可以说明系统基本上可以运行了。两点互发实验，将 MOD.2(STM) 置零进入正常模式（可将验收屏蔽寄存器地址 FE14H ～ FE17H 全置 1）。

2. 命令寄存器

命令寄存器（CMR）的设置如表 2.16 所示。命令寄存器的 CAN 地址为 01H、编程地址为 FE00H。

表 2.16 命令寄存器的设置

位	符号	名称	值	功能
CMR.7 ～ CMR.5	—	—	—	保留
CMR.4	SRR	自接收请求	1	当前：信息可以被同时发送和接收
			0	空缺
CMR.3	CDO	清除数据溢出	1	清除：数据溢出状态位被清除
			—	无动作
CMR.2	RRB	释放接收缓冲器	1	释放：接收缓冲器（RXF IFO）中当前呈现的报文的存储空间
			0	无动作
CMR.1	AT	中止发送	1	当前：如果不是正在处理，取消等待中的发送请求
			0	空缺
CMR.0	TR	发送请求	1	当前：报文发送
			0	空缺：无动作

置位释放接收缓冲器和自发送接收请求的程序如下。

```
    MOV     DPTR,#SJA_CMR
    MOV     A,#04H              ;// 释放接收缓冲器
    MOVX    @DPTR,A
    MOV     DPTR,#SJA_CMR
    MOV     A,#10H
    MOVX    @DPTR,A             ;// 置位自发送接收请求
```

3. 状态寄存器

状态寄存器（SR）的设置如表 2.17 所示。状态寄存器的 CAN 地址为 02H、编程地址为 FE02H。

表 2.17 状态寄存器的设置

位	符号	名称	值	功能
SR.7	BS	总线状态	1	总线关闭
			—	总线开启
SR.6	ES	出错状态	1	出错
			0	正常
SR.5	TS	发送状态	1	发送
			—	空闲
SR.4	RS	接收状态	1	接收
			0	空闲
SR.3	TCS	发送完毕状态	1	完毕
			—	未完
SR.2	TBS	发送缓冲器状态	1	释放
			0	锁定
SR.1	DOS	数据溢出状态	1	溢出
			0	空缺
SR.0	RBS	接收缓冲器状态	1	满
			0	空

4．中断寄存器

中断寄存器（IR）的设置如表 2.18 所示。中断寄存器的 CAN 地址为 03H、编程地址为 FE02H。

表 2.18 中断寄存器的设置

位	符号	名称	值	功能
IR.7	BEI	总线错误中断	1	置位
			0	复位
IR.6	ALI	仲裁丢失中断	1	置位
			0	复位
IR.5	EPI	错误消极中断	1	置位：达到消极状态（错误计数器127）
			0	复位
IR.4	WUI	唤醒中断	1	置位
			0	复位
IR.3	DOS	溢出中断	1	置位
			—	复位

续表

位	符号	名称	值	功能
IR.2	EI	错误报警中断	1	置位
			0	复位
IR.1	TI	发送中断	1	置位
			0	复位
IR.0	RI	接收中断	1	置位
			0	复位

5. 中断使能寄存器

中断使能寄存器（IER）的设置如表 2.19 所示。中断使能寄存器的 CAN 地址为 04H、编程地址为 FE03H。

表 2.19 中断使能寄存器的设置

位	符号	名称	值	功能
IER.7	BEIE	总线错误中断使能	1	使能
			0	禁止
IER.6	ALIE	仲裁丢失中断使能	1	使能
			0	禁止
IER.5	EPIE	错误消极中断使能	1	使能
			0	禁止
IER.4	WUIE	唤醒中断	1	使能
			0	禁止
IER.3	DOSE	溢出中断使能	1	使能
			—	禁止
IER.2	EIE	错误报警中断使能	1	使能
			0	禁止
IER.1	TIE	发送中断	1	使能
			0	使能
IER.0	RIE	接收中断使能	1	使能
			0	禁止

应用中断寄存器和中断使能寄存器编程的程序如下：

```
Peli_RXD:
    PUSH   ACC
    PUSH   PSW
    CLR    EA                    ;// 关CPU中断
```

```
RE6:    MOV   DPTR,#SJA_IR
        MOVX  A,@DPTR
        ANL   A,#01H
        CJNE  A-#00H-RE7              ;接收中断
        SJMP  RE8
RE7:    MOV   DPTR,#SJA_RBSR5
        MOVX  A,@DPTR
        MOV   R1, A
RE8:    MOV   PTR,#SJA_IER
        MOV   A,#01H                  ;// 打开接收中断
        MOVX  @DPTR,A
        SETB  EA                      ;// 打开CPU中断
        POP   PSW
        POP   ACC
        RETI
```

6. 验收滤波器

验收滤波器的作用是帮助 CAN 控制器保证 RXFIFO 只接收与标识码和验收滤波器中预设值一致的信息，不接收无关信息。

验收滤波器包括验收代码寄存器（ACR）和验收屏蔽寄存器（AMR）。

验收代码寄存器的位和标识码相一致。

验收屏蔽寄存器规定验收代码寄存器的每一位位与标识符是否需要进行匹配。

某节点只接收报文标示码为，10101010×××。

设置验收代码寄存器（ACR）：10101010。

设置验收屏蔽寄存器（AMR）：00000000。

该对组合会拒绝接收 10101010××× 之外的所有 CAN 帧，屏蔽寄存器规定前 8 位（为 0）标识符与滤波器值要严格匹配，其他位的滤波器值和收到的 CAN 标识符值可以一致也可以不一致。

7. 识别码编程

SJA1000 内部寄存器在工作模式与复位模式下的定义和作用不同，有些地址复用。

复位模式下：验收代码寄码地址为 FE10H～FE13H；验收屏蔽寄存器地址为 FE14H～FE17H。

工作模式下：（发送节点）识别码寄存器地址为 FE11H～FE14H；数据传送寄存器地址为 FE15H～FE1CH。

CAN 节点通过标识符来识别自己想要的 CAN 帧，验收代码寄存器设置用来匹配标识符每位的值。

以上述内容为例，即节点从总线上接收 CAN 帧，依次将收到的 CAN 帧标识符与 4 对接收滤波和屏蔽寄存器进行匹配，符合某对接收滤波和屏蔽寄存器要求了，就停止匹配，将数据接收到对应的缓冲区中。在扩展模式下的编程如下。

```
Peli_TXD:                    ;初始化标示码信息,TBSR0.7=0 扩展帧,TBSR0.6=0 数据帧,
                              TBSR0.3=1 数据长度(DLC.3)
    MOV DPTR,#0FE10H         ;SJA_TBSR0
    MOV A,#88H
    MOVX @DPTR,A
    MOV DPTR,#0FE11H         ;SJA_TBSR1
    MOV A,#00H
    MOVX @DPTR,A
    MOV DPTR,#0FE12H         ;SJA_TBSR2
    MOV A,#00H
    MOVX @DPTR,A
    MOV DPTR,#0FE13H         ;SJA_TBSR3
    MOV A,#00H
    MOVX @DPTR,A
    MOV DPTR,#0FE14H         ;SJA_TBSR4
    MOV A,#01H
    MOVX @DPTR,A
    MOV DPTR,#0FE15H         ;SJA_TBSR5
    MOV A,R0
    MOVX @DPTR,A
    MOV DPTR,#0FE16H         ;SJA_TBSR6
    MOV A,#22H
    MOVX @DPTR,A
    MOV DPTR,#0FE17H         ;SJA_TBSR7
    MOV A,#33H
    MOVX @DPTR,A
    MOV DPTR,#0FE18H         ;SJA_TBSR8
    MOV A,#44H
    MOVX @DPTR,A
    MOV DPTR,#0FE19H         ;SJA_TBSR9
    MOV A,#55H
    MOVX @DPTR,A
    MOV DPTR,#0FE1AH         ;SJA_TBSR10
    MOV A,#66H
    MOVX @DPTR,A
    MOV DPTR,#0FE1BH         ;SJA_TBSR11
    MOV A,#77H
    MOVX @DPTR,A
    MOV DPTR,#0FE1CH         ;SJA_TBSR12
    MOV A,#88H
    MOVX @DPTR,A
    MOV DPTR,#0FE01H         ;SJA_CMR
    MOV A,#TR_BIT            ;01H 对发送接收请求
```

```
        MOVX @DPTR,A          ;10H置位自发送接收请求
        RET
```

8. 多点互连实验

以 4 个节点为例进行多点互连实验，4 个节点分别为 1 号、2 号、3 号和 4 号，如图 2-29 所示。

图 2-29　4 个节点连接图

规定前 8 位标识符位要严格匹配，其他为任意。4 个节点的验收屏蔽寄存器（AMR）的前 8 位都设置为 0，其余 24 位设置为 1。

1 号节点设置验收代码寄存器（ACR）：00000001。

2 号节点设置验收代码寄存器（ACR）：00000010。

3 号节点设置验收代码寄存器（ACR）：00000011。

4 号节点设置验收代码寄存器（ACR）：00000100。

发送信息时，在工作模式下，将验收代码寄存器设置为需要接收信息节点的标识码。相关程序如下。

1）节点 1 初始化程序。

```
MOV DPTR,#0FE10H
MOV A,#01H
MOV @DPTR,A
MOV DPTR,#0FE11H
MOV A,#22H              ;可任意值
MOV @DPTR,A
MOV DPTR,#0FE12H
MOV A,#33H              ;可任意值
MOV @DPTR,A
MOV DPTR,#0FE13H
MOV A,#44H              ;可任意值
MOV @DPTR,A
```

2）验收屏蔽寄存器设置。

```
MOV DPTR,#0FE14H
MOV A,#00H
MOV @DPTR,A
MOV DPTR,#0FE15H
MOV A,#0FFH
```

```
MOV @DPTR,A
MOV DPTR,#0FE16H
MOV A,#0FFH
MOV @DPTR,A
MOV DPTR,#0FE17H
MOV A,#0FFH
MOV @DPTR,A
```

3) 节点 1 发送识别码,节点 2 接收。

```
MOV DPTR,#0FE11H
MOV A,#02H
MOV @DPTR,A
MOV DPTR,#0FE12H
```

其他 3 字节的设置同节点 1 初始化程序部分。

4) 节点 1 发送识别码,节点 3 可接收。

```
MOV DPTR,#0FE11H
MOV A,#03H
MOV @DPTR,A
```

其他 3 字节的设置同节点 1 初始化程序部分。

5) 节点 1 发送识别码,节点可 4 接收。

```
MOV DPTR,#0FE11H
MOV A,#04H
MOV @DPTR,A
```

其他 3 字节的设置同节点 1 初始化程序部分。

9. 波特率预设值

通过波特率预设,可得到 CAN 总线时钟周期 t_{scl} (即 CAN 总线的最小时间段)、周步跳转宽度 t_{sjw} 及位周期 T_{BIT}。总线定时器的定义如下:

BIT7	BIT6	BIT5	BIT4	BIT3	BIT2	BIT1	BIT0
SJW.1	SJW.0	BRP.5	BRP.4	BRP.3	BRP.2	BRP.1	BRP.0

t_{scl}(最小时间段)=$2 \times t_{clk}(32 \times BRP.5 + 16 \times BRP.4 + 8 \times BRP.3 + 4 \times BRP.2 + 2 \times BRP.1 + BRP.0 + 1)$

t_{sjw}(同步跳转宽度)=$t_{scl} \times (2 \times SJW.1 + SJW.0 + 1)$

1) 总线定时器 0(CAN 地址 6)。

```
MOV DPTR,#0FE06H            ;SJA_BTR0
MOV A,#03H
MOVX @DPTR,A
```

$t_{scl}=2 \times t_{clk}(2 \times BRP.1 + BRP.0 + 1)$
$=2 \times [(1/(16 \times 10^6) \times (2+1+1)]$

$= 8/(16\times10^6)$

$= 0.5\times10^{-6}$ s

2）总线定时器 1（CAN 地址 7）的定义。

总线定时器 1 的定义如下：

BIT7	BIT6	BIT5	BIT4	BIT3	BIT2	BIT1	BIT0
SAM	TSEG2.2	TSEG2.1	TSEG2.0	TSEG1.3	TSEG1.2	TSEG1.1	TSEG1.0

$T_{BIT}(\text{位周期}) = T_{TSEG2} + T_{TSEG1} + T_{SYNCSEG}$

$\quad = T_{scl}(4T_{SEG2.2} + 2T_{SEG2.1} + T_{SEG2.0} + 1)$

$\quad\quad + T_{scl}(8T_{SEG1.3} + 4T_{SEG1.2} + 2T_{SEG1.1} + T_{SEG1.0} + 1) + T_{scl}$

式中，$T_{SYNCSEG}$ 为设定的位时间，即 $T_{SYNCSEG} = t_{scl}$。

```
MOV DPTR,#0FE07H        ;SJA_BTR0
MOV A,#1CH
MOVX @DPTR,A
```

$T_{BIT} = T_{SCL}[((T_{SEG2.0}+1) + (8T_{SEG1.3} + 4T_{SEG1.2} + 1) + 1)]$

$= 0.5\times10^{-6}(8+4+1+1+1+1)$

$= 8\times10^{-6}(\text{s})(125\text{kHz})$

10. 输出控制寄存器（CAN 地址 8）定义

输出控制寄存器的定义如下：

BIT7	BIT6	BIT5	BIT4	BIT3	BIT2	BIT1	BIT0
OCTP1	OCTN1	OCPOL1	OCTPL1	OCTN0	OCPOL0	OCMODE1	OCMODE0

```
MOV DPTR,#0FE08H   ;SJA_OCR
MOV A,#0AAH
MOVX @DPTR,A       ;=NormalMode|Tx0PullDn|OCPOL1_BIT|Tx1PullUp 配置输出控制寄存器
```

输出控制寄存器的设置如表 2.20 所示。

表 2.20　输出控制寄存器的设置

OCMODE1	OCMODE1	说明
0	0	双相输出模式
0	1	测试输出模式
1	0	正常输出模式
1	1	时钟输出模式

2.4.6　SJA1000 运行模块编程

系统采用模块化设计方法。C51 语言编程见附录 A（2）；采用汇编语言编程时，程序对参数和地址进行统一规划和命名，具体的伪指令语句如下。

```
;程序开始
SJA_RST BIT P2.3
SJA_CS  BIT P2.0
;R0   Txd_data   CAN 总线发送的数据，也是要在数码管 1-2 位置显示的数据
;R1   Rxd_data   CAN 总线接收的数据，也是要在数码管 3-4 位置显示的数据
PORT1 DATA  80H              ;数码管位显示控制
PORT2 DATA  0A0H             ;数码管段显示控制
;;;;;;;;;;;;;;;;;;;;;;;;;;;;;;;;;;;;;;;;;;;;;;;;;;;;;
SJA_BASE_ADR  DATA   0FE00H  ;寄存器地址的基址
;SJA1000 寄存器地址定义，作用在 Peli 模式，扩展帧方式
/***********************
模式控制寄存器及其位定义
***********************/
SJA_MOD     DATA    SJA_BASE_ADR+00H
RM_BIT      DATA    01H      ;复位模式请求位
LOM_BIT     DATA    02H      ;只听模式位
STM_BIT     DATA    04H      ;自检模式位
AFM_BIT     DATA    08H      ;验收滤波器模式位
SM_BIT      DATA    10H      ;睡眠模式位
/***********************
命令寄存器及其位定义
***********************/
SJA_CMR     DATA    SJA_BASE_ADR+01H
TR_BIT      DATA    01H      ;发送请求位
AT_BIT      DATA    02H      ;中止发送位
RRB_BIT     DATA    04H      ;释放接收缓冲器位
CDO_BIT     DATA    08H      ;清除数据溢出位
SRR_BIT     DATA    10H      ;自身接收请求位
/***********************
状态寄存器及其位定义
***********************/
SJA_SR      DATA    SJA_BASE_ADR+02H
RBS_BIT     DATA    01H      ;接收缓冲器状态位
DOS_BIT     DATA    02H      ;数据溢出状态位
TBS_BIT     DATA    04H      ;发送缓冲器状态位
TCS_BIT     DATA    08H      ;发送完成状态位
RS_BIT      DATA    10H      ;接收状态位
```

```
TS_BIT          DATA    20H                     ;发送状态位
ES_BIT          DATA    40H                     ;错误状态位
BS_BIT          DATA    80H                     ;总线状态位
/**********************
中断寄存器及其位定义
**********************/
SJA_IR          DATA    SJA_BASE_ADR+03H
RI_BIT          DATA    01H                     ;接收中断位
TI_BIT          DATA    02H                     ;发送中断位
EI_BIT          DATA    04H                     ;错误警告中断位
DOI_BIT         DATA    08H                     ;数据溢出中断位
WUI_BIT         DATA    10H                     ;唤醒中断位
EPI_BIT         DATA    20H                     ;错误消极中断位
ALI_BIT         DATA    40H                     ;仲裁丢失中断位
BEI_BIT         DATA    80H                     ;总线错误中断位
/**********************
中断使能寄存器及其位定义
**********************/
SJA_IER         DATA    SJA_BASE_ADR+04H
RIE_BIT         DATA    01H                     ;接收中断使能位
TIE_BIT         DATA    02H                     ;发送中断使能位
EIE_BIT         DATA    04H                     ;错误警告中断使能位
DOIE_BIT        DATA    08H                     ;数据溢出中断使能位
WUIE_BIT        DATA    10H                     ;唤醒中断使能位
EPIE_BIT        DATA    20H                     ;错误消极中断使能位
ALIE_BIT        DATA    40H                     ;仲裁丢失中断使能位
BEIE_BIT        DATA    80H                     ;总线错误中断使能位
SJA_BTR0        DATA    SJA_BASE_ADR+06H        ;总线定时器寄存器0
SJA_BTR1        DATA    SJA_BASE_ADR+07H        ;总线定时器寄存器1
SAM_BIT         DATA    80H                     ;采样模式位,0总线被采样1次,1总线被采样3次
/**********************
输出控制寄存器及其位定义
**********************/
SJA_OCR         DATA    SJA_BASE_ADR+08H
/*OCMODE1,OCMODE0 */
BiPhaseMode     DATA    00H                     ;双相输出模式
NormalMode      DATA    02H                     ;正常输出模式
ClkOutMode      DATA    03H                     ;时钟输出模式
                /*TX1的输出引脚配置 */
OCPOL1_BIT      DATA    20H                     ;输出极性控制位
Tx1Float        DATA    00H                     ;配置为悬空
Tx1PullDn       DATA    40H                     ;配置为下拉
Tx1PullUp       DATA    80H                     ;配置为上拉
Tx1PshPull      DATA    0C0H                    ;配置为推挽
```

```
                /*TX0 的输出引脚配置 */
OCPOL0_BIT      DATA    04H                     ;输出极性控制位
Tx0Float        DATA    00H                     ;配置为悬空
Tx0PullDn       DATA    08H                     ;配置为下拉
Tx0PullUp       DATA    10H                     ;配置为上拉
Tx0PshPull      DATA    18H                     ;配置为推挽
SJA_TEST        DATA    SJA_BASE_ADR+09H        ;测试寄存器
/**********w_10     XBYTE[SJA_BASE_ADR+0x0a],    寄存器功能保留
*******************************/
/**********************
其他寄存器及其位定义
**********************/
SJA_ALC         DATA    SJA_BASE_ADR+0BH        ;仲裁丢失捕捉寄存器
SJA_ECC         DATA    SJA_BASE_ADR+0CH        ;错误捕捉寄存器
SJA_EWLR        DATA    SJA_BASE_ADR+0DH        ;错误报警限制寄存器
SJA_RXERR       DATA    SJA_BASE_ADR+0EH        ;RX 错误计数寄存器
SJA_TXERR       DATA    SJA_BASE_ADR+0FH        ;TX 错误计数寄存器
/**********************
验收滤波器寄存器及其位定义
**********************/
SJA_ACR0        DATA    SJA_BASE_ADR+10H        ;验收代码 0 寄存器
SJA_ACR1        DATA    SJA_BASE_ADR+11H        ;验收代码 1 寄存器
SJA_ACR2        DATA    SJA_BASE_ADR+12H        ;验收代码 2 寄存器
SJA_ACR3        DATA    SJA_BASE_ADR+13H        ;验收代码 3 寄存器
SJA_AMR0        DATA    SJA_BASE_ADR+14H        ;验收屏蔽 0 寄存器
SJA_AMR1        DATA    SJA_BASE_ADR+15H        ;验收屏蔽 1 寄存器
SJA_AMR2        DATA    SJA_BASE_ADR+16H        ;验收屏蔽 2 寄存器
SJA_AMR3        DATA    SJA_BASE_ADR+17H        ;验收屏蔽 3 寄存器
SJA_RMC         DATA    SJA_BASE_ADR+1DH        ;RX 信息计数寄存器
SJA_RBSA        DATA    SJA_BASE_ADR+1EH        ;RX 缓冲区起始地址寄存器
/**********************
始终分频寄存器地址定义
**********************/
SJA_CDR         DATA    SJA_BASE_ADR+1FH        ;时钟分频寄存器
CLKOff_BIT      DATA    08H                     ;时钟关闭位，时钟输出引脚控制位
RXINTEN_BIT     DATA    20H                     ;用于接收中断的引脚 TX1
CBP_BIT         DATA    40H                     ;CAN 比较器旁路控制位
CANMode_BIT     DATA    80H                     ;CAN 模式控制位
/**********************
主程序、中断服务程序地址分配
**********************/
ORG             0000H
LJMP            MAIN
ORG             0003H                           ;按钮中断地址
```

```
LJMP        INTEX0
ORG         0013H                    ;CAN 接收中断地址
LJMP        Peli_RXD
ORG         0400H                    ;主程序地址
;;;;;;;;;;;;;;;;;;;;;;;LED 显示处理程序;;;;;;;;;;;;;;;;;;;
DISPLET:    (略)
```

思考与练习

1. 简述 SJA1000 的结构。
2. 绘制 CAN 节点的构成及其与总线的连接。
3. 简述 SJA1000 的两种工作模式及它们之间的差别。
4. 简述 SJA1000 的主要参数。
5. 简述验收滤波器的作用和工作原理。
6. 绘制 CEPARK-CAN 实验系统框图。
7. SJA1000CAN 节点初始化编程。
8. 编写 SJA1000CAN 节点传送 4 字节的程序。
9. 编写 SJA1000CAN 节点接收 4 字节的程序。

项目 3

大众车系车载网络系统及故障诊断与检修

3.1 大众车系 CAN 总线网络的基本组成类型

由于汽车不同的控制器对 CAN 总线的性能要求不同,以迈腾轿车为例,该系统设定为 5 个不同的区域,分别为动力(驱动)系统、舒适系统、信息系统、仪表系统、诊断系统 5 个局域网,如图 3-1 所示。5 个子局域网的传输速率,如表 3-1 所示,其中在 CAN 总线系统下还存在 LIN 总线系统,其传输速率为 20kb/s,整个 CAN 总线系统最大可承载 1000b/s。

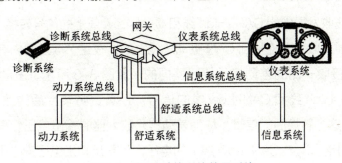

图 3-1 CAN 总线系统的子系统

表 3.1 总线系统的传输速率

序号	局域网总线	电源电线(线号)	传输速率(kb/s)
1	动力系统总线	15	500
2	舒适系统总线	30	100
3	信息系统总线	30	100
4	诊断系统总线	30	500
5	仪表系统总线	15	100

3.1.1 动力 CAN 总线系统

动力 CAN 总线主要由发动机控制单元、ABS（antilock device，防抱装置）控制单元、ESP（电动助力转向系统）控制单元、自动变速器控制单元、安全气囊控制单元、组合仪表控制单元等组成。

(1) 动力 CAN 总线信号的波形

为了提高数据传递的可靠性，CAN 数据总线系统的两条导线（双绞线）分别用于不同的数据传送，这两条线分别称为 CAN-High 线和 CAN-Low 线。它们在显性状态和隐性状态之间进行转换时，CAN 导线上的电压变化如下。

在静止状态时，这两条导线上作用有相同预先设定值，该值称为静电平。在显性状态时，CAN-High 线上的电压值会升高一个预定值（对 CAN 驱动数据总线来说，这个值至少为 1V）。

动力总线 CAN 网络由 15 号供电线激活，传输速率为 500 为 kb/s，是所有 CAN 总线中最高的，采用终端电阻结构，其中心电阻的值为 66Ω。动力 CAN 总线上的信号变化波形如图 3-2 所示。

(2) 动力总线收发器内的 CAN-High 线和 CAN-Low 线上的信号转换

控制单元是通过收发器连接到 CAN 驱动总线上的，在这个收发器内有一个接收器，该接收器是安装在接收一侧的差动信号放大器内的，如图 3-3 所示。差动信号放大器用于处理来自于 CAN-High 线和 CAN-Low 线的信号，还负责将转换后的信号送至控制单元的 CAN 接收区。这个转换后的信号，称为差动信号放大器的输出电压。差动信号放大器用 CAN-High 线上的电压减去 CAN-Low 线上的电压，计算出输出电压差，用这种方法可以消除静电平或其他任意重叠的电压（如干扰）。差动信号放大器内的信号处理，如图 3-4 所示。

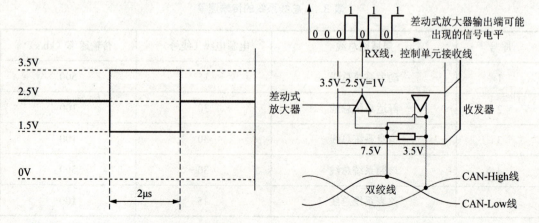

图 3-2　动力 CAN 总线上的信号变化波形　　图 3-3　动力总线上的差动信号放大器

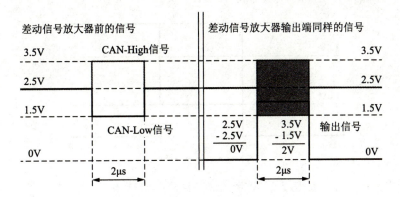

图 3-4　差动信号放大器内的信号处理

(3) 动力 CAN 数据总线差动信号放大器内的干扰过滤

由于数据总线也要布置在发动机舱内,所以数据总线就要遭受各种干扰,要考虑对地短路和蓄电池电压、点火装置的火花放电和静态放电。CAN–High 信号和 CAN–Low 信号经过差动信号放大器处理后,可最大限度地消除干扰的影响,即使车上的供电电压有波动(如在起动发动机时),也不会影响各个控制单元的数据传递的可靠性。

由于差动信号放大器总是用 CAN–High 曲线上的电压(3.5V–X)减去 CAN–Low 线上的电压(1.5V–X),因此在经过差动处理后,(3.5V–X)–(1.5V–X)=2V,差动信号中就不再有干扰脉冲了。控制单元判断双线的电平及逻辑信号,如表 3.2 所示。

表 3.2　控制单元判断双线的电平及逻辑信号(1)

状态	CAN-High/V	CAN-Low/V	差动输出信号电压 /V	逻辑信号
显性	3.5	1.5	3.5-1.5=2	0
隐性	2.5	2.5	2.5-2.5=0	1

3.1.2　舒适 / 信息系统总线

舒适 / 信息 CAN 数据总线的联网控制单元包括自动空调控制单元、车门控制单元、舒适控制单元、收音机和导航显示控制单元。

(1) 舒适 / 信息 CAN 数据总线信号的波形

为了使低速 CAN 总线抗干扰性强且电流消耗低,与动力 CAN 数据总线相比做了一些改动。在隐性状态(静电平)时,CAN–High 线信号为 0V,在显性状态时为 3.6V。对于 CAN–Low 信号来说,隐性电平为 5V,显性电平为 1.4V,如图 3–5 所示。

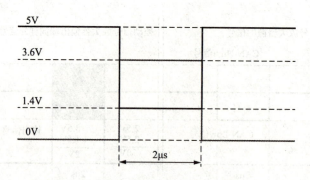

图 3-5　舒适 / 信息总线信号电压变化

于是，在差动信号放大器内相减后，隐性电平为 –5V，显性电平为 2.2V，则隐性电平和显性电平之间的电压变化（电压提升）提高到 7.2V。舒适 / 信息 CAN 总线的波形如图 3-6 所示。

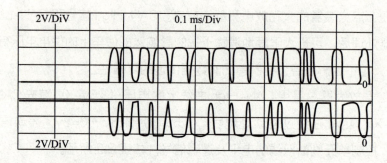

图 3-6　舒适 / 信息 CAN 总线的波形（静态）

（2）舒适 / 信息 CAN 数据总线的 CAN 收发器

舒适 / 信息 CAN 数据总线的收发器，如图 3-7 所示，其工作原理与 CAN 驱动数据总线收发器基本是一样的，只是输出的电压电平和出现故障时切换到 CAN-High 线或 CAN-Low 线（单线工作模式）的方法不同。

在正常的工作模式下，使用的是 CAN-High "减去" CAN-Low 所得的信号（差动数据传递），这样就可将故障对 CAN 舒适 / 信息数据总线的两条导线的影响降至最低（与动力 CAN 数据总线是一样的）。控制单元判断双线的电平及逻辑信号，如表 3.3 所示。

表 3.3　控制单元判断双线的电平及逻辑信号（2）

状态	CAN-High/V	CAN-Low/V	差动输出信号电压 /V	逻辑信号
显性	3.6	1.4	3.5-1.4=2.2>2	0
隐性	0	5	0-5=-5<0	1

（3）单线工作模式下的舒适 / 信息 CAN 数据总线

如果因断路、短路或与蓄电池电压相连而导致两条 CAN 导线中的一条不工作了，那么就会切换到单线工作模式。在单线工作模式下，舒适 / 信息 CAN 数据总线仍可工作。控制单元使用 CAN 数据总线不受单线工作模式的影响,一个专用的故障输出用于通知控制单元,现在收发器是在单线模式下。现在收发器是工作在单线模式下,VAS5051 示波器(DSO)上显示的舒适/信息 CAN 总线工作在单线模式下的波形(静态),如图 3-8 所示。

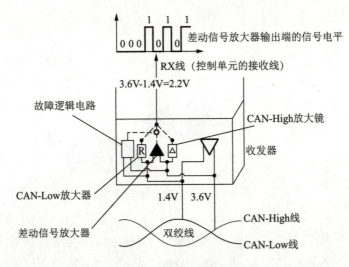

图 3-7 舒适/信息 CAN 数据总线的收发器

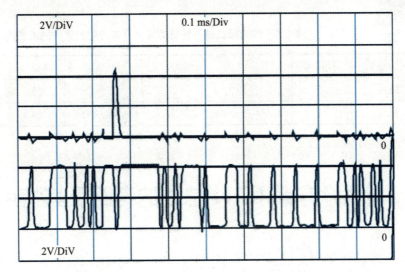

图 3-8 VAS5051 示波器上显示的舒适/信息 CAN 总线工作在单线模式下的波形

3.1.3 诊断系统总线

诊断总线用于诊断仪器和相应控制单元之间的信息交换,它与网关的连接如图 3-9 所示,它被用来代替原来的 K 线或 L 线的功能(废气处理控制器除外)。

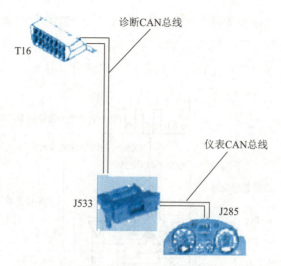

图 3-9　诊断总线与网关的连接

图 3-10　诊断接口

当车辆使用诊断 CAN-BUS 总线结构后，VAS5051 等诊断仪器必须使用相对应的新型诊断线（VAS5051/5A 或 VAS5051/6A），否则无法读出相应的诊断信息。另外，车上的诊断接口也做出了相应的改动，如图 3-10 所示，诊断接口的排列，如表 3.4 所示。

表 3.4　诊断接口端子针脚的含义（未注明针脚号的未使用）

针脚号	对应线束	针脚号	对应线束	针脚号	对应线束	针脚号	对应线束
1	15 号	5	接地	7	K 线	15	L 线
4	接地	6	CAN-High 线	14	CAN-Low 线	14	30 号线

3.2　大众车系 CAN 总线的链路及其特点

大众车系动力 CAN 数据总线通过 15 号接线柱供电，而舒适 CAN 数据总线由 30 号接线柱供电且必须保持随时可用状态。为了尽可能降低对供电电网产生的负荷，在 15 号接线柱关闭后，若总线系统不再需要舒适数据总线，那么舒适数据总线就进入所谓的"休眠模式"。舒适/信息 CAN 数据总线在一条数据线短路或一条 CAN 线断路时，可以用另一条线继续工作，这时会自动切换到单线工作模式；动力 CAN 数据总线的电信号与舒适/信息 CAN 数据总线的电信号是不同的。

1. 大众车系 CAN 总线的链路

（1）双绞线的颜色

CAN 导线的基色为橙色，在基色的基础加上各种相应的颜色。动力 CAN 数据总线的

CAN-High线是橙/黑色，舒适CAN数据总线的CAN-High线是橙/绿色，信息CAN数据总线的CAN-High线是橙/紫罗兰色，诊断CAN数据总线的CAN-High线是橙/红色，仪表CAN数据总线的CAN-High线是橙/蓝色，所有的CAN-Low线都是橙/棕色。

LIN总线是紫/蓝色。

(2) 双绞线的节点

1) 绞线铰接式节点。

对于设备配置相对比较低端的车型，舒适CAN数据总线和动力CAN数据总线连接的电控单元相对较少，CAN双绞线一般采用铰接式连接，即所有相同系统的CAN-High线集中铰接为一个中心接点，所有相同系统的CAN-Low线集中铰接为一个中心接点即"节点"，其在线束中的实物连接如图3-11所示。

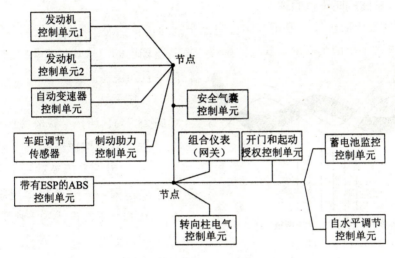

图3-11 CAN总线的连接节点

2) 双绞线的插座式连接。

对于设备配置相对比较高端的车型，舒适CAN数据总线和动力CAN数据总线连接的电控单元比较多，CAN双绞线一般采用插座式连接。连接插头分别构成了舒适系统CAN总线及驱动系统CAN总线的中央节点，各总线系统下的所有控制单元的CAN线均被连接到连接插座上。连接插头的功能可以集中在检测盒1598/38上，可以通过VAS5051上的数字存储式示波器来检查驱动CAN总线和舒适CAN总线上控制单元的各条导线，同时还可以在进行总线系统故障查寻时区分出各个控制单元。

2. CAN数据总线上的终端电阻

数据传输终端是一个终端电阻，防止数据在导线终端产生反射波。在动力系统中，它接在CAN-High线和CAN-Low线之间。标准CAN-Bus总线的两端一般接有两个终端电阻，如图3-12所示。驱动系统中CAN-High线和CAN-Low线之间的总电阻为50～70Ω。断开点火开关（断开15号线），可以测量CAN-High线和CAN-Low线之间的电阻。舒适系统和信息系统CAN总线的特点是，控制单元的负载电阻不是在CAN-High线和CAN-Low

线之间，而是在导线与地之间。电源电压断开时，CAN-Low 线（舒适系统和信息系统）上的电阻也断开，因此不能测量电阻。

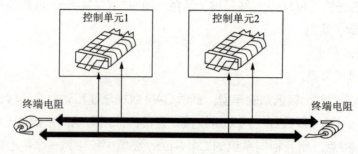

图 3-12 终端电阻

3. CAN 总线的防干扰原理

CAN 总线采用双绞线，既可以防止电磁干扰对传输信息的影响，又可以防止本身对外界的干扰。系统中采用高低电平两根数据线，控制器输出的信号同时向两根通信线发送，高低电平互为镜像。

（1）抗干扰

如图 3-13 所示，双绞线保证外界干扰对 CAN 总线的两根数据线的干扰影响基本相同，由于 CAN 收发器利用差动放大器对两路信号进行差动运算，差动运算输出能够使外界对 CAN 总线的两根数据线的干扰影响自行抵消，如图 3-14 所示。

图 3-13 外界干扰同时作用于 CAN 总线

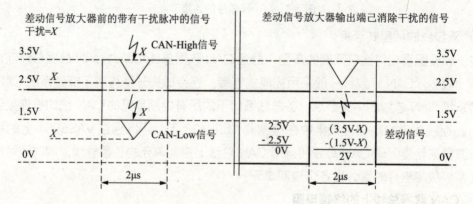

图 3-14 差动放大排除外界干扰

（2）不干扰外界

双绞线保证CAN总线的两根数据线距离外界任意一点的距离基本相同，如图3-15所示。由于 CAN 收发器发送到两根数据线上的信号成镜像关系，因此，CAN-High 线对外辐射和CAN-Low 线的对外辐射具有幅值相同、方向相反的特点。综合以上两点，使 CAN 总线的两根数据线对外界任意一点的干扰影响自行运算抵消。

(3) 发送和接收错误的纠正

为了保证发送和接收能够同步，CAN-Bus 采用以下两种措施。

1) 边沿对齐规则。

所谓边沿对齐规则，也就是说接收器发现每一次电平反向的节拍不对时，必须调整边沿，以求得同步。这个规则在电平变化频繁时能有效地保证接收的正确性，如图 3-16 所示。

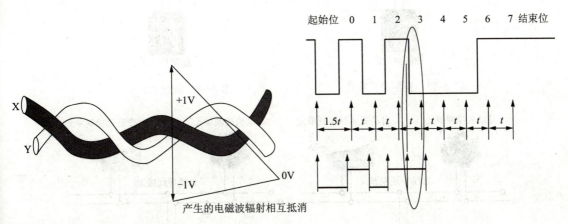

图 3-15 镜像信号抵消本身对外界的干扰　　图 3-16 边沿对齐原则

2) 数据位的填充。

为了保证发送和接收能够同步，CAN-Bus 规定位填充规则。也就是说最多 5 位出现一样的电平信号，第 6 位必须有一反向电平。这个规则能有效地保证接收的正确性。

3.3　CAN 总线系统的故障诊断与检修

3.3.1　CAN 总线的常见故障

CAN 总线的常见故障类型有电源故障、节点故障和链路故障。

CAN 总线的检测维修方法有故障代码诊断分析、数据流分析、波形分析、控制器匹配和适应调整。

CAN 总线的常见故障主要由控制单元故障和线路故障引起，具体情况有控制单元断路（图 3-17）、控制单元损坏（图 3-18）、总线导线断路（图 3-19）、总线导线接地（图 3-20）、总线导线短路、总线之间 Low 线与 High 线交叉连接、总线之间短路、总线 High 线与蓄电池正极短接、总线 Low 线与蓄电池负极短接、总线导线 High 线与蓄电池负极短接等。

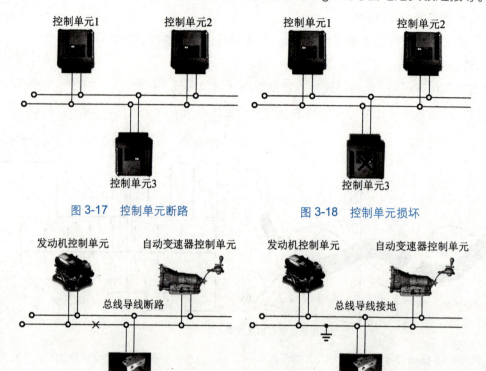

图 3-17　控制单元断路　　　　　　　图 3-18　控制单元损坏

图 3-19　总线导线断路　　　　　　　图 3-20　总线导线接地

控制单元出现故障时故障信息会存储在网关中。使用检测仪对所有故障存储信息进行分析，对控制单元出现的故障存储信息进行分析，找到最可能出现的故障原因。

3.3.2　CAN 总线的电压波形分析与故障诊断

当前汽车技术快速发展，先进的新科技在汽车上得到了广泛的应用。作为现代汽车维修人员必须熟悉汽车车载网络的结构和工作原理，进行 CAN 诊断和系统故障查询时，有决定性意义的不是传递的信息内容，而是要检查总线上的信号电平是否对应于额定值，以及总线上的信号关系是否正常。

如果总线上的信号电平不存在问题，则可认为总线处于无故障正常工作状态，车辆中出现的故障另有其他原因。因此，一个有效的方法是，总线系统出现故障时使用检测仪对总线进行检测，通过对总线系统的波形进行分析查找故障。

1. CAN 总线的电压波形图

在对总线系统波形进行分析时，了解各种情况下 CAN 总线电压波形图是十分必要的。

短路和因水汽引起的接触电阻所产生的故障通常只能用示波器可靠诊断。对于用示波器进行的诊断，推荐使用存储器示波器。为了能够同时显示 CAN-High 线和 CAN-Low 线导线上的信号，此示波器应具有两个通道。

(1) 无故障情况下的示波图

在无故障情况下，在图 3-21 中可看到，CAN-High 线和 CAN-Low 线的脉冲始终沿相反方向移动。

在查找 CAN-H 线和 CAN-L 线时将首先查找隐性电位。在隐性电位时，总线停留大多数的时间。CAN-H 线是脉冲由隐性电位沿正向成像的通道。对于 CAN-L 线，导线上的脉冲由隐性电位沿负向成像。

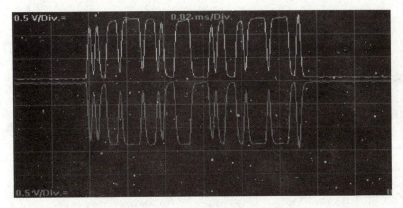

图 3-21　无故障电压波形图

(2) CAN-High 线对地短路

CAN-High 线对地短路如图 3-22 所示，其波形如图 3-23 所示。

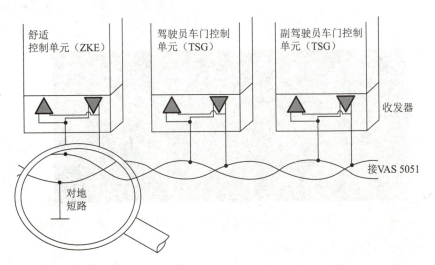

图 3-22　CAN-High 线对地短路

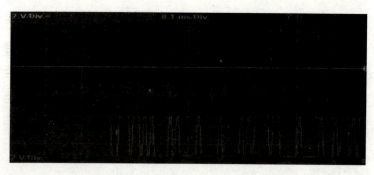

图 3-23　CAN-High 线对地短路波形

（3）CAN-High 线对蓄电池正极短路

CAN-High 线对蓄电池正极短路如图 3-24 所示，CAN-High 线对蓄电池正极短路波形如图 2-25 所示。

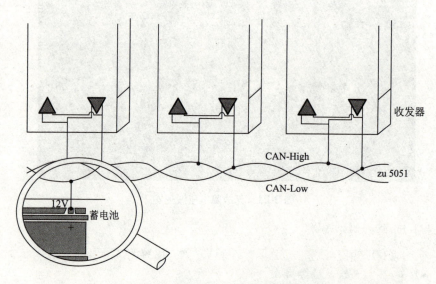

图 3-24　CAN-High 线对蓄电池正极短路

图 3-25　CAN-High 线对蓄电池正极短路波形

（4）CAN-High 线对 CAN-Low 线短路

CAN-High 线对 CAN-Low 线短路如图 3-26 所示，其波形如图 3-27 所示。

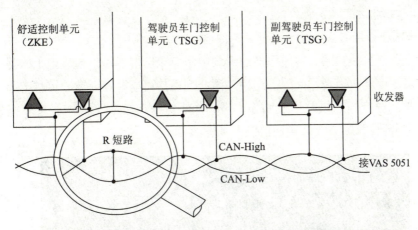

图 3-26 CAN 总线 -High 线对 CAN-Low 线短路

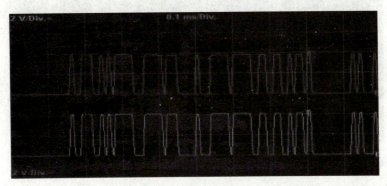

图 3-27 CAN-High 线对 CAN-Low 线短路波形

2．故障原因

当在车辆中存在电源电压过低状态时，同样也可能（错误地）记录为总线故障，因此在分析总线故障之前应检查电源电压过低故障是否存储在超过两个控制单元中。如果回答是肯定的就不用进行其他的总线故障分析了，而只在供电范围内查询故障原因。

(1) CAN 总线上通信故障可能原因

1) CAN-Low 或 CAN-High 通信线断路或短路。

2) 插头连接损坏（触头损坏、污垢、锈蚀）。

3) 车用电源系统中的故障电压（如由损坏的点火线圈或接地连接引起）。

4) 某个控制单元中的通信部件故障。

5) 某个控制单元的供电故障（当蓄电池电量快耗尽时蓄电池电压缓慢下降可能导致故障记录存储，因为不是所有的控制单元由于电压下降而同时关闭）。

6) 车辆中的总线系统不仅会遭受短路，而且当水汽侵入时可能造成绝缘受损，如在接地、正极和 CAN 导线之间出现接触电阻。

7) CAN 的所有故障通常被存储在故障代码存储器中，然而故障记录仅在个别情况下允许简单的诊断，绝大多数时候必须进行详细的检查。

(2) CAN 总线通信故障实例

1) 如果一根总线导线上的信号未被完全到达 0V 或工作电压上，而是仅在其方向上移动某个值，则不存在直接短路。导线已通过一个电阻与该电位连接。通过电阻的间接短路通常会在车辆中发生渗水时出现。此外，污垢、清洗剂和盐可能导致任意的接触电阻。另一种可能性是，一根总线电缆磨损并通过油漆、污垢和氧化铁与接地连接。CAN 一根总线导线上的信号未被完全到达 0V 或工作电压的波形如图 3-28 所示。

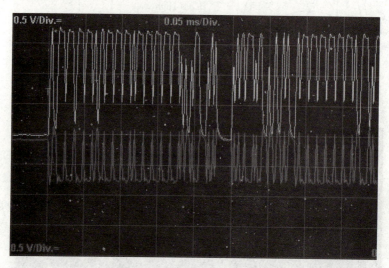

图 3-28　CAN 一根总线导线上的信号未被完全到达 0V 或工作电压的波形

2) 如图 3-29 所示，CAN-Low 线的电压大约为 0V、CAN-High 线的隐性电压也被降至 0V，可判断 CAN-Low 对地短路。

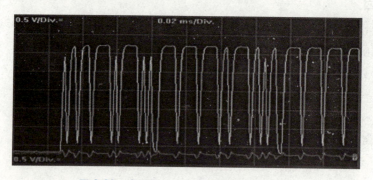

图 3-29　CAN-Low 线的电压为 0V 的波形

3. 常用总线检测方法

1) 总线系统出现故障时使用检测仪对总线进行检测，通过对总线系统的波形进行分析查找故障。

2) 自诊断包括查询故障、执行元件诊断、读取测量数据块、网关安装列表。

3) 采用测试工具万用表对 CAN 总线线路进行检测。通过测量电流和电压，可判别线路的情况。

4. 汽车故障诊断的原理

汽车故障诊断包含了"诊"和"断"两个环节，汽车故障诊断的过程就是由诊断技术人员从汽车的故障现象出发，熟练应用各种检测设备对汽车进行全面综合的检测，完成"诊"的环节，然后运用对汽车原理与结构的深刻理解，对测试结果进行综合分析后，再对故障部位和原因做出确切的判断，完成"断"的环节。

汽车故障诊断中的第一环节"诊"应该比汽车检测的内容更深入一些，它不是一个单纯的"检测"过程，而是一个综合的"测试"过程。测试包括参数检测和性能试验两个部分。因为汽车检测的目的是判断被测汽车是否符合安全环保检测或综合性能检测的规定，检测参数超标为不合格，未超标为合格，检测是定性分析，它只有通过和不通过两个结果。

汽车诊断的目的是判断汽车的故障部位和原因，检测参数必须做出定量分析，然后通过性能试验才能为找到故障部位查明故障原因提供充分的根据。诊断的结果可能由多个部位和多种原因造成。所以，汽车诊断应该包括技术检测、性能试验和结果分析 3 个部分。技术检测的主要任务是通过测试仪器和设备对汽车的诊断参数进行测量。

性能试验的主要任务是对被检测系统进行功能性动态试验，通过改变系统的状态进行对比试验分析，旨在发现系统故障与诊断参数之间的关系。

结果分析的目的是对诊断的最终结果做出因果关系的客观分析，也就是对故障生成的原因机理与故障现象特征之间的必然联系，以及故障现象与诊断参数之间的内在联系做出理论分析。

3.3.3　CAN 总线导线的维修方法

1．故障检查的过程

（1）一般性的查询

一般性的检查包括对故障缺陷的检查，查询故障存储，检查车辆控制单元编码是否正确，检查车辆电器元件匹配是否正确，熔丝检查。

（2）检查过程

检查过程如下：

用故障查询指南读取所有故障存储；故障查询指南的结果（如果存在）；用读取测量数据块确定故障存储记录（如果存在）；用执行元件自诊断确定故障存储记录（如果存在）；用检测仪确定故障存储记录；用万用表进行电器检测，如线路通断。

（3）判断

在 CAN 总线控制单元中可能有两个不同的总线故障记录：CAN 通信故障、CAN 线路故障。要注意故障记录的应用范围。

通信故障概括地说明了 CAN 总线上损坏的、不能再进行通信的控制单元。

导线物理故障可以通过使用容错 CAN 收发器识别。此外 CAN 收发器无法区分下列的各个故障类型：CAN 断路、CAN 对地或正极短路、CAN（高速）对 CAN（低速）短路。如果总线故障 CAN 线路故障记录在一个控制单元中，则表明上述故障都有可能。

（4）终端电阻检测

在控制单元内装置的不是一个固定阻值的终端电阻，它是由很多个被测量的电阻组合在一起被称为终端电阻。作为标准值或试验值两个终端电阻每一个以 120Ω 为起始。终端电阻是根据车型设计的，总的阻值依赖于车辆的总线结构。

终端电阻的测量步骤：①将蓄电池的电极线拔除；②等待大约 5min，直到所有的电容器都充分放电；③连接测量仪器并测量总阻值；④将一个带有终端电阻控制单元的插头拔下来；⑤检测总的阻值是否发生变化；⑥第一个控制单元（带有终端电阻）的插头连接好，再将第二个控制单元的插头拔下来；⑦检测总的阻值是否发生变化；⑧分析测量结果。

2. CAN 总线导线的维修

CAN 数据总线的失效原因可能是 CAN（低速）或 CAN（高速）导线短路，或某个控制单元损坏。如果 CAN 总线导线自身短路，则必须检查电线束。CAN 导线的修复连接如图 3-30 所示，应注意以下绞合只可解开最长 50mm。CAN 导线断开处要与下一个压接节点相距至少 100mm。

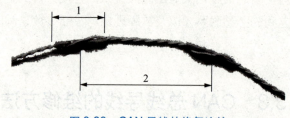

图 3-30　CAN 导线的修复连接

3）在总线维修时，在接点断开总线时一定要留出 100mm，不要在接点处打开接头，如图 3-31 所示。

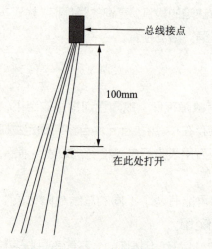

图 3-31　CAN 总线接点的修复

4) CAN 总线终端电阻的检测。

测量 CAN 总线的两个终端电阻（总的阻值）时，万用表的测量连线如图 3-32 所示。

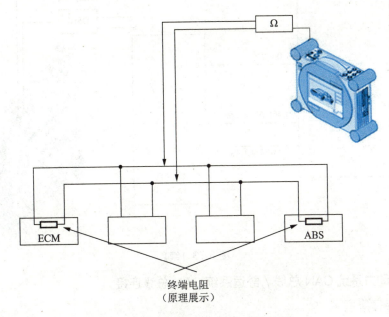

图 3-32 CAN 总线终端电阻的检测

在控制单元内装置的不是一个固定阻值的终端电阻。它是由很多个被测量的电阻组合在一起被称为终端电阻。作为标准值或试验值两个终端电阻每一个以 120Ω 为起始。在 Audi 也使用另一种终端电阻。在带有泵－喷嘴单元的 1.9TDI 车型上，发动机控制单元装置为 66Ω 终端电阻。总的阻值依赖于车辆的总线结构，所以终端电阻是根据车型设计的。

3.3.4 检测工具与接线

1. 检测盒接线

对于 CAN 连接插座可以使用检测盒，两条 CAN-Bus 总线每一条线都通过一个通道进行测量。通过波形的分析可以很容易地发现故障。这里通道 A 红色的测量线连接 CAN-High 线，黑色的测量线接地；通道 B 红色的测量线连接 CAN-Low 线，黑色的测量线接地。检测盒与接线图如图 3-33 所示。

图 3-33 检测盒与接线图

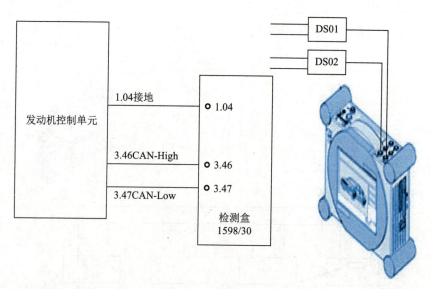

图 3-33（续）

2. 奥迪动力系统 CAN 总线 / 舒适系统 CAN 总线连接

（1）连接插座插头

连接插头分别构成了舒适系统 CAN 总线及动力系统 CAN 总线的中央结点，各总线系统下的所有控制单元的 CAN 总线均被连接到连接插座上，其连接插座如图 3-34 所示。

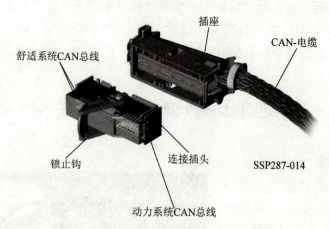

图 3-34　舒适系统 CAN 总线插头、插座

动力系统 CAN 总线和舒适系统 CAN 总线以星形方式接入连接插座中，如图 3-35 所示。一个总线系统下的部分控制单元接在右侧的连接插座中，而其他部分则接在左侧的连接插座中；另一方面，左侧和右侧的连接插座又通过 CAN- 电缆连接，最终将所有的舒适系统 CAN 总线的控制单元与所有动力系统 CAN 总线的控制单元连接在一起，如图 3-36 所示。

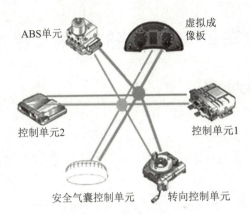

图 3-35 CAN 总线的星形方式连接

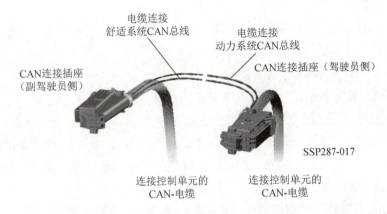

图 3-36 动力系统 CAN 总线和舒适系统 CAN 总线的插头、插座和连接线

(2) 动力系统 CAN 总线和舒适系统 CAN 总线连接插座的安装位置

动力系统 CAN 总线和舒适系统 CAN 总线的连接插座被安装在仪表板总成的左右两侧的盖板下面,如图 3-37 所示。取下连接插头时,应该首先将锁止钩打开。对于左置或右置方向盘车,两个侧面的连接插座的插脚分布是不同的。

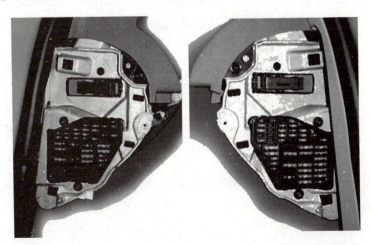

图 3-37 动系统 CAN 总线和舒适系统 CAN 总线连接插座的安装位置

3.3.5　大众车系车载网络的检测及故障诊断案例

1. 大众车系车载网络的检测

（1）大众车系车载网络的检测步骤

通过对大众车载网络故障的分析，可以总结出该系统的一般诊断步骤如下。

1）了解该车型的车载网络传输系统的特点（包括传输介质、几种子网及车载网络传输系统的机构形式等）。

2）车载网络系统传输的功能，如有无唤醒功能和睡眠功能等。

3）检查汽车电源系统是否存在故障，如交流发电机的输出波形是否正常（若不正常将导致信号干扰等故障）等。

4）检查车载网络系统传输链路是否存在故障，采用替换法或采用跨线法进行检测。

5）如果是节点故障，只能采用替换法进行检测。

（2）双线式车载网络传输系统的检测方法

检查车载网络传输系统须区分以下两种可能的情况。

1）两个控制单元组成的双线式数据总线系统的检测。

检测时，关闭点火开关，断开两个控制单元，如图3-38所示，检查车载网络传输系统是否断路、短路或对正极/地短路。如果车载网络传输系统无故障，更换一个控制单元。如果车载网络传输系统仍然不能正常工作，更换另一个控制单元。

2）3个或更多控制单元组成的双线式车载网络传输系统的检测

检测时，先读出控制单元内的故障代码，如图3-39所示。如果控制单元1与控制单元2和控制单元3之间无通信，关闭点火开关，断开与车载网络传输系统相连的控制单元，检查车载网络传输系统是否断路。

如果车载网络传输系统无故障，更换控制单元1。如果所有控制单元均不能发送和接收信号（故障存储器存储"硬件故障"），则关闭点火开关，断开与网络传输系统相连的所有控制单元，检测车载网络传输系统是否短路、是否对正极/地短路。

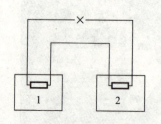

图3-38　两个单元之间的断路

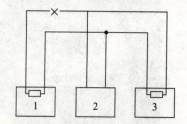

图3-39　3个单元之间的断路

3）CAN数据总线的万用表检测。

CAN数据总线可以采用数字万用表进行电压信号测试，判断数据总线的信号传输是否存在故障，检测方法如图3-40所示。

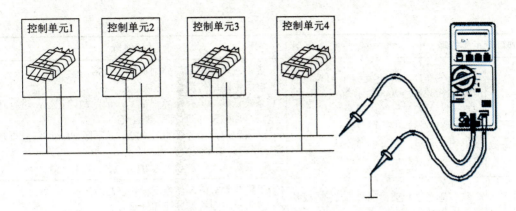

图 3-40　用万用表检测 CAN 总线

(3) VAS5051 总线的波形检测

双通道模式 CAN 数据总线波形必须采用带有双通道示波器或检测仪，如 VAS5051 进行检测，可根据故障波形判断出总线系统故障的类型。

2．故障自诊断

大众车系总线系统的故障自诊断以宝来轿车为例予以说明。

(1) 宝来轿车舒适 CAN 的自诊断

检测仪 VAG1552 可以查询故障存储器和对控制单元编码，其功能同 VAS5051 的自诊断功能相同。在诊断系统中，VAS5051 的"故障查询向导"功能可用于故障查询。舒适系统的典型故障的自诊断及故障排除，如表 3.5 所示。

表 3.5　宝来轿车舒适系统的典型故障的自诊断及故障排除

故障码	可能故障	故障原因	故障排除
01328	舒适系统数据总线故障	1) 导线或插头故障； 2) 控制模块故障	1) 按照电路图检测导线和插头。确定导线完好后，拔下所有车门主插头，再插好，同时观察数据流； 2) 更换数据总线阻断的控制模块。新故障被存储，这些故障码必须被清除； 3) 读取数据流：显示组号 012，显示区 1； 4) 更换控制模块
01329	舒适系统数据总线处于紧急模式	导线或插头故障	1) 按照电路图检测导线和插头。确定导线完好后，拔下所有车门主插头，再插好，同时观察数据流； 2) 更换数据总线阻断的控制模块。新故障被存储，这些故障码必须被清除； 3) 更换控制模块； 4) 读取数据流：显示组号 012，显示区 1
01330	舒适系统的中央控制模块（J393）损坏、供电电压过高/过低	1) 舒适系统的中央控制模块； 2) 蓄电池模块或没电； 3) 电压调节器损坏； 4) 发电机损坏	1) 更换舒适系统的中央控制模块； 2) 按照电路图检测导线和插头； 3) 读取数据流：显示组号 012，显示区 1

续表

故障码	可能故障	故障原因	故障排除
01331	驾驶员侧车门控制模块（J386）损坏、无通信、供电电压过高/过低	1) 驾驶员侧车门控制模块（J386）损坏； 2) 导线或插头故障； 3) 电压调节器损坏； 4) 发电机损坏； 5) 蓄电池模块或没电	1) 更换驾驶员侧车门控制模块（J386）； 2) 按照电路图检测导线和插头； 3) 系统正常（虽有故障记忆），清除故障记忆，进行功能检查。再插好，同时观察数据流； 4) 读取数据流：显示组号012，显示区20；可以检查是否安装了车门控制模块； 5) 读取数据流：显示组号015，显示区1
01332	前乘客车门控制模块（J387）损坏、无通信、供电电压过高/过低	1) 前乘客车门控制模块（J387）损坏； 2) 导线或插头故障； 3) 电压调节器损坏； 4) 发电机损坏； 5) 蓄电池模块或没电	1) 更换前乘客侧车门控制模块（J387）； 2) 按照电路图检测导线和插头； 3) 系统正常（虽有故障记忆），清除故障记忆，进行功能检查。再插好，同时观察数据流； 4) 读取数据流：显示组号012，显示区20；可以检查是否安装了车门控制模块； 5) 读取数据流：显示组号015，显示区1
01333	左后车门控制模块（J388）损坏、无通信、供电电压过高/过低	1) 左后侧车门控制模块（J388）损坏； 2) 导线或插头故障； 3) 电压调节器损坏； 4) 发电机损坏； 5) 蓄电池模块或没电	1) 更换左后车门控制模块（J388）； 2) 按照电路图检测导线和插头； 3) 系统正常（虽有故障记忆），清除故障记忆，进行功能检查。再插好，同时观察数据流； 4) 读取数据流：显示组号012，显示区20；可以检查是否安装了车门控制模块； 5) 读取数据流：显示组号015，显示区1
01334	右后车门控制模块（J389）损坏、无通信、供电电压过高/过低	1) 右后车门控制模块（J387）损坏； 2) 导线或插头故障； 3) 电压调节器损坏； 4) 发电机损坏； 5) 蓄电池模块或没电	1) 更换右后车门控制模块（J389）； 2) 按照电路图检测导线和插头； 3) 系统正常（虽有故障记忆），清除故障记忆，进行功能检查。再插好，同时观察数据流； 4) 读取数据流：显示组号012，显示区20；可以检查是否安装了车门控制模块； 5) 读取数据流：显示组号015，显示区1
01335	驾驶员座椅/后视位置控制模块不确定信号、无通信	1) 导线或插头故障； 2) 驾驶员座椅/后视位置控制模块不确定信号、无通信	1) 按照电路图检测导线和插头； 2) 读取数据流：显示组号012，显示区5； 3) 座椅存储器有自己的K线，可以通过地址码"36"读出

(2) 宝来轿车动力 CAN 的自诊断

通过组合仪表内的数据总线自诊断接口（J533），数据总线与自诊断 K 线可实现数据交换，自诊断进入系统的流程如下。

1) 诊断步骤。连接故障解码器、接通点火开关、按"PRINT"键接通。

2) 故障自诊断。动力总线的故障自诊断和舒适总线一样采用诊断仪 VAG1552、VAS5051、VAS5052，具体的操作和舒适系统相同，不再赘述。动力总线系统的典型故障诊断如表 3.6 所示。

表 3.6 动力总线系统的典型故障诊断

故障码	现象	可能故障	可能影响	故障排除
00778	转向角度传感器（G85）无法通信	转向角度传感器通过数据总线的数据接收不正常	与数据总线连接的系统的功能不正常	1）检查数据总线自诊断接口的编码； 2）查询 ABS 控制模块故障存储器并排除故障； 3）按照电路图检查和转向角度传感器相连的数据总线
01044	控制模块编码器错误	1）与数据总线和连的某控制模块编码错误； 2）与数据总线和连的某控制模块编码损坏	1）行驶性能不良（换挡冲击、负荷变化冲击）； 2）无行驶性动力控制	1）读取数据流； 2）查询与数据总线连接的所有控制模块故障存储器并排除故障； 3）检查并改正控制模块编码，如果需要，更换控制模块
01313	数据总线损坏	1）行驶性能不良（换挡冲击、负荷变化冲击）； 2）无行驶性动力控制	数据总线有故障数据总线在"Bus-off"状态	1）读取数据流； 2）检查控制模块编码； 3）按照电路图检查数据总线； 4）更换坏的控制模块
01314	发动机控制模块无法通信	发动机控制模块通过数据总线的数据接收不正常	1）行驶性能不良（换挡冲击、负荷变化冲击）； 2）无行驶性动力控制	1）读取数据流； 2）查询发动机故障存储器并排除故障； 3）按照电路图检查发动机控制模块的数据总线
01315	变速器控制模块无法通信	1）行驶性能不良（换挡冲击、负荷变化冲击）； 2）无行驶性动力控制	变速器控制模块通过数据总线的数据接收不正常	1）读取数据流； 2）查询变速器故障存储器并排除故障； 3）按照电路图检查发动机控制模块的数据总线
01316	制动器控制模块无法通信	ABS 控制模块通过数据总线的数据接收不正常控制	1）行驶性能不良（换挡冲击、负荷变化冲击）； 2）无行驶性动力控制	1）读取数据流； 2）查询 ABS 控制模块故障存储器并排除故障； 3）按照电路图检查发动机控制模块的数据总线
01317	组合仪表内控制模块（J285）无法通信	1）控制模块数据线有故障； 2）控制模块损坏	1）行驶性能不良（换挡冲击、负荷变化冲击）； 2）无行驶性动力控制	1）读取数据流； 2）查询与数据总线连接的所有控制模块故障存储器并排除故障； 3）按照电路图检查数据总线
01317	安全气囊控制模块（JZ34）无法通信	安全气囊控制模块数据总线的数据接收不正常	安全气囊警告灯亮	1）读取数据流； 2）查询安全气囊控制模块故障存储器并排除故障； 3）按照电路图检查安全气囊控制模块的数据总线
01324	四轮驱动控制模块（J492）无法通信	四轮驱动控制模块数据总线的数据接收不正常	1）行驶性能不良（换挡冲击、负荷变化冲击）； 2）无行驶性动力控制	1）读取数据流； 2）查询四轮驱动控制模块故障存储器并排除故障； 3）按照电路图检查四轮驱动控制模块的数据总线

3. 宝来轿车仪表损坏导致遥控器有时失效

（1）故障现象描述

宝来 1.8L 轿车，用遥控器开或锁车门时有时不起作用。

（2）故障诊断与排除

由于再查询故障码时已没有故障信息存在，线路和数据流中的数据无异常，而故障一时又不能出现，在没有查到故障原因时，考虑数据传递是否有误。于是用 VAS5051 对舒适系统 CAN 总线进行波形分析，发现 CAN-Low 线波形不正确，其波形如图 3-41 所示。

由此看来问题只出在 J519 上，而网关系统又在组合仪表内，于是更换组合仪表，再用 VAS5051 对舒适系统 CAN 数据总线进行波形分析，其波形如图 3-42 所示，变成双线运行的波形（正常波形），说明此故障出在 J519 上。

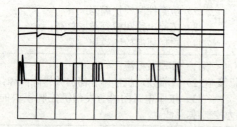 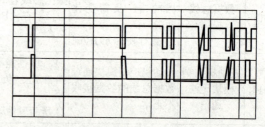

图 3-41 CAN-Low 线信号的波形　　图 3-42 更换组合仪表后 CAN 数据总线信号的波形

4. POLO 轿车后刮水器不停的故障诊断

（1）故障现象描述

大众 POLO1.4L 手动挡轿车，用户描述车辆在起动发动机或打开点火开关时，后刮水器电动机就会转动，调整刮水器开关的挡位无变化。要停止刮水器电动机，只有拔下刮水器的熔丝或关闭点火开关。

（2）故障诊断

由于后刮水器采用 CAN 总线控制，所以首选检测仪进行故障诊断。但是用 VAS5052 查询各 CAN 控制单元故障存储器，没有发现故障码。明明有故障，但没有发现故障码，说明故障可能出在电路线路方面、刮水器开关通断方面，或者在 CAN 网络控制单元方面。为了进一步进行故障诊断，要分析刮水器控制电路。汽车后窗刮水器的控制电路如图 3-43 所示。

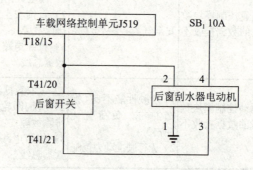

图 3-43 汽车后窗刮水器的控制电路

由于电动机在运转,后刮水器电动机是没有问题的。问题可能出现在线路上或 CAN 网络控制单元上。

由图 3-43 可知,汽车后刮水器电动机上有 4 根控制线:1 号线接地,2 号线接刮水器开关一端 (T41/20) 及网络控制单元连线 (T18/15),3 号线接刮水器开关另一端 (T41/21),4 号线接电源。

首先检测线路情况。检测 1 号线端接地情况,没有检测出问题;再检测 2 号线与刮水器开关与车载网络控制单元连线的连接情况,也没有检测出问题;检测 3 号线与刮水器开关 T41/21 的连接情况,没有检测出问题;最后检测 4 号线与电源的连接情况,没有检测出问题。1 号和 4 号接脚的电压正常,没有发现线路之间的有短路及断路现象。

由上可知,汽车后刮水器电动机的 4 根控制线路与相应单元的线路的连接没有发现故障,因此可推断,汽车后刮水器电动机的控制单元的两端延伸方向上可能有问题。后刮水器电动机运转由刮水器开关控制,为了排除故障,要拆除刮水器开关进行测试。由于刮水器开关装在转向柱上,安全气囊要先取下,再把方向盘拆下,将刮水器开关的插头拔下。在完成上述操作后,闭合点火开关,发现刮水器电动机还是在运转。

最后发现,刮水器电动机停止运转有两个情况:将车载网络控制单元上的 T18 插头拔下;将刮水器开关与车载网络控制单元 T18 的插头脱离,由此判断不是刮水器开关的问题。

通过一步一步地排除可能产生故障的地方,说明线路和后刮水器电动机是没有问题。最终判断是 CAN 网络控制单元有问题。

(3) 故障排除

用新的 CAN 总线网络控制单元换掉损坏单元后,汽车后刮水器电动机能被正常控制。

(4) 故障分析

由于 CAN 网络控制单元损坏,发出的异常控制信号从而导致后刮水器电动机失控。

思考与练习

1. 说明大众车系车载总线的特点。
2. 什么是单线工作模式?
3. 简述 CAN 总线常见的故障类型。
4. 简述诊断 CAN 总线失效的工作步骤。
5. 简述终端电阻的检测步骤。

项目 4
帝豪 EV300 电动汽车 CAN 总线系统的故障诊断与排除

4.1 帝豪 EV300 电动汽车简介

4.1.1 概述

帝豪 EV300 于 2017 年 3 月上市,是帝豪 EV 全面升级的新款中高级纯电动车。该车采用"电池智能温控管理系统 ITCS"技术,确保在极寒、极热地区充电效率不降低,续航能力不衰减,使用无区域季节限制;综合工况续驶里程提升至 300km,满足商务、通勤、居家使用,更能满足运营车辆的基本需求;升级了 6.6kW 充电机,满足了更多充电状态需求。整车基本参数如表 4.1 所示,帝豪 EV300 的整车架构如图 4-1 所示,其仪表指示灯如图 4-2 所示。

表 4.1 整车基本参数

参数名称	数据
电池容量	43.5kWh
电池类型	三元锂离子动力电池
充电时间	最快 45min 可充 80%
动力电池额定电压	346V
充电机功率	6.6kW
纯电续航	300km
百千米加速	9.9s
最高车速	140km/h
电动机功率/转矩	120kW/240N·m

续表

参数名称	数据
电动机类型	永磁同步交流电动机
变速性类型	单级减速器
整备质量	1580kg
长×宽×高	4631mm×1789mm×1495mm
轴距	2650mm
离地间隙	满载≥115mm
轮胎规格	205/50R17

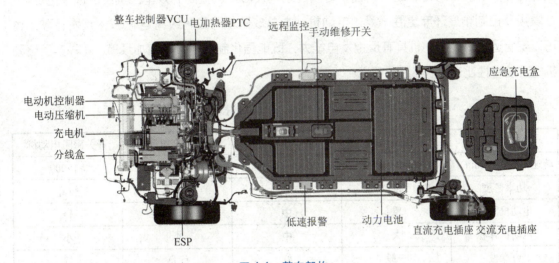

图 4-1 整车架构

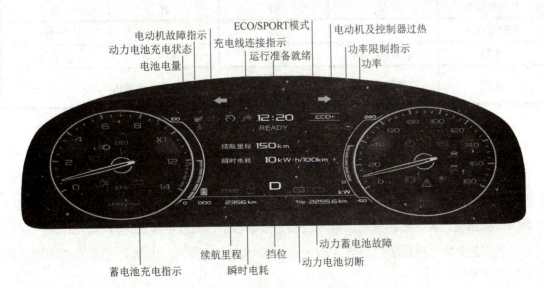

图 4-2 帝豪 EV300 仪表指示灯

4.1.2 大三电及小三电系统

对于电动汽车来说，驱动电动机系统、动力电池系统和驱动电动机控制器系统关乎车辆的动力性能，而电动压缩机、PTC 加热器和车载充电机关系到车辆的使用性能，通常将其统称为大三电和小三电系统。

1. 大三电系统

（1）驱动电动机系统

帝豪纯电动车搭载永磁同步电动机，其优点如下：结构简单、运行可靠、功率密度大、调速性能好等。相对传统动力其拥有更高的功率及转矩、更高的效率，其维护成本也更低，在噪声及控制精度环节更胜一筹；电动机动力总成防水防尘等级高达 IP67，涉水行驶，也可以安全运行。该电动机具有反拖发电能力，既能强化制动，又能增加续航。4 种典型电动机的性能特性比较如表 4.2 所示。

表 4.2　4 种典型电动机的性能特性比较

性能及类型	直流电动机	异步电动机	永磁同步电动机	开关磁阻电动机
转速范围/（r/min）	4000～6000	12000～20000	4000～10000	>15000
功率密度	低	中	高	较高
电动机质量	重	中	轻	轻
电动机体积	大	中	小	小
可靠性	一般	好	优良	好
结构坚固性	差	好	好	好
控制器成本	低	高	高	一般
车型	入门级电动车	高端车型	主流车型	无应用
实例	江淮和悦 iEV	荣威 550 Plug-in、特斯拉	晨风、腾势、沃蓝达	—

（2）动力电池系统

1）电池 PACK（模组 xn）。动力电池组如图 4-3 所示。

2）电池管理系统(battery management system, BMS)。BMS 能够对动力电池组总电压、总电流、每个测点温度和电池单体的电压参数进行实时监控，并进行故障诊断、剩余电量比计算、行驶里程计算、短路保护、漏电监测、报警显示、充放电模式选择等。BMS 可以将动力电池相关参数上报整车控制器（vehicle control unit, VCU），由 VCU 控制动力电池的充电和放电功率。

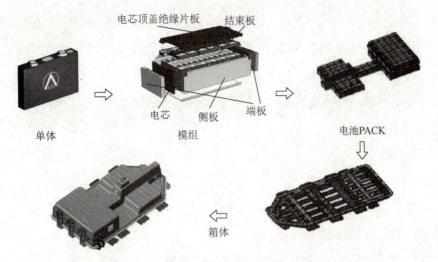

图 4-3 动力电池组

(3) 驱动电动机控制器系统

驱动电动机控制系统如图 4-4 所示，其结构示意图如图 4-5 所示。

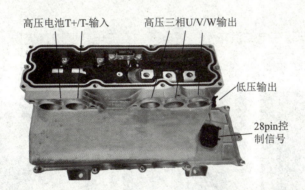

图 4-4 驱动电动机控制系统

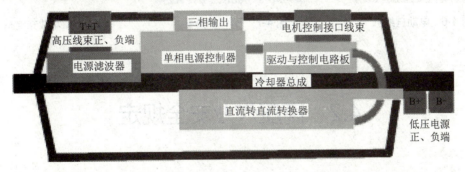

图 4-5 驱动电动机控制系统的结构示意图

说明：

①电动机控制器(electric motor controller, PEU)是一个高功率、高电压的功率电子模块，由 1 个电动机控制单元和 1 个 DC/DC 变换器组成。

②PEU 能够按照 VCU 的需求，在四象限上对三相交流永磁同步电动机进行转矩控制。

③PEU 和 VCU 之间采用 CAN 总线通信，具备两路硬线唤醒功能（钥匙 ON 挡、充电使能信号），采用 12V 低压供电。

④DC/DC 变换器，可将直流母线上的高压转化为低压供给车辆的用电设备。

⑤具备高压互锁功能。

2. 小三电系统

（1）电动压缩机

电动压缩机通过高压直流电驱动，将压缩后高温高压的冷媒输送到冷凝器保证制冷循环的正常工作。电动压缩机如图 4-6 所示。

（2）PTC 加热器

利用高压电，通过 PTC 电加热器的作用，将切削液加热至需求温度，并通过空调鼓风机将热量输送至成员舱，从而起到制热效果。PTC 加热器如图 4-7 所示。

（3）车载充电机

车载充电机固定安装在电动汽车上，将电网的交流电转变成直流电，供电池包充电。其与 BMS、VCU 等控制器通信，实时上报充电状态。车载充电机如图 4-8 所示。

图 4-6　电动压缩机

图 4-7　PTC 加热器

图 4-8　车载充电机

4.2　高压作业安全规定

电动汽车电路含高压部分和低压部分，在检修时，需要有高压作业资质。

1. 高压作业资质

1）出于安全考虑，体内植入了维持生命和健康用电子医疗设备的人员，不建议从事进行电动汽车维修工作。

2)未取得低压电工操作证或中级以上电工职业资格等相关证书的人员,不建议从事进行电动汽车维修工作。4类职业资格相关证书如图4-9所示。

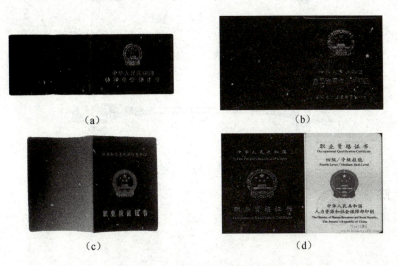

图4-9 4类职业资格相关证书

(a)特种作业操作证; (b)电工进网作业许可证;
(c)职业技能证书; (d)职业资格证书

2. 本质安全防护措施

(1)高压标志

对高电压所有组件设置警告标志,并具相应的防护等级。高压警告标志如图4-10所示。

图4-10 高压警告标志

(2)橙色电缆

高电压系统采用橙色警示电缆,有效绝缘且防止电磁辐射。高电压电缆如图4-11所示。

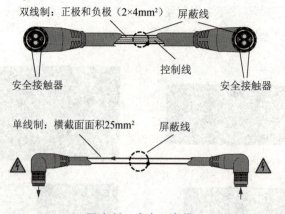

图 4-11 高电压电缆

(3) 电气隔离

高电压系统采用正负极独立回路，且与车身和低电压隔离。电气隔离示意图如图 4-12 所示。

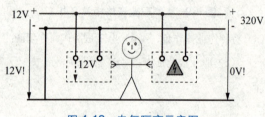

图 4-12 电气隔离示意图

(4) 上下电控制

高电压系统的上下电流程均由低压 12V 系统触发和控制，继电控制示意图如图 4-13 所示。

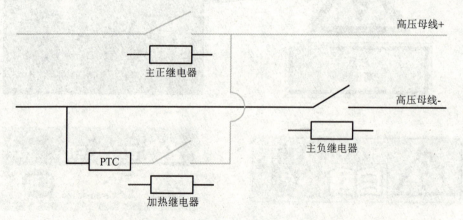

图 4-13 上下电继电控制示意图

(5) 分断装置

维修保养时，断开维修开关或锁闭分断锁以切断高电压。分断装置如图 4-14 所示。

图 4-14 分断装置

(6) 高电压车内仪表报警显示

对高电压电缆和部件进行绝缘监测，报警或切断高电压，车内仪表显示如图 4-15 所示。

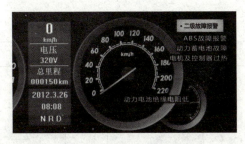

图 4-15 车内仪表显示

(7) 高压互锁

车内设有监测高电压部件、电缆、接插件、保护盖等的电气完整性的机构。高压互锁电路如图 4-16 所示。

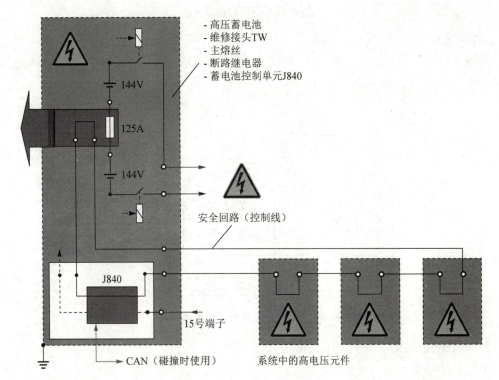

图 4-16 高压互锁电路

(8) 故障保护

系统采用故障分级和保护，防止过电压、过电流、过热、短路等。车内部分故障保护结构如图 4-17 所示。

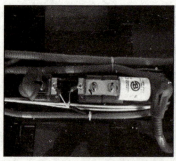

图 4-17　车内部分故障保护结构

(9) 电位均衡

高压系统多采用 IT 网，将高电压部件外壳连接为同等电位并接地。电位均衡示意图如图 4-18 所示。

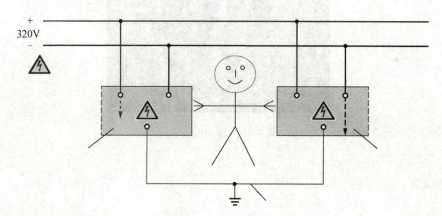

图 4-18　电位均衡示意图

(10) 主动放电

高电压系统在下电时刻，系统执行主动放电，以消耗残余电压。主动放电的电路如图 4-19 所示。

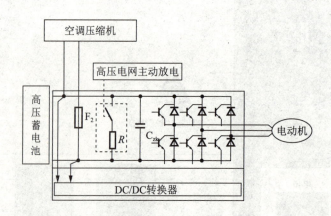

图 4-19　主动放电的电路

3. 高压防护装备

(1) 绝缘手套

绝缘手套的绝缘等级为 1000V/300A 以上，拆除及安装高压部件时使用。绝缘手套如

图 4-20 所示。

图 4-20 绝缘手套

(2) 绝缘靴

在拆除及安装高压部件时应穿绝缘靴。绝缘靴套如图 4-21 所示。

图 4-21 绝缘靴

(3) 绝缘服

在拆除及安装高压部件时应穿绝缘服。绝缘服如图 4-22 所示。

20kV 绝缘服

图 4-22 绝缘服

(4) 护目镜

在拆除及安装高压部件使用时应戴护目镜。护目镜如图 4-23 所示。

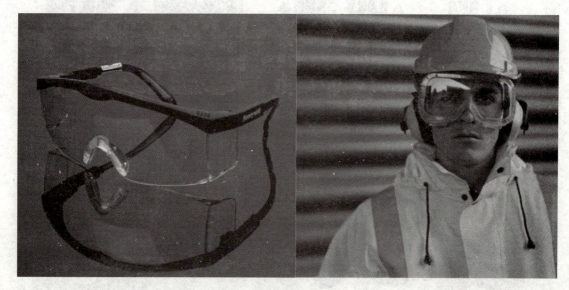

图 4-23　护目镜

(5) 绝缘工具

拆除及安装高压部件要使用绝缘工具。绝缘工具如图 4-24 所示。

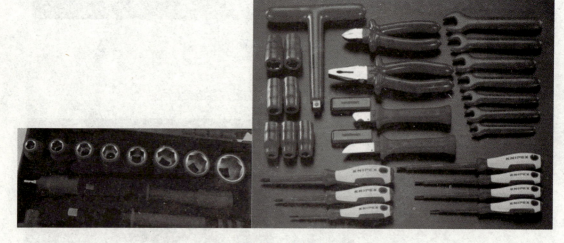

图 4-24　绝缘工具

4. 高压作业的安全规定

高压作业的安全规定如下：具有高压资质、修理相关设备应断电、要防止断电后重新接通、确定处于无电状态、遮盖和阻隔相邻带电部件。

4.3 帝豪 EV300 CAN 总线故障诊断案例分析

4.3.1 帝豪 EV300 CAN 总线的电路图

1）EV300 P-CAN 总线图如图 4-25 所示。

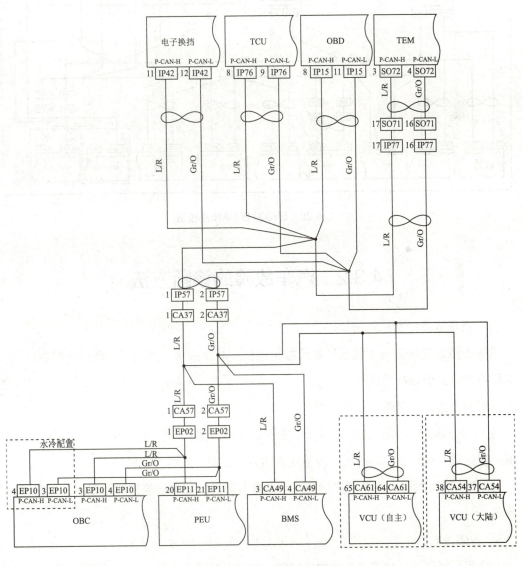

图 4-25 EV300 P-CAN 总线图

2）EV300 B-CAN 总线图如图 4-26 所示。

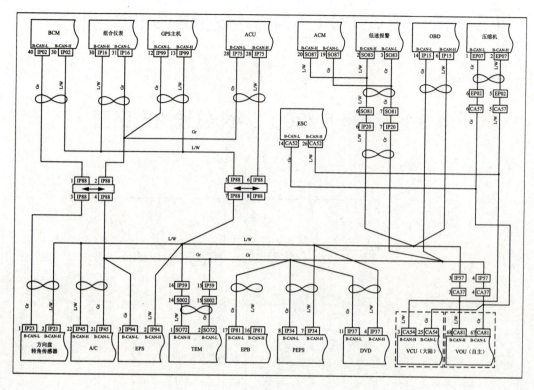

图 4-26　EV300 B-CAN 总线图

4.3.2　汽车故障的诊断方法

（1）汽车故障诊断的方法

汽车故障诊断的方法：验证和重现故障症状，明确故障，推测和明确故障产生的原因，标准作业维修，确认故障排除。

一般要通过以下步骤来处理故障。

1）了解故障：与用户进行交谈，以准确地了解故障和其发生的条件，以及症状的严重程度，包括询问故障发生的时间、故障发生的特定工况、故障症状等。

2）初步确认故障：注意用户的描述可能会有差异，要自己亲自体验症状，亲自确认具体故障。

3）故障诊断。

①检查机械部分：检查有无明显的故障，排除一些简单故障，检查接插件的连接、熔丝继电器的状态等。

②了解系统：当机械部件确认后，故障仍旧未排除，需要进一步了解故障部位的系统，包括电路图、报文 ID、故障代码等。

③系统测试：开展系统测试，通过 OBD 接口采集相应报文，进行分析。

④路试：当静态故障无法付现时，需要进行路试采集数据，进行分析。

4）更换部件或更新程序：通过所采集的报文分析为软件问题或硬件问题，根据具体情况予以更换部件或更新程序。

5）确认修理成功：检查试车后，再次进行测试确认故障已排除。

(2) EV300 数据采集

表 4.3 列出了 EV300 部件、连接脚号、工作电压与故障现象的数据，便于故障诊断。

表 4.3 EV300 故障现象的数据采集

序号	部件名称	脚号	脚号定义	工作电压 /V				故障现象
				OFF	ON	ST	充电	
1	车载充电机	EP66-3	CAN-Low	0	2.3	2.3	2.3	车辆无法起动，无法充电
2		EP66-4	CAN-High	2.2	2.3	2.3	2.3	车辆无法起动，无法充电
3		EP66-8	车载充电机电源 BAT	12V	11.87V	13V	—	车辆无法起动，无法充电
4		EP66-24	车载充电机唤醒线	0V	12V	13.5V	—	车辆无法起动，无法充电
5		EP66-11	充电枪插座温度检测	2.2V	2.2V	2.1V		无明显故障现象
6		EP66-12	充电枪插座温度检测	0V	0V	0V		无明显故障现象
7	充电接口	EP21-6	CC	5V	—	—	2V	车辆无法充电
8		EP21-7	CP	0V	—	—	9.4V	车辆无法充电
9	PEU	EP11-1	高压互锁	0V	4.8V	5.9V	—	车辆无法起动，无法充电
10		EP11-4	高压互锁	0V	4.8V	5.8V	—	车辆无法起动，无法充电
11		EP11-5	温度 1（EP11-5 与 EP11-13 之间的电阻是 15.45kΩ）	1.7V	1.7V	1.6V	—	无明显故障现象
12		EP11-6	温度 2（EP11-6 与 EP11-7 之间的电阻是 15.45kΩ）	0V	0V	0V	—	无明显故障现象

续表

序号	部件名称	脚号	脚号定义	工作电压/V				故障现象
				OFF	ON	ST	充电	
13	PEU	EP11-7	温度2	1.7	1.7	1.6	—	无明显故障现象
14		EP11-11	GND	0	0	0	—	无明显故障现象
15		EP11-13	温度1	0	0	0	—	无明显故障现象
16		EP11-20	CAN-High	0.6	2.7	2.6	—	车辆无法起动,无法充电
17		EP11-21	CAN-Low	1.0	2.3	2.2	—	车辆无法起动,无法充电
18		EP11-16	电动机旋转信号(COS-)	0	2.2	2.2	—	车辆无法起动,无法充电
19		EP11-17	电动机旋转信号(SIN-)	0	2.2	2.1	—	车辆无法行驶,无法充电
20		EP11-23	电动机旋转信号(COS+)	0	2.2	2.1	—	车辆无法行驶,无法充电
21		EP11-24	电动机旋转信号(SIN+)	0	2.2	2.2	—	车辆无法起动,无法充电
22		EP11-25	至IG2继电器ER15-30	0	12	13.9	—	无明显故障现象
23		EP11-26(EF31保险)	常电1	12	12	13.9	—	车辆无法起动,无法充电
24	辅助控制模块	SO87-4	制动灯开关 IP05-1	0	0	13.8	—	无明显故障现象
25		SO87-5	B+	12	12	13.9	—	车辆无法起动,无法充电
26		SO87-10	GND	0	0	0	—	车辆无法行驶,无法充电
27		SO87-11	—	11.6	11.4	13	—	无明显故障现象
28		SO87-12	ACM唤醒BMS线	0	0	0	13.8	车辆无法充电
29		SO87-15	充电状态信号(BMS)	0	0	0	0	无明显故障现象
30		SO87-17	充电加热	10.5	10.3	11.8	—	无明显故障现象
31		SO87-18	充电完成	9	9	11.3	—	无明显故障现象
32		SO87-19	CAN-Low	0.5	2.2	2.2	—	车辆无法行驶,无法充电
33		SO87-20	CAN-High	0.5	2.2	2.7	—	车辆无法行驶,无法充电
34		SO87-22	制动灯开关 IP05-4	0	12	13.8	—	无明显故障现象
35		SO87-23	充电状态信号(BMS)	0	0	0	0	无明显故障现象
36		SO87-26	充电故障	10.6	10.3	12.0	—	无明显故障现象

续表

序号	部件名称	脚号	脚号定义	工作电压/V				故障现象
				OFF	ON	ST	充电	
37	VCU	CA55-57	DCDC-EN	2.9	0	0	—	车辆无法充电
38		CA55-73	HVIL-OUT	0	4.9	5.7	—	车辆无法起动，无法充电
39		CA55-51	HVIL-IN	4.9	4.8	5.7	—	车辆无法起动，无法充电
40		CA54-13	CAN-High	2.3	2.7	2.6	—	车辆无法起动，无法充电
41	VCU	CA54-25	CAN-Low	2.0	2.2	2.2	—	车辆无法起动，无法充电
42		CA54-38	CAN-High	2.2	2.7	2.6	—	车辆无法起动，无法充电
43		CA54-37	CAN-Low	2.3	2.3	2.2	—	车辆无法起动，无法充电

4.3.3 整车控制器 CAN 总线常见故障诊断案例

1. P-CAN 断路故障诊断案例

（1）故障现象描述

READY 灯不亮、动力电池故障灯亮、系统故障灯亮等，如图 4-27 所示。

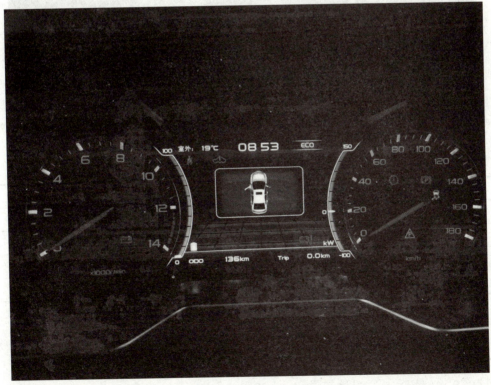

图 4-27 仪表显示（1）

(2)明确故障

打开汽车专用诊断仪,连接到 EV300 车辆故障诊断口,进入 EV300 故障诊断系统,如图 4-28 所示。

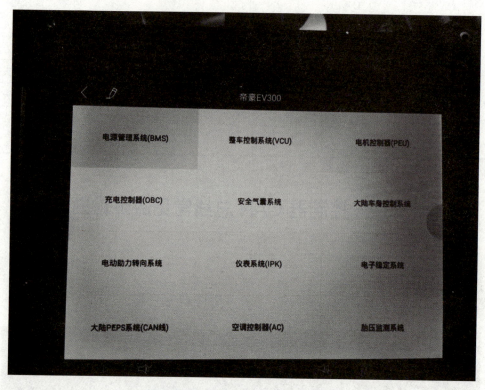

图 4-28　EV300 诊断仪系统显示界面

首先进入 BMS,无故障代码。然后进入 VCU,发现连接失败。再进入 BMS 得到表 4.4 所示的故障代码。

表 4.4　BMS 故障代码

故障代码	代码说明
U120400	CAN 帧超时故障
U130000	CAN 帧超时故障
U120000	CAN 帧超时故障
U120800	CAN 帧超时故障

(3)推测故障产生的原因

通过车辆故障现象和故障代码可知,VCU 连接失败,则汽车问题出现在 VCU 上。分析 VCU 电路图(图 4-29)可知,导致 VCU 连接失败的故障原因有以下几个。

1) CA55/71 端 VCC 线路故障。

2) CA54/37CAN-Low 和 CA54/38 CAN-High 线路故障。

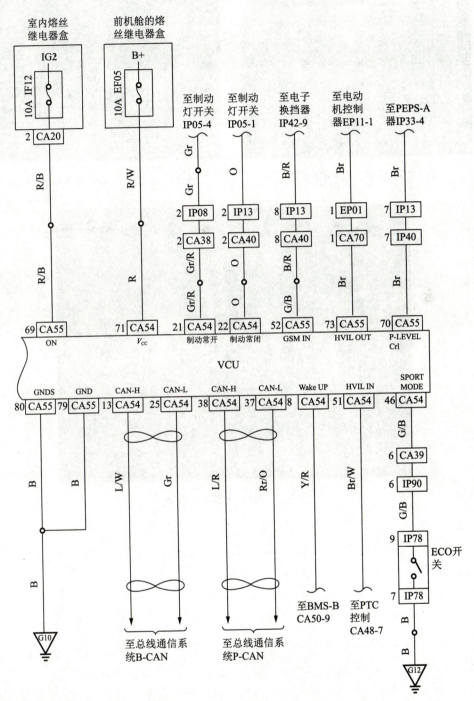

图 4-29 VCU 电路图

进一步分析波形，图 4-30 是正常时的 P-CAN 波形；图 4-31 是 P-CAN 并联小电阻时的波形；图 4-32 是 CAN 断路后，其电阻阻值变为 108Ω 的电路波形。

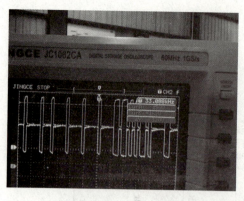 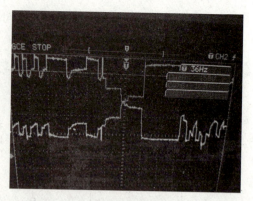

图 4-30　正常时的 P-CAN 波形　　　　图 4-31　并联小电阻时的 P-CAN 波形

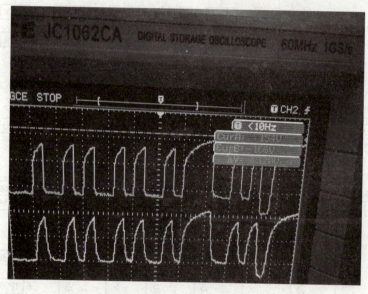

图 4-32　CAN 断路后的波形

从波形分析可知，故障出在断路情况。另一方面，如果是 CAN-High 和 CAN-Low 小电阻时，连接汽车故障诊断仪，读取故障代码，发现 BMS、VCU、PEU、充电机系统都连接失败，与断路情况连接汽车故障诊断仪时出现的情况不同。

(4) 故障检测

首先检查 VCU 的 VCC 端，关闭车辆点火开关，断开蓄电池负极连接线，带上绝缘手套和护目镜，断开高压维修开关。接回蓄电池负极。把点火开关打到 ON 挡，万用表打到电压挡，测量 CA55/71 端对地电压，得到数值为 11.5V，说明 VCC 端电压正常。

其次检测 CA54/37、38 端口，关闭点火开关，断开蓄电池负极，万用表拨到电阻挡，红黑表笔分别搭在 CA54 的 37 和 38 端口，测得电阻数值为 107.5Ω，正常数值应为 60Ω 左右。所以故障是在 CA54/37、38 端口线路断路故障。

(5) 故障排除

将 CA54/37、38 端口线路接通，通电后，故障消除。

2. B-CAN 断路故障诊断案例

（1）故障现象描述

REDAY 灯不亮，EPS 故障指示灯亮，安全气囊指示灯亮，如图 4-33 所示。

图 4-33　仪表显示（2）

（2）明确故障

由仪表显示可知，无系统故障灯亮，说明汽车问题出现在车身系统上，而不是控制系统上。连接汽车诊断仪，进入 VCU，得到故障代码，如图 4-34 所示；进入 ESP 系统得故障代码，如图 4-35 所示；进辅助控制系统得到故障代码，如图 4-36 所示。

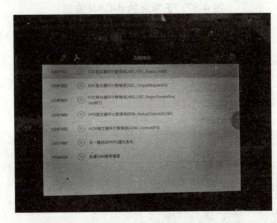

图 4-34　VCU 故障代码

图 4-35　ESP 故障代码

图 4-36　辅助控制系统故障代码

(3) 推测故障产生的原因

从各系统故障代码分析可知,故障可能出现在 VCU 的 CAN 总线上,从图 4-29 中分析可知导致故障的原因有以下几个。

1) 可能是 VCU 的 CA54/13、25 端的 B-CAN 线路故障。

②可能是 CA53/37、38 的 P-CAN 线路故障。

进一步分析波形,图 4-37 是正常时的 B-CAN 波形。

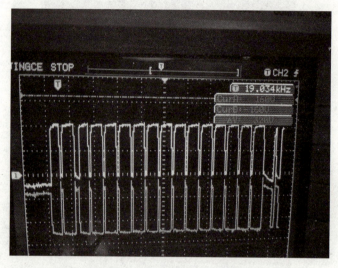

图 4-37　正常时的 B-CAN 波形

CAN-High 和 CAN-Low 之间电阻偏小、有短路现象时的 B-CAN 波形如图 4-38 所示。此时连接故障诊断仪,发现安全气囊模块、A/C 模块、ESP 模块、仪表系统模块全部连接失败。VCU 模块的故障代码如图 4-39 所示。图 4-40 是 CAN 断路后,其电阻阻值变为 108Ω 的电路波形。

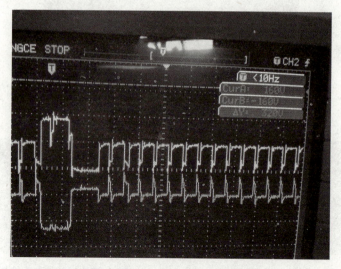

图 4-38　并联小电阻时的 B-CAN 波形

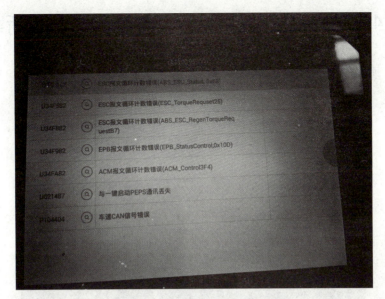

图 4-39 并联小电阻时的故障代码

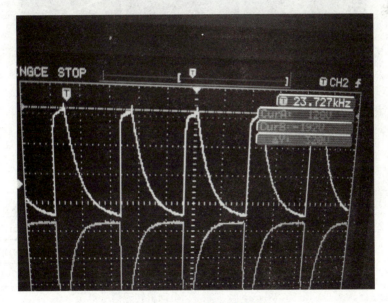

图 4-40 CAN 断路时波形

(4) 故障检测

关闭车辆点火开关,断开蓄电池负极连接线,戴上绝缘手套和护目镜,断开高压维修开关。断开 VCU 的 CA54 连接端子,万用表打到电阻挡,红黑表笔分别搭在 CA54/37、38 端子上,测得电阻为 59.8Ω(正常值为 60Ω 左右),说明 VCU 的 P-CAN 线路没有问题。

用万用表电阻挡测量 CA54/13、25 端子的电阻,测得数值为 108Ω 左右(正常值为 60Ω 左右),说明 VCU 的 B-CAN 线路出现断路故障。

(5) 故障排除

将 CA54/13、25 端口线路接通,通电后,故障消除。

4.3.4 电动机控制器 CAN 总线常见故障诊断案例

(1) 故障现象描述

REDAY 灯不亮,整车高压不上电,系统故障灯亮,如图 4-41 所示。

图 4-41 仪表显示(3)

(2) 明确故障

利用解码仪读 VCU 故障代码,如表 4.5 所示。同时解码仪无法进入 PEU,连接失败。

表 4.5 VCU 故障代码(1)

故障代码	代码说明
U34A882	电动机控制器报文循环计数错误(IPUMOT_Gemeral171)
U34AA82	电动机控制器报文循环计数错误(IPUMOT_Limits181)
U34A882	DCDC 报文循环计数错误(IPUDCDC_Gemeral379)
P102E02	电动机转速信号错误
P104404	车速 CAN 信号错误
P104E63	VCU 检测高压互锁超时(上下电时)

(3) 推测故障产生的原因

通过车辆故障仪表现象,以及解码仪无法进入 PEU 模块,连接失败,而 VCU 能够进入,说明问题是在某个系统中,而不是整车问题。结合 VCU 故障代码,说明问题出现在 PEU 上,分析 PEU 电路图(图 4-42)可知,导致 PEU 连接失败的原因有以下几个。

1) PEU EP11-26 端常电断路。

2) PEU EP11-11 端接地出现断路或者接触不良等情况。

3) PEU EP11-20、EP11-21 的 P-CAN 线路有故障。

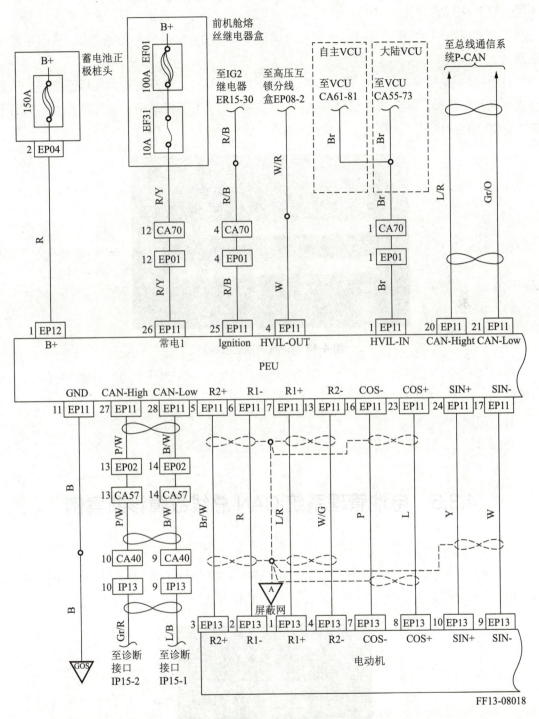

图 4-42 PEU 电路图

(4) 故障检测

结合图 4-42 所示，首先关闭车辆点火开关，断开蓄电池负极连接线，带上绝缘手套和护目镜，断开高压维修开关。接回蓄电池负极，点火开关打到 ON 挡，万用表打到电压挡，测量 EP11-26 端口与接地电压，为 11.5V，说明 PEU 常电端正常。其次断开点火开关，把万用表打到电阻挡，测量 EP11-11 端与接地之间的电阻，测得电阻阻值为 0，表明接地端正常。

最后检测 CAN 总线是否正常：首先关闭车辆点火开关，断开蓄电池负极连接线，戴上绝缘手套和护目镜，断开高压维修开关。拔下 PEU EP11 连接端子，用万用表电阻挡测量 EP11-20 和 EP11-21 之间电阻，如图 4-43 所示。

图 4-43 CAN 总线阻值检测

最终测 EP11-20 和 EP11-21 之间的阻值是 108Ω，而它们正常的阻值应为 60Ω，所以得到 PEU CAN 总线断路。

（5）故障排除

将 EP11-20 和 EP11-21 端口线路接通，通电后，故障消除。

4.3.5　电池管理系统 CAN 总线故障诊断案例

（1）故障现象描述

READY 灯不亮，系统故障指示灯亮，动力电池故障指示灯亮，如图 4-44 所示。打开充电接口，插上车载充电机，仪表无任何显示，如图 4-45 所示。

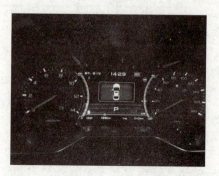

图 4-44　系统故障、动力电池故障指示灯亮

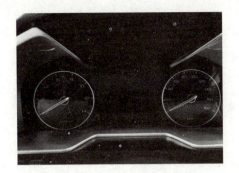

图 4-45 充电机后仪表显示

(2) 明确故障

连接故障诊断仪,打开点火开关,读取 BMS 模块,显示连接失败。进入 VCU 模块,读取到故障代码,如表 4.6 所示;读取 PEU 故障代码如图 4-46 所示;读取充电机模块故障代码,如图 4-47 所示。

表 4.6 VCU 故障代码（2）

故障代码	故障说明
U34AD82	BMS 报文循环计数错误（BMS_General230）
U34EC82	BMS 报文循环计数错误（BMS_Pwrlimit377）
P104E63	VCU 检测高压互锁超时（上下电时）

图 4-46 PEU 故障代码图

图 4-47 充电机模块故障代码

(3) 推测故障产生的原因

结合故障现象、故障代码显示及 BMS 电路图（图 4-48），可知,车子问题可能出现在 BMS。导致 BMS 无法正常工作,诊断仪连接失败的原因有以下几个。

1) CA49/1 常电端线路故障。

2) CA49/7 IG 端线路故障。

3) CA49/3、4 CAN 线端线路故障。

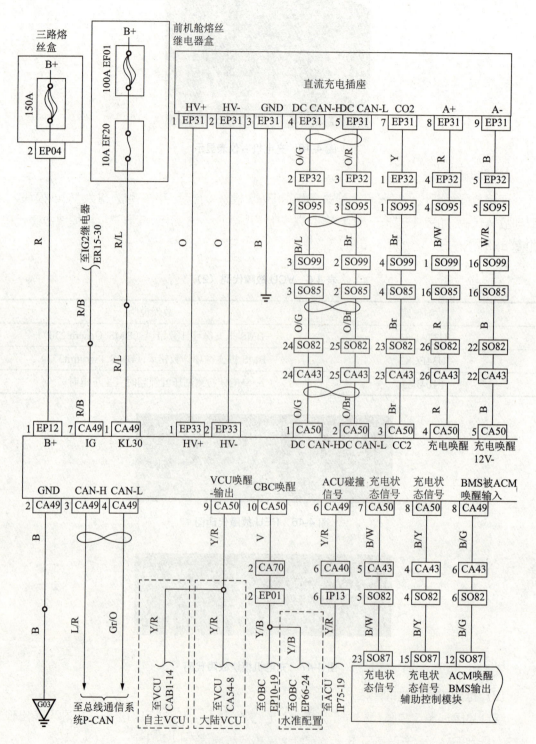

图 4-48 BMS 电路图

(4) 故障检测

首先关闭车辆点火开关，断开蓄电池负极连接线，戴上绝缘手套和护目镜，断开高压维修开关。接回蓄电池负极，打开点火开关，万用表拨到电压挡，测量 CA49/1 端与车身搭铁电压，测得为 12.5V，正常值应在 13V 左右，说明该线路正常。同时测量 CA49/7 IG 端与搭铁之间的电压，测得为 12.5V，正常值为 13V 左右，说明该线路也正常。

关闭点火开关，断开蓄电池负极。拔下 CA49 线速接头，万用表打到电阻挡，用万用表红黑表笔分别测量 CA49/3 和 CA49/4 端口，测得电阻阻值为 105Ω，正常值在 60Ω 左右，诊断结果是 BMS 的 CAN 总线线路故障。

(5) 故障排除

将 CA49/3 和 CA49/4 端口线路接通，通电后，故障消除。

4.3.6 充电机 CAN 总线故障诊断案例

(1) 故障现象描述

READY 不亮，系统故障指示灯亮，如图 4-49 所示。打开车辆充电接口，连接车载充电机，车辆无法正常充电，如图 4-50 所示。

图 4-49 仪表显示（4）

图 4-50 充电仪表指示

(2) 明确故障

连接故障诊断仪，读取 BMS 故障代码，如图 4-51 所示。读取 VCU 故障代码，如图 4-52 所示。读取充电机模块故障代码，连接失败，如图 4-53 所示。综合上述代码可知，故障问题应该出现在充电机上。

图 4-51 读取 BMS 故障代码

图 4-52　读取 VCU 故障代码　　　　图 4-53　充电机故障诊断

(3) 推测故障产生的原因

分析充电机电路图，如图 4-54 所示。产生故障的可能原因有以下几个。

1) 充电机 EP66/24 wakeup in 线路故障。
2) EP66-3 EP66-4 CAN 总线线路故障。

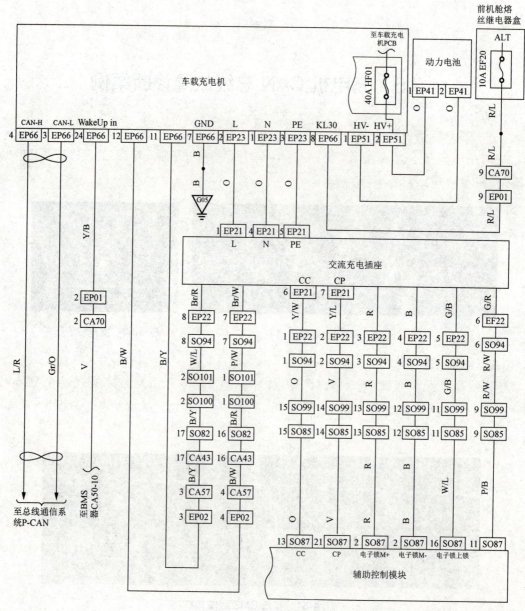

图 4-54　充电机电路图

(4) 故障检测

首先关闭车辆点火开关，断开蓄电池负极连接线，戴上绝缘手套和护目镜，断开高压维修开关。接回蓄电池负极，打开点火开关，万用表拨到电压挡，测量 EP66-24 端口的电压为 12.5V，正常值为 13V 左右，说明 EP66-24 wakeup in 端线路正常。

拔下充电机低压接线端子 EP66，把万用表拨到电阻挡，万用表红黑表笔分别测量 EP66-3、EP66-4 端口，测得数值为 108Ω，其正常阻值应为 60Ω 左右，基本可以判断故障为 EP66-3、EP66-4 号 CAN 总线线路故障。

(5) 故障排除

恢复线路故障后，接回充电机低压端子，戴上绝缘手套和护目镜，接回高压维修开关，接通蓄电池负极。打开点火开关，READY 灯亮，车辆正常起动。再关闭点火开关，打开车辆充电接口，连接充电宝，车辆整车充电，充电仪表显示如图 4-55 所示。

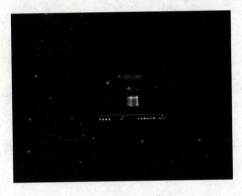

图 4-55　充电正常图

🌀 思考与练习

1. 简述高压作业的资质。
2. 简述高压作业的安全规定。
3. 简述汽车故障诊断的步骤。
4. 检测 VCU 电路 CA53/37、38 处对地的电压和波形。
5. PEUCAN 总线电阻如何检测？

项目 5
汽车车载总线系统检修

5.1 LIN 车载总线检修

局部连接网络（local interconnect network, LIN）是一种串行通信网络，是一个汽车底层网络协议，用于实现汽车中的分布式电子系统控制，对其他汽车网络给予辅助。

在车载网络中，LIN 属于低端网络，其传输速度低、结构简单、价格低廉，但当多路传输功能不够完善时，VAN 和 CAN 网络的操作就显得复杂且不经济，故引入 LIN 协议对 CAN 和 VAN 协议进行补充，从而降低成本，LIN 目前应用最多的是空调、车门、天窗等控制传输，如图 5-1 所示。

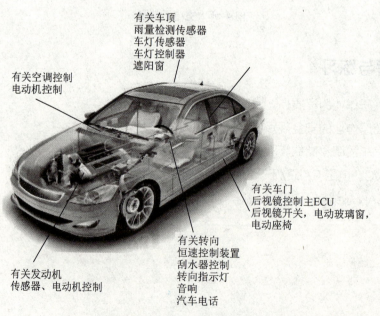

图 5-1 LIN 在汽车控制传输的应用

5.1.1　LIN 总线的主要特征及术语

LIN 总线基于 SCI（serial communication interface，串行通信接口）、UART（universal asynchronous receiver/transmitter，通用异步接收/发送设备）数据格式，采用单主机多从机模式对信息进行传输，不需要总线仲裁机制，总线仅由 3 根导线组成（电源、地线和数据线）。LIN 总线的传输速率可达 20kb/s，通常一个 LIN 网络上的节点数目小于 12 个，共有 64 个标识符，其主要特征如表 5.1 所示。

1) 单主/多从结构。
2) 基于 UART/SCI 接口的廉价硬件实现。
3) 从节点无振荡器的自同步功能。
4) 保证延时和信号传输的正确性。
5) 廉价的单总线结构。
6) 数据传输速率为 20kb/s。
7) 一帧信息中的数据长度为 2B 或 4B 或 8B。
8) 系统配置灵活。
9) 带同步的广播式发送/接收方式。
10) 数据累加、校验及错误检测功能和故障节点的检测功能。

表 5.1　LIN 总线的主要特征

特征	数值/性质	特征	数值/性质
交流媒介	1 根导线	数据制式	64
流速	1～20kb/s	帧的数据大小	2～8B
节点数	<16	结构	单主/多从
长度	<40m	可靠性	<CAN 网和 VAN 网
成本	<CAN 网和 VAN 网	从节点	自同步

5.1.2　LIN 总线的结构与协议

1. LIN 总线的结构

如图 5-2 所示，网络由一个主节点和一个或多个从节点构成，主节点可以执行主任务也可以执行从任务，但从节点只能执行从任务，总线上的信息传送由主节点控制。

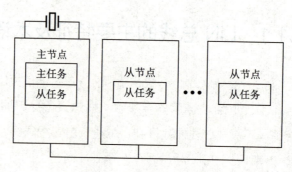

图 5-2　LIN 总线的结构

2. LIN 协议的结构

（1）节点结构

一个 LIN 电控单元拥有一个统一的接口（LIN 标准），以便于同其他 LIN 电控单元之间处理信息数据。这种标准的接口需要满足严格的成本要求，所以它必须在现有微控制器中使用标准单位元：基本单元为 UART（通用异步接收/发送）。LIN 总线节点的连接情况如图 5-3 所示。

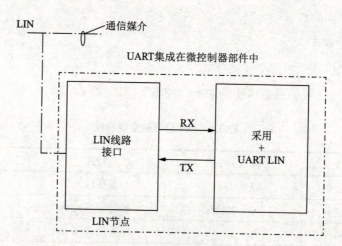

图 5-3　LIN 总线节点的连接情况

这种接口主要由两部分组成：协议控制器和线路接口。

1）协议控制器：LIN 协议控制器集成在微控制器中的一个标准单位（UART）上实现，微控制器靠软件负责管理 LIN 协议，以实现发送/接收 8 位字节、构成请求帧、接收回应帧、发送帧等主要功能。

2）线路接口：线路接口负责将 LIN 总线的信号翻译成无干扰的 RX 信号传入 LIN 协议控制器，以及相反地将协议控制器的 RX 信号进行翻译传入 LIN 总线。因此，这两个部件有翻译和保护的作用。LIN 网络线路和电压记录如图 5-4 所示。

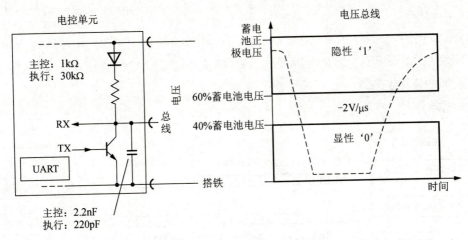

图 5-4　LIN 网络线路和电压记录

一个 LIN 网络由一个主节点和一个或多个从节点组成。该主节点只有一个主发送任务，从通信任务分为发送任务和接收任务。一个 LIN 网络上的通信总是由主节点的主发送任务所发起的，主控单元发送一个起始报文，该起始报文由同步断点、同步字节、消息标识符组成，在接收并且滤除消息标识符后，一个从任务被激活并且开始本消息的应答传输。该应答由 2（或 4、8）字节数据和一个校验码组成，起始报文和应答部分构成一个完整的报文帧。

（2）帧结构

一个 LIN 帧由间隔开的一系列字节组成，如图 5-5 所示。

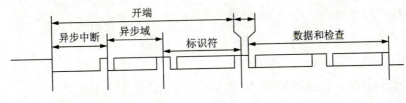

图 5-5　LIN 帧结构

1）异步中断域标志着 LIN 帧的开始；它通过 LIN 网的主节点发出，并且支持所有 LIN 节点自动适应总线的速度。

2）异步域使所有总线上的 LIN 节点异步。

3）标识域外集成 IDEN（integrated digital enhanced network，数字增强型网络），可以标示 64 节点，指明数据的目的地或所询问的节点的地址。

4）数据域由 1～8 个 8 位字位构成，包含了有用的命令或回应信息。

5）检查域由一个 8 位字位构成，以保证 LIN 帧内容的完整性。

LIN 报文帧可以采用以下几种数据交换形式。

1）由主节点到一个或多个从节点。

2）由一个从节点到主节点或其他的从节点。

3）通信信号可以在从节点之间传播，而不经过主节点或通过主节点广播消息到网络中的所有从节点。

(3) 传输模式

一个 LIN 电控单元所使用的传输方式与 VAN 网和 CAN 网电控单元所使用的传输方式是相同的，都包括以下 3 种：定时传输模式，事件传输模式，混合传输模式、定时传输模式和事件传输模式相混合。

从电控单元到执行器之间的传输方式如图 5-6 所示。

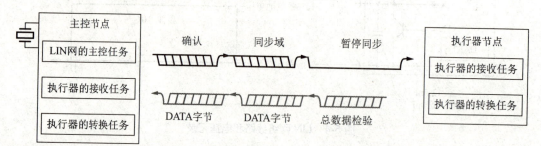

图 5-6　从电控单元到执行器之间的传输方式

(4) 进入传输媒介

LIN 电控单元进入传输媒介的方式有随机方式和异步方式两种，表明这种进入可以根据需要和执行本命令而随时进行。

LIN 从节点不可能根据本地命令进入 LIN 网络。为了能够达成连接，它们必须事先获得 LIN 主节点的邀请，而这是需要通过一个中介实现的。

(5) 服务

1) 发散模式的数据写入（一个制造者向多个使用者发出数据）。

2) 数据请求（一个使用者向制造者的数据请求）。

3) 即时回复（立即回复一个请求）。

这些服务允许单一 / 多支线策略（发散和请求 / 回复）的使用。

5.1.3　LIN 的控制单元

(1) LIN 的主控制单元

1) 监控数据传递和数据传递的速率，发送信息标题。

2) LIN 主控单元的软件内已经设定了一个周期，这个周期用于决定何时将哪些信息发送到 LIN 数据总线上多少次。

3) LIN 主控单元在 LIN 数据总线系统的 LIN 控制单元与 CAN 总线之间起"翻译"作用，它是 LIN 总线系统中唯一与 CAN 数据总线相连的控制单元。

通过 LIN 主控单元进行与之相连的 LIN 从控制单元的自诊断，LIN 总线系统与自诊断接口及 CAN 数据总线的连接图如图 5-7 所示。

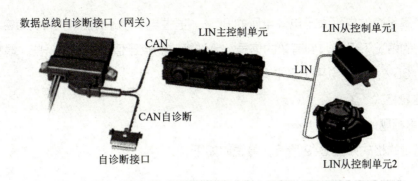

图 5-7 LIN 总线系统与自诊断接口及 CAN 数据总线的连接图

(2) LIN 的从控制单元

LIN 执行元件都是智能型的电子或机电部件，这些部件通过 LIN 主控制单元的 LIN 数字信号接收任务。

LIN 主控制单元通过集成的传感器来获知执行原件的实际状态，然后就可以进行规定状态和实际状态的对比。

(3) LIN 数据的传递过程

一个 LIN 子系统总是当由主系统发送相应的信息标题要求它发送时才向 LIN 数据总线系统发送数据，所发送的数据可供每个 LIN 数据总线参与单元接收，如图 5-8 所示。

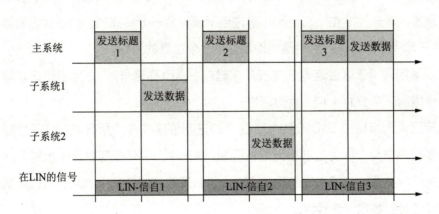

图 5-8 LIN 数据的传递过程

(4) 信号

隐性电平：如果无信息发送到 LIN 数据总线上或发送到 LIN 数据总线上的是一个隐性信号，那么数据总线导线上的电压就是蓄电池电压。

显性电平：为了将显性信号传到 LIN 数据总线上，发送控制单元内的收发机将数据总导线接地。

(5) 信号传递安全性

在隐性电平和显性电平收发时，通过预先设定公差值来保证数据传输的稳定性，发送信号电压必须满足隐性电平大于电源电压的 80%，显性电平小于电源电压的 20%。为了能在有干扰辐射的情况下仍能收到有效的信号，允许接收的电压值范围要宽一些，隐性电平大于电源电压的 60%，显性电平小于电源电压的 40%。

（6）信息格式

1）信息标题的格式。

信息标题的格式如图 5-9 所示，具说明如下。

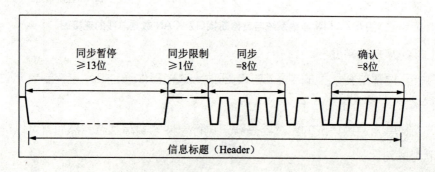

图 5-9　LIN 信息标题的格式

①同步暂停区：同步暂停区的长度至少为 13 位（二进制），以显性电平发送，这 13 位的长度是必需的，这样才能准确无误地通知所有的 LIN 子控制单元有关信息的起始点的情况，其他的信息是以最长为 9 位（二进制）显性电平来一个一个传递的。同步暂停会连同主波形（低信号）一起被除数发送并且明确地确定这是一个信息的开始。

②同步限制区：该区会连同从属波开一起被发送（高信号），并且表明这是同步暂停的结束。同步限制区至少为 1 位，且为隐性。

③同步区：同步区由 0101010101 这个二进制位序构成，所有的 LIN 子控制单元通过这个二进制位序来与 LIN 主控制单元进行匹配（同步）。所有控制单元同步对于保证正确的数据交换是非常必要的。如果失去了同步性，那么接收到的信息中的某一数位值就会发生错误，该错误会导致数据传递错误。

④确认区：确认区的长度为 8 位，前 6 位是回应信息识别码和信息长度。回应数据区的个数为 0～8，后两位是校验位，用于检查数据传递是否有错误。当出现识别码传递错误时，校验可防止与错误的信息适配。

2）信息内容的格式。

在信息内容中，确认领域中确定的数据领域个数会被传输，每个数据领域都以一个主导初始符开始，紧跟着要传输的数据字节，并以一个从属终止符结束，这样每个数据领域的长度为 10 位，同样也适用于检查总量，检查总量用于识别传输的错误。

5.1.4 LIN 总线在汽车上的应用

(1) LIN 在汽车上的应用范围

典型的 LIN 总线应用是汽车中的联合装配单元，如车门、方向盘、座椅、空调、照明灯、湿度传感器、交流电动机等。在以下的汽车电子控制系统中，使用 LIN 来使各种网络应用得更加完美。

车顶：温度传感器、光敏传感器、信号灯控制、汽车顶棚等。

车门：车窗玻璃、中控锁、车窗玻璃开关、吊窗提手等。

车头：传感器、小电动机、方向盘、方向控制开关、刮水器、方向灯、无线电、空调、座椅、座椅控制电动机、转速传感器等。

(2) LIN 总线在汽车上的应用实例

【例 5-1】LIN 总线在刮水器上的应用如图 5-10 所示。

1) 驾驶员将刮水器杆放于刮水器间歇位置。
2) 转向柱电子设备 J257 读取刮水器杆的实际位置。
3) J257 经由舒适性 CAN 向车载控制单元发送此信息。
4) 车载控制单元 J519 通过 LIN 向刮水器 J400 发出指令，运行间歇位置模式。

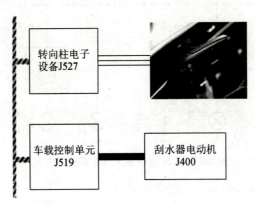

图 5-10 LIN 总线刮水器控制示意图

【例 5.2】LIN 在汽车车门上的应用。

车门控制 LIN 网络由主机节点、后视镜从机节点、摇窗机从机节点、门锁从机节点构成。

主机节点采集本地各控制开关的状态并接收 CAN 总线上的远程信息，据此产生控制指令，并将指令转换为 LIN 报文帧通过 LIN 网络发送给相应的从机节点，从机节点接收到与自己相关的报文帧后对报文帧进行拆封、解读，然后根据获得的指令控制相应的执行器动作，从而实现对车门各部件的控制。同时，在需要时从机节点分别将其控制部件所处状态反馈给主机节点，主机节点再将该状态信息通过指示灯或扬声器提供给驾驶员或通过 CAN 总线发送给其他控制单元。主机节点也作为本 LIN 网络与上层 CAN 网络连接的网关。

【例 5.3】LIN 在汽车车镜中的应用。

图 5-11 总线上的地电位信号为显性状态，只要任何节点将总线电压拉低，就会出现这一状态。当总线处于电池电压且所有节点都使总线处于悬空状态时，会出现隐性状态。在空闲状态下，总线通过上拉电阻悬空为高电平。

LIN 总线的工作电压范围为 9～18V，但总线上的所有部件都必须能够承受 40V 的电压。通常，单片机通过线路驱动器/接收器与总线隔离，这种方案下总线每个节点端都接 VBAT（蓄电池电压），主节点通过 1kΩ 电阻端接，从节点则通过 20～47kΩ 的电阻端接。总线最大设计长度为 40 m。每个字节都利用起始位和停止位作为头尾标志位。起始位与空闲状态相反，为 0，而停止位则等同空闲状态（即 1）。在每字节内，数据从最低位 (LSB) 开始传送。

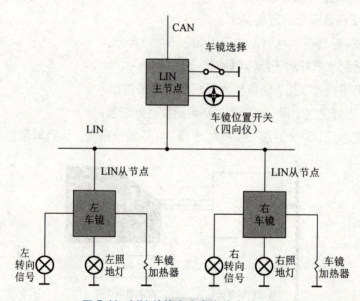

图 5-11　LIN 总线在汽车车镜中的应用

【例 5.4】：LIN 在汽车车灯控制系统中的应用。

如图 5-12 所示的汽车车灯控制系统，该网络结构由 1 个主节点和 4 个从节点构成（分别为左前灯控制器、右前灯控制器、左后灯控制器和右后灯控制器）。主节点接收来自传感器和 CAN 总线的信号，经过一定处理后，发送不同报文帧头，以实现白天、傍晚、晚上、会车、左转和右转各个模式或组合模式下，各从节点车灯的状态控制。从节点 1 和从节点 2 包括远光灯、近光灯和侧向灯，从节点 3 和从节点 4 包括尾灯和驻车灯。此外，如果对于主节点发出的报文帧，从节点没有响应，则主节点上的报错指示灯点亮，并可以显示出是哪一个从节点发生了故障。

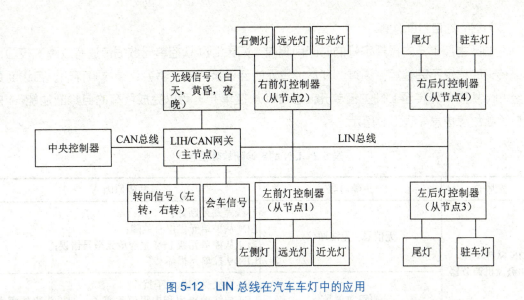

图 5-12 LIN 总线在汽车车灯中的应用

5.1.5　LIN 的防盗功能和自诊断功能

(1) LIN 的防盗功能

只有当 LIN 主控单元发送出带有相应识别码的信息标题后，数据才会传至 LIN 总线。由于 LIN 主控单元对所有信息进行全面监控，因此无法对车外的 LIN 导线进行控制，系统要求 LIN 从控单元只能回应，这样就不会通过 LIN 总线而打开车门，这种设置就使在车外安装 LIN 从控单元（如在前保险杠内的车库门开启控制单元）成为可能。LIN 总线的防盗系统如图 5-13 所示。

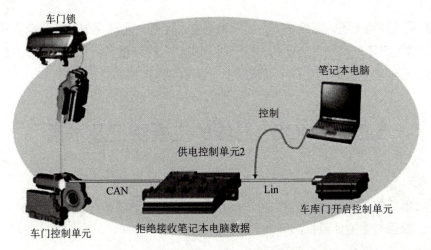

图 5-13　LIN 总线的防盗系统

(2) LIN 的自诊断功能

在 LIN 主控单元内已规定好的时间间隔内，如果 LIN 从控单元数据传递有故障、校验出错或传递的信息不完整等，通过 LIN 从控单元的自诊断功能，将会记录故障存储。自诊断数据经 LIN 从控单元传至 LIN 主控单元，在 LIN 从控单元上可以完成所有的自诊断功能。LIN 的自诊断故障信息如表 5.2 所示。

表 5.2　LIN 的自诊断故障信息

故障位	故障内容	故障原因
LIN 从控单元，如鼓风机调节器	无信息/无法通信	导线短路或断路； LIN 从控单元供电有故障； LIN 从控单元或 LIN 主控单元型号错误； LIN 从控单元损坏
	不可靠信号	LIN 导线受到电磁干扰； LIN 导线的电容和电阻值改变了（如插头壳体潮湿或脏污）软件故障（备件型号错误）

5.2　MOST 车载总线检修

MOST（media oriented systems transport，多媒体定向传输系统），是专为在车辆中使用而开发的一种多媒体应用通信技术，是多媒体时代的车载电子设备所必需的高速网络，为遥控操作及集中管理工作的方法等提出了方案，MOST 将成为汽车用多媒体设备所不可缺少的技术。

MOST 采用塑料光缆的网络协议，将音响装置、电视、全球定位系统及电话等设备相互连接起来，给用户带来了极大的便利。MOST 利用一根光纤最多可以同时传送 15 个频道的 CD 质量的非压缩音频数据，在一个局域网上，最多可以连接 64 个节点。

5.2.1　MOST 总线的主要特征及术语

(1) MOST 总线的特征
1) 保证低成本的条件下，达到 24.8Mb/s 的数据传输速率。
2) 无论是否有主控计算机都可以工作。
3) 使用塑料光缆优化信息传送质量。
4) 支持声音和压缩图像的实时处理。

5) 支持数据的同步和异步传输。

6) 发送/接收器嵌有虚拟网络管理系统。

7) 支持多种网络连接方式。

8) 提供 MOST 设备标准。

9) 方便简洁的应用界面，MOST 总线不像 CAN 和 I-Bus（仪表总线）那样只能传输控制数据和传感器数据，它还能传输数字音频信号和视频信号图形，以及其他数据服务。

(2) MOST 数据的类型

在 MOST 网络中传输的信息有同步数据、异步数据和控制数据 3 种类型，这 3 类数据分别由一个信息帧的同步数据域、异步数据域和控制数据域传送。

同步数据域用于传送实时数据，数据的访问采用时分多路复用方式。在一个帧中异步传输用于传送大块的数据，异步数据以令牌环的方式访问，控制数据域传输控制和其他数据。控制通道的协议采用载波监听多路复用访问方式。

(3) MOST 总线的常用术语

1) MOST 数据通道。在 MOST 网络中，信息帧格式传送，一个帧又划分为一些数据段，总线上不断传送的信息帧的相同数据段连续不断地传送着某种信息，构成了这种信息的一个数据通道。

2) 通道带宽。在网络物理介质上的信息传输速率一定时，MOST 网络中一个数据通道的信息传输速度由这个数据通道在一帧中占用的数据字节决定，字节越多，单位时间传输的数据越多，传输速度也越快。在 MOST 网络中，一帧中分配给一个通道的字节数就是这个通道的带宽。

3) MOST 设备。MOST 设备是人机接口、音像设备、键盘及控制开关等任何可以连接到 MOST 网络上的装置。

4) MOST 功能和功能块。在 MOST 的应用层，一个设备可以有多个实现一定应用目的组件，如放大器、调音器、CD 唱机等，它们称为功能块。MOST 的"功能"指功能块的一些可以由外界访问的属性或操作。

5) 从功能块、控制功能块和人机接口功能块。只能接收其他功能块的操作，而不能对其他功能块施行操作的功能块称为从功能块，能够对其他功能块施行操作的功能块称为控制功能块，具有人机界面的功能块称为人机接口功能块。

6) 属性。属性是指功能块或设备的一些可以被访问的参数，如温度、音量、口令等，属性一般由变量表示。

7) 方法。在 MOST 协议中，方法是指施加于功能块的某种操作，功能块发出的一个方法请求可以带有执行这个操作需要的一些参数。当一个功能块发出一个方法请求后，被请求的功能块就会启动相关的处理过程，如果请求的操作过程不能被完成，接收到这个请求的功能块将返回给发出请求的功能块一个错误信息；如果请求的操作过程顺利完成，接收到方法请求的功能块在完成相应的过程后，将向发出请求的功能块发送一个有关执行情况的信息。

8) 事件。一个功能块的一些属性可能在没有外部请求的时候也会发生一些变化，这就是所谓的事件，如 CD 播放的延续时间、设备状态变化等。当一个功能块使用的其他功能块的参数需要不断被刷新时，它就会不断地发出读取请求，以便获得这个参数的当前状态（这种过程会占用大量的带宽资源）。如果功能块没有得到请求，在一些事件发生时也能自动发送信息，这样就会减少需要通过网络传输的信息量，降低网络通信负担。

9) 功能间的接口。为了使用一个功能，一个控制功能块或人机接口功能块必须知道这个功能需要的参数、可以进行的操作，以及参数类型和限制等方面的知识，功能接口提供调用它时这些信息的描述，是这个功能与使用它的功能间的界面。功能接口的定义通常在使用一个设备时是已知的，可以通过人机接口动态配置。在系统运行中，功能接口的参数可能发生变化。在这种情况发生时，新的定义将被通知到所有使用这个功能的功能块。

5.2.2　MOST 总线的基本结构与原理

1. MOST 的节点结构

MOST 的节点结构模型如图 5-14 所示，MOST 网络可以连接基于不同内部结构和内部实现技术的节点，它的拓扑结构可以是环形网或星形网或菊花链。MOST 网络上的设备分享不同的同步和异步数据传输通道，不同类型的数据具有不同的访问机构。

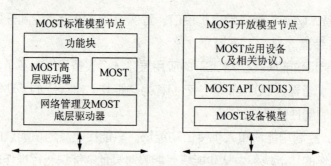

图 5-14　MOST 的节点结构模型

MOST 网络有集中管理和非集中管理两种管理模式。集中管理模式中，管理功能由网络上的一个节点实施，当其他节点需要这些服务时，必须向这个节点申请；非集中管理模式中，网络管理分布在网络上的节点中，不需要这种中心管理。

一个 MOST 网络系统由 MOST 连接机制、MOST 系统服务和 MOST 设备 3 个方面决定。MOST 网络启动时，为每一个网上设备分配一个地址；数据传输时，通过同步位流实现各节点的同步。

2. MOST 设备

连接到 MOST 上的任何应用层部分都是 MOST 设备。MOST 网络中，在网络管理系统的控制下，这些设备可以协同工作，它们之间可同时传送数据流、控制信息和数据报文，原理如图 5-15 所示。

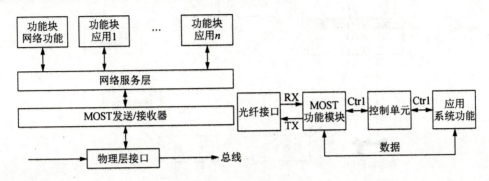

图 5-15　MOST 的网络和设备接口模型

逻辑上，一个 MOST 设备包括节点应用功能块、网络服务接口、发送/接收器及物理层接口。一个 MOST 设备可以有多个功能块，如使用 CD，需要有播放、停止及设置播放时间等功能，这些功能对于 MOST 设备来说是外部可以访问的。

图 5-15 中，RX 表示输入信息，TX 表示发送信号，Ctrl 表示控制信号，在一些简单的设备中，可以没有微控制器部分，由 MOST 功能模块直接把应用系统连到网络上。

3. 多媒体网络的原理

控制数据和传感器数据与数字音频信号和视频信号系统最大的区别在于数据容量，数字音频信号和视频信号的数据量大，要求网速快（15Mb/s），采用高速的 CAN（1Mb/s）也无法及时、快速传递。MOST 目前提供的带宽为 22.5Mb/s，为了满足数据传输的各种不同要求，每一个 MOST 信息分为控制数据、异步数据和同步数据 3 部分。

4. MOST 总线控制单元的内部结构

MOST 总线控制单元由光导纤维——光导插头、电气插头、内部供电装置、收发单元——光导发射器、MOST 收发机、标准微控制器和专用部件等组成。

光信号通过光导纤维——光导插头进入控制单元，或产生的光信号通过光导纤维—光导插头传往下一个总线用户。

电气插头用于供电、环断裂自诊断及输入、输出信号。

6. MOST 总线的环形结构

MOST 总线系统的一个重要特征就是它的环形结构，控制单元通过纤维沿环形方向将数据发送到下一个控制单元，这个过程一直在持续进行，直至首先发出数据的控制单元又接收到这些数据为止，这就形成了一个封闭环，如图 5-16 所示。

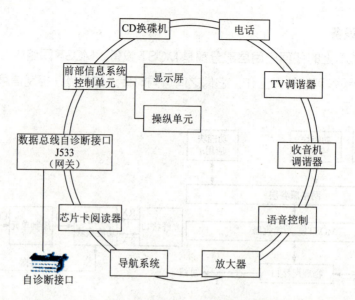

图 5-16 MOST 环形结构示意图

系统管理器与诊断管理器一同负责 MOST 总线内的系统管理，系统管理器作用如下：①控制系统状态；②发送 MOST 总线信息；③管理传输容量。

7. MOST 总线系统的状态

此时 MOST 总线内没有数据交换，所有的装置处于待命状态，只能由系统管理器发出的光启动脉冲来激活，静态电流被降至最小值。

进入休眠模式的前提条件如下：总线上的所有控制单元显示为准备进入睡眠模式；其他总线系统不经过网关向 MOST 提出要求；诊断不被激活。

(1) 备用模式

该模式无法为用户提供任何服务，给人的感觉就好像是系统已经关闭一样，此时 MOST 总线系统在后台运行，但所有的输出介质（如显示屏、收音机放大器等）都不工作或不发声，这种模式在启动及系统运行时被激活。

进入备用模式的前提条件如下：由其他数据总线经由网关得以激活，如驾驶座位旁车门打开/关闭时；

可以由总线上的一个控制单元得以激活，如一个要接听的电话。

(2) 通电工作模式

MOST 总线系统在通电工作模式下，此时控制单元完全接通，MOST 总线上有数据交换，用户可使用所有功能。

进入通电工作模式的前提条件如下：①MOST 总线处在备用模式；②由其他数据总线得以激活。

激活的实现可以通过使用者的功能选择，如通过多媒体的操纵单元。

5.2.3　MOST 总线在汽车上的应用

MOST 网络的特点非常适应汽车媒体设备应用环境的需要，所以汽车行业已经把 MOST 技术作为将来汽车上媒体系统的一个标准。汽车生产商采用 MOST 主要是由于其性能可靠、成本低、系统简单、结构灵活、数据兼容性好和良好的即电磁干扰性能。通过 MOST 网络把人机语音接口与车上媒体设备、通信设备及其他信息设备连接，是实现这种车上设备语音访问技术的有效方式。图 5-17 是用 MOST 实现这种车上媒体设备、信息设备链接的示意图。

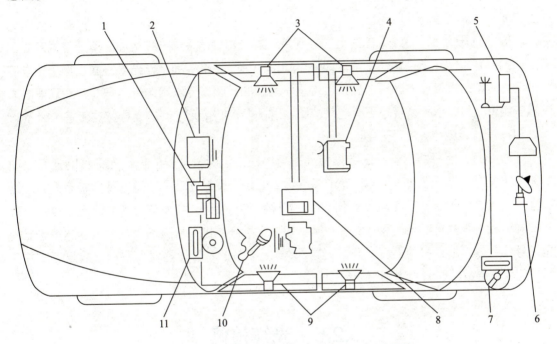

图 5-17　车上媒体设备、信息设备的 MOST 网络

1．计算机及键盘；2．显示器；3．、9．音响；4．电视；5．无线信号发送接收器；6．卫星信号接收机；7．电子地图等；8．车载电话；10．语音控制接口；11．CD 播放机

5.2.4　MOST 总线的诊断

（1）诊断管理器

除系统管理器外，MOST 总线还有一个诊断管理器，该管理器执行环形中断诊断，并将 MOST 总线上的控制单元诊断数据传给诊断控制单元。

（2）系统故障

如果数据传递在 MOST 总线上的某一位置处中断，由于总线是环形结构，因此就称为环形中断，发生环形中断的原因有光导纤维断路，发射器或接收器控制单元的供电有故障，发射器或接收器的控制单元损坏。

(3) 环形中断诊断

如果 MOST 总线上出现环形中断，那么就无法进行数据传递，产生的影响如下。音频和视频播放终止；通过多媒体操纵单元无法控制和调整；诊断管理器的故障存储器中存有故障"光纤数据总线断路"。

因此就必须使用诊断线来进行环形中断诊断。中断诊断开始后，诊断管理器通过诊断线向各控制单元发送一个脉冲，这个脉冲使所有控制单元用光导发射器内的发射单元发出光信号。在此过程中，所有控制单元的检查功能为，自身的供电及其内部的电控功能；从环形总线上的前一个控制单元接收光信号。

环形中断开始后，MOST 总线上的控制单元发送两种信息：一种是控制单元电气方面正常，即本控制单元的电控功能正常，如供电情况；另一种是控制单元光学方面正常，即本控制单元的光电二极管接收到环形总线上位于其前面的控制单元发出的光信号。诊断管理器通过这些信息就可以识别系统是否有电气故障，哪两个控制单元之间的光导数据传递中断了。

(4) 信号衰减增大的环形中断诊断

环形中断诊断只能用于判定数据传递是否中断，诊断管理器的执行元件诊断还有一项功能，就是通过降低光功率来进行环形中断诊断。通过降低光功率来进行环形中断诊断，其过程与上述是相同的，但有一点是不同的：即控制单元接通光导发射器内的发光二极管时有 3dB 的衰减，也就是说光功率降低了一半。如果光导纤维信号衰减增大，那么到达接收器的光信号就会非常弱，接收器会报告"光学故障"，于是诊断管理器就可识别出故障点，并在用检测议查寻故障时会给出相应的帮助信息。

5.2.5 光缆检修

(1) 最常用的光缆

最常用的光缆有塑料光缆、玻璃光缆等，如图 5-18 所示。

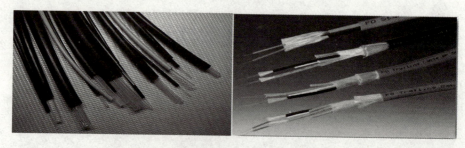

图 5-18 光缆

车辆上只安装塑料光缆，与玻璃光缆相比，塑料光缆具有下列优势：纤维横截面更大、简化了技术制造过程；对灰尘相对不敏感；更易于使用，因为塑料不会像玻璃那样破碎；更易于处理，能够剪切、打磨或熔化；成本低廉。

(2) 光线传输的原理

由控制单元产生的电信号在一个发送组件内转化为光信号后射入光缆内。纤维内芯用于传导光波。纤维内芯外裹有一层护皮，以免光线溢出芯外。护皮可反射光线，从而使光线继续在芯内传送。光线传输的原理如图 5-19 所示，控制单元的构造如图 5-20 所示。

光线以此方式经过光缆。通过一个接收组件，光线再次转化为电信号。

图 5-19 光线传输的原理

1. 发送二极管；2. 护皮；3. 纤维内芯；4. 接收二极管

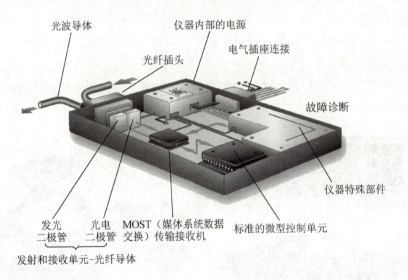

图 5-20 控制单元的构造

产生光波的波长为 650nm，且是可视红色光。数据将通过光波的调制来进行传输。经过调制后的光线接着将通过光导体被导向下一个控制单元。光波的波长如图 5-21 所示。

图 5-21 光波的波长

传输接收机由传输器和接收器两个部件组成,如图5-22所示。

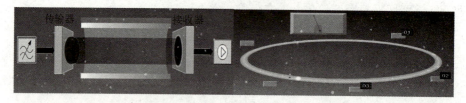

图5-22 传输器和接收器

宝马车辆研发了两种用于数据传输的光学总线系统:MOST和byteflight。光线长度为650nm(红光)。可使用3种不同的颜色区分不同总线系统的光缆,如图5-23所示。

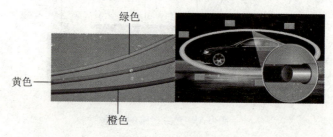

图5-23 宝马车的光缆

图中黄色为byteflight线,绿色为MOST线;橙色为保养维修线。

MOST是一种专门针对车内使用而开发的、服务于多媒体应用的通信技术,MOST总线利用光脉冲传输数据。

MOST技术满足MOST总线传输控制单元、音频、视频和导航数据的要求。MOST总线的应用如图5-24所示。

图5-24 MOST总线的应用

(3) MOST的优点

MOST的优点如下:可达到较高的数据传输率;可在不相互干扰的前提下,并行同步提供信息和娱乐服务;具有良好的电磁兼容性。

奥迪车的MOST系统如图5-25所示。

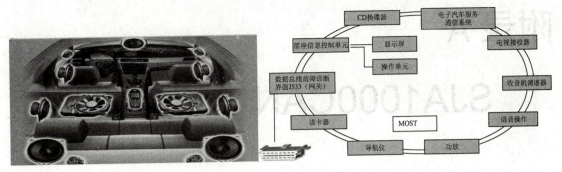

图 5-25　奥迪车的 MOST 系统

5.3　蓝牙技术

蓝牙技术是一种无线通信技术，其目的是实现最高数据传输速率 1Mbit/s、最大传输距离为 10m 的无线通信。

蓝牙是一种支持设备短距离通信（一般为 10m 内）的无线电技术，能在包括移动电话、PDA、无线耳机、笔记本电脑、相关外设等众多设备之间进行无线信息交换。利用蓝牙技术，能够有效地简化移动通信终端设备之间的通信，也能够成功地简化设备与 Internet 之间的通信，从而数据传输变得更加迅速高效，为无线通信拓宽道路。蓝牙采用分散式网络结构及快跳频和短包技术，支持点对点及点对多点通信，工作在全球通用的 2.4GHz ISM（industria scientific and medical band，工业、科学和医疗频带）。其数据速率为 1Mb/s，采用时分双工传输方案实现全双工传输。

思考与练习

1. 简述 LIN 总线系统的特点。
2. 简述 MOST 总线系统的特点。

附录 A

SJA1000CAN 节点互发程序

采用 CEPARK CAN 开发学习板（图 2-27）进行 CAN 两个节点的测试。具体要求：将两块 CAN 总线开发学习板 CAN-H-CANH、CANL-CANL 相连，连接无误后分别按中断按键，相应的数码管显示加一，并通过 CAN 总线发送到另一块数码管上显示。分别应用汇编语言和 C51 语言进行程序设计，具体程序如下。

1. 汇编程序

```
;程序开始
SJA_RST BIT P2.3
SJA_CS  BIT P2.0
;R0    Txd_data DATA  0, CAN 总线发送的数据、数码管 1-2 显示的数据
;R1    Rxd_data DATA  0, CAN 总线接收的数据、数码管 3-4 显示的数据

PORT1   DATA  80H
PORT2   DATA  0A0H
;;;;;;;;;;;;;;;;;;;;;;;;;;;;;;;;;;;;;;;;;;;;;;;;;;;;;
SJA_BASE_ADR  DATA    0FE00H          ;寄存器地址的基址

//SJA1000 寄存器地址定义，作用在 Peli 模式，扩展帧方式
/***********************
模式控制寄存器及其位定义
***********************/
SJA_MOD       DATA    SJA_BASE_ADR+00H
RM_BIT        DATA    01H             ;复位模式请求位
LOM_BIT       DATA    02H             ;只听模式位
STM_BIT       DATA    04H             ;自检模式位
AFM_BIT       DATA    08H             ;验收滤波器模式位
SM_BIT        DATA    10H             ;睡眠模式位

/***********************
命令寄存器及其位定义
***********************/
SJA_CMR       DATA    SJA_BASE_ADR+01H
TR_BIT        DATA    01H             ;发送请求位
```

```
AT_BIT              DATA    02H                 ; 中止发送位
RRB_BIT             DATA    04H                 ; 释放接收缓冲器位
CDO_BIT             DATA    08H                 ; 清除数据溢出位
SRR_BIT             DATA    10H                 ; 自身接收请求位


/***********************
状态寄存器及其位定义
***********************/
SJA_SR              DATA    SJA_BASE_ADR+02H
RBS_BIT             DATA    01H                 ; 接收缓冲器状态位
DOS_BIT             DATA    02H                 ; 数据溢出状态位
TBS_BIT             DATA    04H                 ; 发送缓冲器状态位
TCS_BIT             DATA    08H                 ; 发送完成状态位
RS_BIT              DATA    10H                 ; 接收状态位
TS_BIT              DATA    20H                 ; 发送状态位
ES_BIT              DATA    40H                 ; 错误状态位
BS_BIT              DATA    80H                 ; 总线状态位
/***********************
中断寄存器及其位定义
***********************/
SJA_IR              DATA    SJA_BASE_ADR+03H
RI_BIT              DATA    01H                 ; 接收中断位
TI_BIT              DATA    02H                 ; 发送中断位
EI_BIT              DATA    04H                 ; 错误警告中断位
DOI_BIT             DATA    08H                 ; 数据溢出中断位
WUI_BIT             DATA    10H                 ; 唤醒中断位
EPI_BIT             DATA    20H                 ; 错误消极中断位
ALI_BIT             DATA    40H                 ; 仲裁丢失中断位
BEI_BIT             DATA    80H                 ; 总线错误中断位


/***********************
中断使能寄存器及其位定义
***********************/
SJA_IER             DATA    SJA_BASE_ADR+04H
RIE_BIT             DATA    01H                 ; 接收中断使能位
TIE_BIT             DATA    02H                 ; 发送中断使能位
EIE_BIT             DATA    04H                 ; 错误警告中断使能位
DOIE_BIT            DATA    08H                 ; 数据溢出中断使能位
WUIE_BIT            DATA    10H                 ; 唤醒中断使能位
EPIE_BIT            DATA    20H                 ; 错误消极中断使能位
ALIE_BIT            DATA    40H                 ; 仲裁丢失中断使能位
BEIE_BIT            DATA    80H                 ; 总线错误中断使能位


SJA_BTR0            DATA    SJA_BASE_ADR+06H    ; 总线定时器寄存器0
```

SJA_BTR1	DATA	SJA_BASE_ADR+07H	;总线定时器寄存器1
SAM_BIT	DATA	80H	;采样模式位 0 采样 1 次、1 采样 3 次

/************************
输出控制寄存器及其位定义
************************/

SJA_OCR	DATA	SJA_BASE_ADR+08H	

/*OCMODE1,OCMODE0 */

BiPhaseMode	DATA	00H	;双相输出模式
NormalMode	DATA	02H	;正常输出模式
ClkOutMode	DATA	03H	;时钟输出模式

/*TX1 的输出引脚配置 */

OCPOL1_BIT	DATA	20H	;输出极性控制位
Tx1Float	DATA	00H	;配置为悬空
Tx1PullDn	DATA	40H	;配置为下拉
Tx1PullUp	DATA	80H	;配置为上拉
Tx1PshPull	DATA	0C0H	;配置为推挽

/*TX0 的输出引脚配置 */

OCPOL0_BIT	DATA	04H	;输出极性控制位
Tx0Float	DATA	00H	;配置为悬空
Tx0PullDn	DATA	08H	;配置为下拉
Tx0PullUp	DATA	10H	;配置为上拉
Tx0PshPull	DATA	18H	;配置为推挽
SJA_TEST	DATA	SJA_BASE_ADR+09H	;测试寄存器

/*******************************
#define SJA_10   XBYTE[SJA_BASE_ADR+0x0a],寄存器功能保留
*******************************/

/*********************
其他寄存器及其位定义
*********************/

SJA_ALC	DATA	SJA_BASE_ADR+0BH	;仲裁丢失捕捉寄存器
SJA_ECC	DATA	SJA_BASE_ADR+0CH	;错误捕捉寄存器
SJA_EWLR	DATA	SJA_BASE_ADR+0DH	;错误报警限制寄存器
SJA_RXERR	DATA	SJA_BASE_ADR+0EH	;RX 错误计数寄存器
SJA_TXERR	DATA	SJA_BASE_ADR+0FH	;TX 错误计数寄存器

/*********************
验收滤波器寄存器及其位定义
*********************/

SJA_ACR0	DATA	SJA_BASE_ADR+10H	;验收代码 0 寄存器
SJA_ACR1	DATA	SJA_BASE_ADR+11H	;验收代码 1 寄存器
SJA_ACR2	DATA	SJA_BASE_ADR+12H	;验收代码 2 寄存器

```
SJA_ACR3        DATA    SJA_BASE_ADR+13H  ;验收代码 3 寄存器

SJA_AMR0        DATA    SJA_BASE_ADR+14H  ;验收屏蔽 0 寄存器
SJA_AMR1        DATA    SJA_BASE_ADR+15H  ;验收屏蔽 1 寄存器
SJA_AMR2        DATA    SJA_BASE_ADR+16H  ;验收屏蔽 2 寄存器
SJA_AMR3        DATA    SJA_BASE_ADR+17H  ;验收屏蔽 3 寄存器

SJA_RMC         DATA    SJA_BASE_ADR+1DH  ;RX 信息计数寄存器
SJA_RBSA        DATA    SJA_BASE_ADR+1EH  ;RX 缓冲区起始地址寄存器

/***********************
始终分频寄存器地址定义
***********************/
SJA_CDR         DATA    SJA_BASE_ADR+1FH ;时钟分频寄存器
CLKOff_BIT      DATA    08H     ;时钟关闭位，时钟输出引脚控制位
RXINTEN_BIT     DATA    20H     ;用于接收中断的引脚 TX1
CBP_BIT         DATA    40H     ;CAN 比较器旁路控制位
CANMode_BIT     DATA    80H     ;CAN 模式控制位


ORG     0000H
LJMP    MAIN
ORG     0003H
LJMP    INTEX0
ORG     0013H
LJMP    Peli_RXD
ORG     0400H
MAIN:   MOV SP, #30H
        CALL    MCU_Init
        CALL    Peli_Init
        CALL    DELAY1
DISPL:
        CALL    DISPLET
        JMP     DISPL

INTEX0:    ;INT0 按键为计数按键
        PUSH    ACC
        PUSH    PSW
        CLR     EA
        INC     R0      ;存储计数结果（待发送的数据）
        CALL    Peli_TXD
        CALL    DELAY10
        SETB    EA
        SETB    EX1
        POP     PSW
```

```
            POP   ACC
            RETI

Peli_RXD:
            PUSH  ACC
            PUSH  PSW
            CLR   EA                        ;关CPU中断
RE6:    MOV   DPTR,#0FE03H                  ;SJA_IR
            MOVX  A,@DPTR
            ANL   A,#01H
            CJNE  A,#00H,RE7
            SJMP  RE8
RE7:    MOV DPTR,#SJA_RBSR0
            MOVX A,@DPTR
            MOV DPTR,#SJA_RBSR1
            MOVX A,@DPTR
            MOV DPTR,#SJA_RBSR2
MOVX A,@DPTR
            MOV DPTR,#SJA_RBSR3
            MOVX A,@DPTR
            MOV DPTR,#SJA_RBSR4
            MOVX A,@DPTR
            MOV DPTR,#0FE15H                ;SJA_RBSR5
            MOVX A,@DPTR
            MOV R1,A
            MOV DPTR,#SJA_RBSR6
            MOVX A,@DPTR
            MOV DPTR,#SJA_RBSR7
MOVX A,@DPTR
            MOV DPTR,#SJA_RBSR8
MOVX A,@DPTR
            MOV DPTR,#SJA_RBSR9
            MOVX A,@DPTR
            MOV DPTR,#SJA_RBSR10
MOVX A,@DPTR
            MOV DPTR,#SJA_RBSR11
            MOVX A,@DPTR
            MOV DPTR,#SJA_RBSR12
MOVX A,@DPTR
            MOV DPTR,#0FE01H                ;SJA_CMR
            MOV A,#04H;
            MOVX @DPTR,A
            MOV DPTR,#0FE0BH                ;SJA_ALC
            MOVX A,@DPTR
```

```
        MOV DPTR,#0FE0CH              ;SJA_ECC
        MOVX A,@DPTR
RE8:    MOV DPTR,#0FE04H              ;SJA_IER
        MOV A,#01H;
        MOVX @DPTR,A
        SETB EA                       ;打开CPU中断
        POP  PSW
        POP  ACC
        RETI

Peli_TXD:
;初始化标示码头信息#88H,TBSRO.7=0 扩展帧、TBSRO.6=0 数据帧、TBSRO.3=1 数据长度(DCL.3)
        MOV DPTR,#0FE10H              ;SJA_TBSR0
        MOV A,#88H
        MOVX @DPTR,A
        MOV DPTR,SJA_TBSR1
        MOV A,#00H
        MOVX @DPTR,A
        MOV DPTR,SJA_TBSR2
        MOV A,#00H
        MOVX @DPTR,A
        MOV DPTR,SJA_TBSR3
        MOV A,#00H
        MOVX @DPTR,A
        MOV DPTR,SJA_TBSR4
        MOV A,#01H
        MOVX @DPTR,A
        MOV DPTR,SJA_TBSR5
        MOV A,R0
        MOVX @DPTR,A
        MOV DPTR,SJA_TBSR6
        MOV A,#22H
        MOVX @DPTR,A
        MOV DPTR,SJA_TBSR7
        MOV A,#33H
        MOVX @DPTR,A
        MOV DPTR,SJA_TBSR8
        MOV A,#44H
        MOVX @DPTR,A
        MOV DPTR,#0FE19H              ;SJA_TBSR9
        MOV A,#55H
        MOVX @DPTR,A
        MOV DPTR,SJA_TBSR10
        MOV A,#66H
```

```asm
            MOVX @DPTR,A
            MOV DPTR,SJA_TBSR11
            MOV A,#77H
            MOVX @DPTR,A
            MOV DPTR,SJA_TBSR12
            MOV A,#88H
            MOVX @DPTR,A
            MOV DPTR,SJA_CMR
            MOV A,#TR_BIT              ;10H
            MOVX @DPTR,A               ;置位自发送接收请求
            RET

MCU_INIT:
        CLR  P2.3                      ;SJA1000 复位有效
        CALL DELAY10                   ;延时
        SETB P2.3                      ;CAN 总线复位引脚,复位无效
        CALL DELAY10
        CLR  P2.0                      ;CAN 总线片选有效
        CALL DELAY10
        SETB EX1                       ;=1,外部中断 1 使能,CAN 总线接收中断
        CALL DELAY10
CLR  IT1                               ;=0,CAN 总线接收中断,低电平触发
        SETB IT0                       ;=1,外部中断 0 负边沿触发
SETB EX0                               ;=1,打开外部中断 0
        SETB EA                        ;=1,开总中断
        RET


Peli_Init:
;SJA1000 的初始化,Status=SJA_MOD
;MOD.0=1 进入复位模式,以便设置相应的寄存器
;防止未进入复位模式,重复写入 SJA_MOD=RM_BIT |AFM_BIT,01&08
        MOV DPTR,SJA_MOD
        MOV A,#029H                    ;08H-WORK 09H RESET
        MOVX @DPTR,A
        MOV DPTR,SJA_CDR
        MOV A,#88H
        MOVX @DPTR,A                   ;CDR.3=1 时钟关闭,CDR.7=0-basicCAN,
                                        CDR.7=1-Peli CAN
        MOV DPTR,SJA_BTR0
        MOV A,#03H
        MOVX @DPTR,A
        MOV DPTR,SJA_BTR1
        MOV A,#1CH
        MOVX @DPTR,A                   ;16MHz 晶振,波特率为 125kb/s
```

```
        MOV DPTR,#0FE04H          ;SJA_IER
        MOV A,#01H
        MOVX @DPTR,A              ;IER.0=1—— 接收中断使能,IER.1=0——
                                   关闭发送中断使能

        MOV DPTR,SJA_OCR
        MOV A,#0AAH
        MOVX @DPTR,A              ;配置输出控制寄存器
        MOV DPTR,#0FE01H          ;SJA_CMR
        MOV A,#04H                ;释放接收缓冲器
        MOVX @DPTR,A
        MOV DPTR,SJA_ACR0
        MOV A,#11H
        MOVX @DPTR,A
        MOV DPTR,SJA_ACR1
        MOV A,#22H
        MOVX @DPTR,A
        MOV DPTR,SJA_ACR2
        MOV A,#33H
        MOVX @DPTR,A
        MOV DPTR,SJA_ACR3
        MOV A,#44H                ;初始化标示码
        MOVX @DPTR,A
        MOV DPTR,SJA_AMR0
        MOV A,#0FFH
        MOVX @DPTR,A
        MOV DPTR,SJA_AMR1
        MOV A,#0FFH
        MOVX @DPTR,A
        MOV DPTR,SJA_AMR2
        MOV A,#0FFH;
        MOVX @DPTR,A
        MOV DPTR,SJA_AMR3
        MOV A,#0FFH               ;初始化掩码
        MOVX @DPTR,A
        MOV DPTR,SJA_MOD
        MOV  A,#08H
        MOVX @DPTR,A
        CALL DELAY10
;LED 显示处理程序
DISPLET:
        MOV A,R0
        MOV R4,A
        CLR C
        RRC A
```

```
            RRC   A
            RRC   A
            RRC   A
            ANL   A,#0FH
            MOV   R5,A
            MOV   A,R1
            ANL   A,#0FH
            MOV   R6,A
            CLR   C
            RRC   A
            RRC   A
            RRC   A
            RRC   A
            ANL   A,#0FH
            MOV   R7,A
            MOV   A,R4
            MOV   DPTR,#DISPSEG_TAB
            MOVC  A,@A+DPTR
            MOV   R4,A
            MOV   A,R5
            MOV   DPTR,#DISPSEG_TAB
            MOVC  A,@A+DPTR
            MOV   R5,A
            MOV   A,R6
            MOV   DPTR,#DISPSEG_TAB
            MOVC  A,@A+DPTR
            MOV   R6,A
            MOV   A,R7
            MOV   DPTR,#DISPSEG_TAB
            MOVC  A,@A+DPTR
            MOV   R7,A
            JMP   DISP
DISPSEG_TAB:
DB 0C0H,0F9H,0A4H,0B0H,099H,092H,082H,0F8H,080H,090H,
DB 088H,DB 083H,0C6H,0A1H,086H,08EH,0C8H,08CH,0BFH
DISP:
            MOV   PORT1,R4
            MOV   PORT2,#7FH
            CALL  DELAY5
            MOV   PORT1,R5
            MOV   PORT2,#0BFH
            ACALL DELAY5
            MOV   PORT1,R6
            MOV   PORT2,#0DFH
```

```
        ACALL   DELAY5
        MOV     PORT1,R7
        MOV     PORT2,#0EFH
        ACALL   DELAY5
        RET
DELAY1:MOV R2,#244
DY1:    MOV R3,#45H
        DJNZ R3,$
        DJNZ R2,DY1
        RET
DELAY5:MOV R2,#244
DY5:    MOV R3,#5
        DJNZ R3,$
        DJNZ R2,DY5
        RET
DELAY10:MOV R2,#244
DY10:   MOV R3,#10
        DJNZ R3,$
        DJNZ R2,DY10
        RET
        END
```

2. C51 语言程序

(1) config.h 文件

```c
#ifndef __CONFIG_H__
#define __CONFIG_H__
#define Fclk       11059200UL    /* 使用 11.0592MHz 晶体 */
#define BAUD       9600UL        /* 波特率定义为 9600b/s */
#define uint8      unsigned char
#define uint16     unsigned short int
#define uint32     unsigned long int
#define int8       signed char
#define int16      signed short int
#define int32      signed long int
#define uint64     unsigned long long int
#define int64      signed long long int
#endif
```

(2) SJAPeliCAN.H 头文件

```c
#ifndef __SJAPELICAN_H__
#define __SJAPELICAN_H__
#include<absacc.h>
#include"config.h"
```

```c
// 数码管段码显示:0~f,不亮
uint8 code LED_Disp[]={0xC0,0xF9,0xA4,0xB0,  0x99,0x92,0x82,0xF8,
                       0x80,0x90,0x88,0x83,  0xC6,0xA1,0x86,0x8E};
sfr LedPort=0x80;                  // 段选段 P0
sfr LedCtrl=0xa0;                  // 位选段 P2
uint8 DisBuff[4];
#define      FrameNum     13       // 一帧字节数
uint8        RX_buffer[FrameNum];  // 接收的数据
uint8        TX_buffer[FrameNum];  // 接收的数据
uint8        Txd_data=0;           //CAN 总线要发送的数据,在数码管 1-2 位置显示
uint8        Rxd_data=0;           //CAN 总线要接收的数据,在数码管 3-4 位置显示
sbit SJA_RST=P2^3;                 //SJA1000 复位引脚
sbit SJA_CS=P2^0;                  //SJA1000 片选引脚
void MCU_Init(void);
void Peli_Init(void);              // 初始化 CAN 总线芯片
void Peli_TXD(void);               //CAN 发送子函数
void mDelay(uint16 mtime);         // 延时子函数
void LED_Disp_Seg7( );             // 显示子函数
#define SJA_BASE_ADR     0xfe00    // 寄存器地址的基址
//SJA1000 寄存器地址定义,作用在 Peli 模式,扩展帧方式
/*********************
模式控制寄存器及其位定义
**********************/
#define SJA_MOD    XBYTE[SJA_BASE_ADR+0x00]
#define RM_BIT     0x01            // 复位模式请求位
#define LOM_BIT    0x02            // 只听模式位
#define STM_BIT    0x04            // 自检模式位
#define AFM_BIT    0x08            // 验收滤波器模式位
#define SM_BIT     0x10            // 睡眠模式位
/*********************
命令寄存器及其位定义
**********************/
#define SJA_CMR    XBYTE[SJA_BASE_ADR+0x01]
#define TR_BIT     0x01            // 发送请求位
#define AT_BIT     0x02            // 中止发送位
#define RRB_BIT    0x04            // 释放接收缓冲器位
#define CDO_BIT    0x08            // 清除数据溢出位
#define SRR_BIT    0x10            // 自身接收请求位
/*********************
状态寄存器及其位定义
**********************/
#define SJA_SR     XBYTE[SJA_BASE_ADR+0x02]
#define RBS_BIT    0x01            // 接收缓冲器状态位
#define DOS_BIT    0x02            // 数据溢出状态位
```

```c
#define TBS_BIT            0x04                    // 发送缓冲器状态位
#define TCS_BIT            0x08                    // 发送完成状态位
#define RS_BIT             0x10                    // 接收状态位
#define TS_BIT             0x20                    // 发送状态位
#define ES_BIT             0x40                    // 错误状态位
#define BS_BIT             0x80                    // 总线状态位
/**********************
中断寄存器及其位定义
**********************/
#define SJA_IR             XBYTE[SJA_BASE_ADR+0x03]
#define RI_BIT             0x01                    // 接收中断位
#define TI_BIT             0x02                    // 发送中断位
#define EI_BIT             0x04                    // 错误警告中断位
#define DOI_BIT            0x08                    // 数据溢出中断位
#define WUI_BIT            0x10                    // 唤醒中断位
#define EPI_BIT            0x20                    // 错误消极中断位
#define ALI_BIT            0x40                    // 仲裁丢失中断位
#define BEI_BIT            0x80                    // 总线错误中断位
/**********************
中断使能寄存器及其位定义
**********************/
#define SJA_IER            XBYTE[SJA_BASE_ADR+0x04]
#define RIE_BIT            0x01                    // 接收中断使能位
#define TIE_BIT            0x02                    // 发送中断使能位
#define EIE_BIT            0x04                    // 错误警告中断使能位
#define DOIE_BIT           0x08                    // 数据溢出中断使能位
#define WUIE_BIT           0x10                    // 唤醒中断使能位
#define EPIE_BIT           0x20                    // 错误消极中断使能位
#define ALIE_BIT           0x40                    // 仲裁丢失中断使能位
#define BEIE_BIT           0x80                    // 总线错误中断使能位
#define SJA_BTR0           XBYTE[SJA_BASE_ADR+0x06] // 总线定时器寄存器0
#define SJA_BTR1           XBYTE[SJA_BASE_ADR+0x07] // 总线定时器寄存器1
#define SAM_BIT            0x80// 采样模式位,0——总线被采样1次,1——总线被采样3次
/**********************
输出控制寄存器及其位定义
**********************/
#define SJA_OCR            XBYTE[SJA_BASE_ADR+0x08]
         /*OCMODE1,OCMODE0 */
#define BiPhaseMode        0x00                    // 双相输出模式
#define NormalMode         0x02                    // 正常输出模式
#define ClkOutMode         (0x01|0x02)             // 时钟输出模式
         /*TX1 的输出引脚配置 */
#define OCPOL1_BIT         0x20                    // 输出极性控制位
#define Tx1Float           0x00                    // 配置为悬空
```

```c
#define Tx1PullDn       0x40                        // 配置为下拉
#define Tx1PullUp       0x80                        // 配置为上拉
#define Tx1PshPull      (0x40|0x80)                 // 配置为推挽
            /*TX0 的输出引脚配置 */
#define OCPOL0_BIT      0x04                        // 输出极性控制位
#define Tx0Float        0x00                        // 配置为悬空
#define Tx0PullDn       0x08                        // 配置为下拉
#define Tx0PullUp       0x10                        // 配置为上拉
#define Tx0PshPull      (0x10|0x08)                 // 配置为推挽
#define SJA_TEST        XBYTE[SJA_BASE_ADR+0x09]    // 测试寄存器
/*******************************
#define SJA_10    XBYTE[SJA_BASE_ADR+0x0a] 寄存器功能保留 */
 *******************************/

/*********************
其他寄存器及其位定义
*********************/
#define SJA_ALC     XBYTE[SJA_BASE_ADR+0x0b]    // 仲裁丢失捕捉寄存器
#define SJA_ECC     XBYTE[SJA_BASE_ADR+0x0c]    // 错误捕捉寄存器
#define SJA_EWLR    XBYTE[SJA_BASE_ADR+0x0d]    // 错误报警限制寄存器
#define SJA_RXERR   XBYTE[SJA_BASE_ADR+0x0e]    //RX 错误计数寄存器
#define SJA_TXERR   XBYTE[SJA_BASE_ADR+0x0f]    //TX 错误计数寄存器
/*********************
验收滤波器寄存器及其位定义
*********************/
#define SJA_ACR0    XBYTE[SJA_BASE_ADR+0x10]    // 验收代码 0 寄存器
#define SJA_ACR1    XBYTE[SJA_BASE_ADR+0x11]    // 验收代码 1 寄存器
#define SJA_ACR2    XBYTE[SJA_BASE_ADR+0x12]    // 验收代码 2 寄存器
#define SJA_ACR3    XBYTE[SJA_BASE_ADR+0x13]    // 验收代码 3 寄存器
#define SJA_AMR0    XBYTE[SJA_BASE_ADR+0x14]    // 验收屏蔽 0 寄存器
#define SJA_AMR1    XBYTE[SJA_BASE_ADR+0x15]    // 验收屏蔽 1 寄存器
#define SJA_AMR2    XBYTE[SJA_BASE_ADR+0x16]    // 验收屏蔽 2 寄存器
#define SJA_AMR3    XBYTE[SJA_BASE_ADR+0x17]    // 验收屏蔽 3 寄存器
/*********************
TX 缓冲器地址定义
*********************/
#define SJA_TBSR0   XBYTE[SJA_BASE_ADR+ 0x10]
#define SJA_TBSR1   XBYTE[SJA_BASE_ADR+0x11]
#define SJA_TBSR2   XBYTE[SJA_BASE_ADR+0x12]
#define SJA_TBSR3   XBYTE[SJA_BASE_ADR+0x13]
#define SJA_TBSR4   XBYTE[SJA_BASE_ADR+0x14]
#define SJA_TBSR5   XBYTE[SJA_BASE_ADR+0x15]
#define SJA_TBSR6   XBYTE[SJA_BASE_ADR+0x16]
#define SJA_TBSR7   XBYTE[SJA_BASE_ADR+0x17]
#define SJA_TBSR8   XBYTE[SJA_BASE_ADR+0x18]
```

```c
#define SJA_TBSR9      XBYTE[SJA_BASE_ADR+0x19]
#define SJA_TBSR10     XBYTE[SJA_BASE_ADR+0x1a]
#define SJA_TBSR11     XBYTE[SJA_BASE_ADR+0x1b]
#define SJA_TBSR12     XBYTE[SJA_BASE_ADR+0x1c]
/**********************
RX 缓冲器地址定义
**********************/
#define SJA_RBSR0      XBYTE[SJA_BASE_ADR+ 0x10]
#define SJA_RBSR1      XBYTE[SJA_BASE_ADR+0x11]
#define SJA_RBSR2      XBYTE[SJA_BASE_ADR+0x12]
#define SJA_RBSR3      XBYTE[SJA_BASE_ADR+0x13]
#define SJA_RBSR4      XBYTE[SJA_BASE_ADR+0x14]
#define SJA_RBSR5      XBYTE[SJA_BASE_ADR+0x15]
#define SJA_RBSR6      XBYTE[SJA_BASE_ADR+0x16]
#define SJA_RBSR7      XBYTE[SJA_BASE_ADR+0x17]
#define SJA_RBSR8      XBYTE[SJA_BASE_ADR+0x18]
#define SJA_RBSR9      XBYTE[SJA_BASE_ADR+0x19]
#define SJA_RBSR10     XBYTE[SJA_BASE_ADR+0x1a]
#define SJA_RBSR11     XBYTE[SJA_BASE_ADR+0x1b]
#define SJA_RBSR12     XBYTE[SJA_BASE_ADR+0x1c]
#define SJA_RMC        XBYTE[SJA_BASE_ADR+0x1d]   //RX 信息计数寄存器
#define SJA_RBSA       XBYTE[SJA_BASE_ADR+0x1e]   //RX 缓冲区起始地址寄存器
/**********************
始终分频寄存器地址定义
**********************/
#define SJA_CDR        XBYTE[SJA_BASE_ADR+0x1f]   // 时钟分频寄存器
#define CLKOff_BIT     0x08                       // 时钟关闭位，时钟输出引脚控制位
#define RXINTEN_BIT    0x20                       // 用于接收中断的引脚 TX1
#define CBP_BIT        0x40                       //CAN 比较器旁路控制位
#define CANMode_BIT    0x80                       //CAN 模式控制位
#endif
```

(3) C51 语言程序

```c
#include<reg52.h>
#include"sjapelican.h"
#include"config.h"
//INT0 按键为计数按键
void INT0_Data(void) interrupt 0
{
    EA=0;
    Txd_data++;                   // 存储计数结果（待发送的数据）
    Peli_TXD( );
    EA=1;
}
```

```c
// 接收数据函数，在中断服务程序中调用
void Peli_RXD(void) interrupt 2
{
    uint8 data Status;
    EA=0;                                   // 关 CPU 中断
    Status=SJA_IR;
    if(Status & RI_BIT)                     //IR.0=1 接收中断
    {
        RX_buffer[0]= SJA_RBSR0;
        RX_buffer[1]=SJA_RBSR1;
        RX_buffer[2]=SJA_RBSR2;
        RX_buffer[3]=SJA_RBSR3;
        RX_buffer[4]=SJA_RBSR4;
        RX_buffer[5]=SJA_RBSR5;
        RX_buffer[6]=SJA_RBSR6;
        RX_buffer[7]=SJA_RBSR7;
        RX_buffer[8]=SJA_RBSR8;
        RX_buffer[9]=SJA_RBSR9;
        RX_buffer[10]=SJA_RBSR10;
        RX_buffer[11]=SJA_RBSR11;
        RX_buffer[12]=SJA_RBSR12;
        SJA_CMR = RRB_BIT;                  // 释放接收缓冲器位
        Status=SJA_ALC;                     // 释放仲裁随时捕捉寄存器
        Status=SJA_ECC;                     // 释放错误代码捕捉寄存器
    }
    SJA_IER=RIE_BIT;                        //IER.0=1——接收中断使能
                                            Rxd_data=RX_buffer[5];
    EA=1;                                   // 打开 CPU 中断
}
//CPU 初始化
void MCU_Init(void)
{
    SJA_RST=0;//SJA1000 复位有效
    mDelay(10);                             // 延时
    SJA_RST=1;                              //CAN 总线复位引脚，复位无效
    SJA_CS=0;                               //CAN 总线片选有效
    EX1=1;                                  // 外部中断 1 使能；CAN 总线接收中断
    IT1=1;                                  //CAN 总线接收中断，低电平触发
    IT0=1;                                  // 外部中断 0 负边沿触发
    EX0=1;                                  // 打开外部中断 0
    EA=1;                                   // 打开总中断
}
// 主函数
void main(void)
```

```c
{
    MCU_Init( );
    Peli_Init( );
    while(1)    LED_Disp_Seg7( );
}
//SJA1000 的初始化
void Peli_Init(void)
{
    uint8 bdata Status;
    do
    {//  MOD.0=1---reset MODRM,进入复位模式,防止未进入复位模式,重复写入
     SJA_MOD=RM_BIT |AFM_BIT;
     Status=SJA_MOD;
    }
    while(!(Status&RM_BIT));
    SJA_CDR=CANMode_BIT|CLKOff_BIT;
// CDR.3=1——时钟关闭,CDR.7=0——basic CAN,CDR.7=1——Peli CAN
    SJA_BTR0=0x03;
    SJA_BTR1=0x1c;              //16MHz 晶振,波特率为 125kb/s
    SJA_IER=RIE_BIT;            //IER.0=1,接收中断使能;IER.1=0,关闭发送中断使能
    SJA_OCR=NormalMode|Tx0PullDn|OCPOL1_BIT|Tx1PullUp;
// 配置输出控制寄存器
    SJA_CMR=RRB_BIT;            // 释放接收缓冲器
    SJA_ACR0=0x01;
    SJA_ACR1=0x02;
    SJA_ACR2=0x03;
    SJA_ACR3=0x04;              // 初始化标示码
    SJA_AMR0=0xff;
    SJA_AMR1=0xff;
    SJA_AMR2=0xff;
    SJA_AMR3=0xff;              // 初始化掩码
    do
    {
       SJA_MOD=AFM_BIT;
       Status=SJA_MOD;
    }
    while(Status&RM_BIT);
}
// 发送数据函数
void Peli_TXD(void)
{
    uint8 data Status;
    // 初始化标示码头信息
    TX_buffer[0]=0x88;//TBSRO.7=0 扩展帧,TBSRO.6=0 数据帧,TBSRO.3=1 数据长度(DCL.3)
```

```c
        TX_buffer[1]=0x01;              // 本节点地址
        TX_buffer[2]=0x02;
        TX_buffer[3]=0x03;
        TX_buffer[4]=0x04;
        // 初始化发送数据单元
        TX_buffer[5]=Txd_data;
        TX_buffer[6]=0x22;
        TX_buffer[7] =0x33;
        TX_buffer[8]=0x44;
        TX_buffer[9]=0x55;
        TX_buffer[10]=0x66;
        TX_buffer[11]=0x77;
        TX_buffer[12]=0x88;
        do
        {
            Status=SJA_SR;
        }
        while(Status&RS_BIT);           //SR.4=1 正在接收，等待
        do
        {
            Status=SJA_SR;
        }
        while(!(Status & TCS_BIT));     //SR.3=0,发送请求未处理完，等待
        do
        {
            Status=SJA_SR;
        }
        while(!(Status & TBS_BIT));     //SR.2=0,发送缓冲器被锁，等待
        SJA_TBSR0=TX_buffer[0];
        SJA_TBSR1=TX_buffer[1];
        SJA_TBSR2=TX_buffer[2];
        SJA_TBSR3=TX_buffer[3];
        SJA_TBSR4=TX_buffer[4];
        SJA_TBSR5=TX_buffer[5];
        SJA_TBSR6=TX_buffer[6];
        SJA_TBSR7=TX_buffer[7];
        SJA_TBSR8=TX_buffer[8];
        SJA_TBSR9=TX_buffer[9];
        SJA_TBSR10=TX_buffer[10];
        SJA_TBSR11=TX_buffer[11];
        SJA_TBSR12=TX_buffer[12];
        SJA_CMR=TR_BIT;                 // 置位发送接收请求
    }
    // 延时函数
```

```c
void mDelay(uint16 mtime)
{
    for(;mtime>0;mtime--)
    {
        uint8 j=244;
        while(--j);
    }
}
// 数码管显示函数
void LED_Disp_Seg7( )
{
    LedCtrl=LedCtrl|0xf0;
    DisBuff[0]=Txd_data%10;              // 取个位数
    DisBuff[1]=Txd_data%100/10;          // 取十位数
    DisBuff[2]=Rxd_data%10;              // 百位数
    DisBuff[3]=Rxd_data%100/10;          // 千位数
    LedPort=LED_Disp[DisBuff[0]];
    LedCtrl=LedCtrl&0x7f;
    mDelay(5);
    LedCtrl=LedCtrl|0xf0;
    LedPort=LED_Disp[DisBuff[1]];
    LedCtrl=LedCtrl&0xbf;
    mDelay(5);
    LedCtrl=LedCtrl|0xf0;
    LedPort=LED_Disp[DisBuff[2]];
    LedCtrl=LedCtrl&0xdf;
    mDelay(5);
    LedCtrl=LedCtrl|0xf0;
    LedPort=LED_Disp[DisBuff[3]];
    LedCtrl=LedCtrl & 0xef;
    mDelay(5);
    LedCtrl=LedCtrl|0xf0;
}
```

附录 B

MCS-51 单片机指令

表 B.1 8 位数据传送类指令

助记符		功能说明	寻址范围	机器码	字节数	机器周期
MOV A,	Rn	寄存器内容送入累加器	R0～R7	E8H～EFH	1	1
	direct	直接地址单元中的数据送入累加器	00H～FFH	E5H direct	2	1
	@Ri	间接 RAM 数据送入累加器	(R0～R1),00H～FFH	E6H～E7H	1	1
	#data8	8 位立即数送入累加器	#00H～#FFH	74H data8	2	1
MOV Rn,	A	累加器内容送入寄存器	R0～R7	F8H～FFH	1	1
	direct	直接地址单元中的数据送入寄存器	00H～FFH	A8H～AFH direct	2	2
	#data8	8 位立即数送入寄存器	#00H～#FFH	78H～7FH data8	2	1
MOV direct,	A	累加器内容送入直接地址单元	00H～FFH	F5H direct	2	1
	Rn	寄存器内容送入直接地址单元	R0～R7	88H～8FH direct	2	2
	direct	直接地址单元中的数据送入直接地址单元	00H～FFH	85H direct2 direct1	3	2
	@Ri	间接 RAM 数据送入直接地址单元	(R0～R1),00H～FFH	86H～87H direct	2	2
	#data8	8 位立即数送入直接地址单元	#00H～#FFH	75H direct data8	3	2
MOV @Ri,	A	累加器内容送入间接 RAM	(R0～R1),00H～FFH	F6H～F7H	1	1
	direct	直接地址单元中的数据送入间接 RAM	(R0～R1),00H～FFH	A6H～A7H direct	2	2
	#data8	8 位立即数送入间接 RAM	#00H～#FFH	76H～77H data8	2	1

表B.2 16位数据传送类指令

助记符	功能说明	寻址范围	机器码	字节数	机器周期
MOV DPTR, #data16	16位立即数送入数据指针寄存器	0000H～FFFFH	09H data16	3	2

表B.3 8位数据传送类指令

助记符		功能说明	寻址范围	机器码	字节数	机器周期
MOVX A,	@Ri	外部RAM（8位地址）送入累加器	00H～FFH	E2H～E3H	1	2
	@DPTR	外部RAM（16位地址）送入累加器	0000H～FFFFH	E0H	1	2
MOVX @Ri, A		累加器内容送入外部RAM（8位地址）	00H～FFH	F2H～F3H	1	2
MOVX @DPTR, A		累加器内容送入外部RAM（16位地址）	0000H～FFFFH	F0H	1	2

表B.4 交换与查表指令

助记符		功能说明	寻址范围	机器码	字节数	机器周期
SWAP		累加器高4位与低4位数据互换	A	C4H	1	1
XCHDH A,@Ri		间接RAM与累加器进行低字节交换	(R0～R1)，00H～FFH	D6H～D7H	1	1
XCH A,	Rn	寄存器与累加器交换	(R0～R1)，00H～FFH	C8H～CFH	1	1
	direct	直接地址单元与累加器交换	00H～FFH	C5H direct	2	1
	@Ri	间接RAM与累加器交换	(R0～R1)，00H～FFH	C6H～C7H	1	2
MOVC A, @A+DPTR		以DPTR为基址变址寻址单元的数据送入累加器	0000H～FFFFH	93H	1	2
MOVC A, @A+PC		以PC为基址变址寻址单元的数据送入累加器	PC向下 00H～FFH	83H	1	2

表B.5 8位算术操作指令

助记符		功能说明	对标志位影响				机器码	字节数	机器周期
			C	AC	OV	P			
ADD A,	Rn	寄存器内容加到累加器	Y	Y	Y	Y	28H～2FH	1	1
	direct	直接地址单元内容加到累加器	Y	Y	Y	Y	25H direct	2	1
	@Ri	间接RAM内容加到累加器	Y	Y	Y	Y	26H～27H	1	1
	#data8	8位立即数加到累加器	Y	Y	Y	Y	24H data8	2	1

续表

助记符		功能说明	对标志位影响				机器码	字节数	机器周期
			C	AC	OV	P			
ADD A,	Rn	寄存器内容带进位加到累加器	Y	Y	Y	Y	38H～3FH	1	1
	direct	直接地址单元带进位加到累加器	Y	Y	Y	Y	35H direct	2	1
	@Ri	间接RAM内容带进位加到累加器	Y	Y	Y	Y	36H～37H	1	1
	#data8	8位立即数带进位加到累加器	Y	Y	Y	Y	34H direct	2	1
INC	A	累加器加1				Y	04H	1	1
	Rn	寄存器加1					08H～0FH	1	1
	direct	直接地址单元加1					05H direct	2	1
	@Ri	间接RAM加1					06H～07H	1	1
	#data8	DPTR加1					A3H	1	2
DAA		累加器内容十进制转换	Y	Y		Y	D4H	1	1
SUBB A,	Rn	累加器内容带借位减寄存器内容	Y	Y	Y	Y	76H～77H data8	1	1
	direct	累加器内容带借位减直接地址单元	Y	Y	Y	Y	95H direct	2	1
	@Ri	累加器内容带借位减间接RAM内容	Y	Y	Y	Y	96H～97H	1	1
	#data8	累加器内容带借位减8位立即数	Y	Y	Y	Y	94H data8	2	1
DEC	A	累加器减1				Y	14H	1	1
	Rn	寄存器减1					18H～1FH	1	1
	direct	直接地址单元内容减1					15H direct	2	1
	@Ri	间接RAM内容减1					16H～17H	1	1
MUL A	B	A乘以B	0		Y	Y	A4H	1	4
DIV A	B	A除以B	0		Y	Y	84H	1	4

表 B.6 逻辑运算类指令

助记符		功能说明	寻址范围	机器码	字节数	机器周期
CPR A		累加器清零	A	E4H	1	1
CPL A		累加器内容求反清零	A	F4H	1	1
ANL A,	Rn	累加器内容寄存器内容相与	(R0～R7), 00H～FFH	58H～5FH	1	1
	direct	累加器内容与直接地址单元内容相与	00H～FFH	55H direct	1	1
	@Ri	累加器内容与间接RAM内容相与	(R0～R1), 00H～FFH	56H～57H	1	1

续表

ANL A,	#data8	累加器内容与8位立即数相与	#00H～#FFH	54H data8	1	1
ANL direct,	A	直接地址单元内容与累加器内容相与	00H～FFH	52H direct	1	1
	#data8	直接地址单元内容与8位立即数相与	#00H～#FFH	53H direct data8	2	2
ORL A,	Rn	累加器内容寄存器内容相或	(R0～R7), 00H～FFH	48H～4FH	1	1
	direct	累加器内容与直接地址单元内容相或	00H～FFH	45H direct	1	1
	@Ri	累加器内容与间接RAM内容相或	(R0～R1), 00H～FFH	46H～47H	1	1
	#data8	累加器内容与8位立即数相或	#00H～#FFH	44H data8	1	1
ORL direct	A	直接地址单元内容与累加器内容相或	00H～FFH	42H direct	1	1
	#data8	直接地址单元内容与8位立即数相或	#00H～#FFH	43H direct data8	2	2
XRL A,	Rn	累加器内容寄存器内容相异或	(R0～R7), 00H～FFH	68H～6FH	1	1
	direct	累加器内容与直接地址单元内容相异或	00H～FFH	65H direct	1	1
	@Ri	累加器内容与间接RAM内容相异或	(R0～R1), 00H～FFH	66H～67H	1	1
	#data8	累加器内容与8位立即数相异或	#00H～#FFH	64H data8	1	1
XRL A,	A	直接地址单元内容与累加器内容相异或	00H～FFH	62H direct	1	1
	#data8	直接地址单元内容与8位立即数相异或	#00H～#FFH	63H direct data8	2	2

表 B.7 循环/位移类指令

助记符	功能说明	对标志位影响				机器码	字节数	机器周期
		C	AC	OV	P			
RL A	累加器内容循环左移					23H	1	1
RLC A	累加器内容带进位循环左移	Y			Y	33H	1	1
RR A	累加器内容循环右移					03H	1	1
RRC A	累加器内容带进位循环右移	Y			Y	13H	1	1

表 B.8 转移类指令

助记符	功能说明	寻址范围	机器码	字节数	机器周期
LJMP add16	长转移	0000H～FFFFH	02H addr16	3	2
AJMP add11	绝对短转移	0000H～07FFH	a10a9a800001a7…a1	2	2

续表

助记符		功能说明	寻址范围	机器码	字节数	机器周期
SJMP rel		相对转移	~80H~7FH	80H rel	2	2
JMP@A+DPTR		相对 DPTR 的间接转移	0000H~FFFFH	73H	1	2
JZ rel		累加器内容为零，转移	~80H~7FH	60H rel	2	2
JNZ rel		累加器内容非零，转移	~80H~7FH	70H rel	2	2
CJNE A	Direct, rel	累加器内容与直接地址单元内容比较，不等于则转移	~80H~7FH 若 (A)<(direct)，则 C 置 1，否则 C 置 0	B5H direct rel	3	2
	#data8, rel	累加器内容与 8 位立即数比较，不等于则转移	~80H~7FH 若 (A)<(direct)，则 C 置 1，否则 C 置 0	B4H direct rel	3	2
CJNE Rn,	#data8 rel	间接 RAM 单元内容与 8 位立即数比较，不等于则转移	~80H~7FH 若 (A)<(direct)，则 C 置 1，否则 C 置 0	B5H direct rel	3	2
CJNE @Ri,		内容与 8 位立即数比较，不等于则转移	~80H~7FH 若 (A)<(direct)，则 C 置 1，否则 C 置 0	B4H direct rel	3	2
DJNZ Rn,	rel	寄存器内容减 1，非 0 转移	不影响状态标志位	D8H~DFH rel	1	1
DJNZ direct,		直接地址单元内容内容减 1，非 0 转移	不影响状态标志位	D5H direct rel	1	1

表 B.9 其他指令

助记符	功能说明	机器码	字节数	机器周期
ACALL addr11	绝对短调用子程序	a10a9a810001a7…a1	3	2
LCALL addr16	长调用子程序	12addr16	3	2
RET	子程序返回	22H	1	2
RETI	中断返回	32H	1	2
PUSH direct	直接地址单元中的数据压入堆栈	C0H direct	2	2
POP direct	堆栈中的数据弹出到直接地址单元	D0H direct	2	2
NOP	控操作	00H	1	1

表 B.10 位操作类指令

助记符	功能说明	机器码	字节数	机器周期
CLR C	清进位位	C3H	1	1
CLR bit	清直接地址位	C2H bit	2	1

续表

助记符	功能说明	机器码	字节数	机器周期
SETB C	置进位位	D3H	1	1
SETB bit	置直接地址位	D2H bit	2	1
CPL C	进位位求反	B3H	1	1
CPL bit	直接地址位求反	B2H bit	2	1
ANL C,bit	进位位内容和直接地址位内容相与	82H bit	2	2
ANL C,/bit	进位位内容和直接地址位内容反码相与	80H bit	2	2
ORL C,bit	进位位内容和直接地址位内容相或	72H bit	2	2
ORL C,/bit	进位位内容和直接地址位内容反码相或	A0H bit	2	2
MOV C,bit	直接地址位内容送入进位位	A2H bit	2	2
MOV bit,C	进位位内容送入直接地址位	92H bit	2	2
JC rel	进位位内容为 1 则转移	40H rel	2	2
JNC rel	进位位内容为 0 则转移	50H rel	2	2
JB bit，rel	直接地址位内容为 1 则转移	20H bit rel	3	2
JNB bit，rel	直接地址位内容为 0 则转移	30H bit rel	3	2
JBC bit，rel	直接地址位内容为 1 则转移，该为清 0	10H rel	3	2

参 考 文 献

[1] 张鑫.单片机原理及应用[M].3版.北京：电子工业出版社，2015.
[2] 李勇.汽车单片机与车载网络技术[M].北京：电子工业出版社，2011.
[3] 侯树梅.汽车单片机及局域网技术[M].北京：高等教育出版社，2005.
[4] 钱新恩.CAN总线技术实验教学研究[J].电气电子教学学报，2013(6):118-120.